# ◆租税法要説
― 租税法の条文解釈と税務会計 ―

菊谷正人
前川邦生
依田俊伸

同文舘出版

# はしがき

　本書は，わが国の租税法の概要とともに主要な税法である法人税法，所得税法および消費税法における必要最低限の重要事項を簡潔に説明した参考書である。

　本書の特徴としては，まず，広範かつ多岐にわたる租税法の基礎概念を解説したうえで，わが国における主要な税目である法人税，所得税および消費税の税額計算構造について，平易な文章により解説するとともに，数多くの設例・計算例を提示している点である。

　単に条文解釈の観点に止まらず，税務会計の観点から仕訳等の処理能力や計算能力等，会計専門家（公認会計士，税理士，企業の経理担当者など）として身に付けなければならない諸能力の涵養を目的としている。

　本書は，基本的には，アカウンティング・スクール（会計大学院）における「租税法」科目の授業のテキストとして使用することを意図し，公認会計士試験・論文式試験の「租税法」の出題範囲に対応する領域を念頭に入れて執筆されている。そのため，法人税法においては，出題範囲に含められていない国際課税，組織再編成税制および連結納税制度については，執筆の対象から外している。

　本書を通読・独習することにより，公認会計士試験のほか各種の国家試験に合格できることを切に希求する次第である。

　本書上梓に際しては，同文舘出版の方々，とりわけ企画・編集・校正に多大な協力を賜った取締役編集局長の市川良之氏の御厚情に対し，深い謝意を表したい。また，校正には国士舘大学大学院経済学研究科博士課程在籍の酒井翔子君と神保集君の手を煩わせた。ここに，深甚なる感謝の意を表したい。

平成 24 年早春

共著者　識

# 目 次

## 第1章 租税法の概要 ——————————————— 1

**1 租税の意義・根拠・種類** …………………………………… 1
  (1) 租税の意義  1
  (2) 租税の存立根拠  2
  (3) 租税の種類  3
  (4) わが国における国税・地方税の税目  5

**2 租税法の意義・範囲** ………………………………………… 7
  (1) 租税実体法  7
  (2) 租税手続法  8
  (3) 租税救済法  8
  (4) 租税処罰法  8
  (5) 国際租税法  8

**3 租税法の法源** ………………………………………………… 9
  (1) 憲 法  9
  (2) 法 律  9
  (3) 命 令  10
  (4) 告 示  10
  (5) 条例・規則  11
  (6) 条 約  11
  (7) 通 達  11
  (8) 判 例  12

**4 租税法の基本原則** ………………………………………… 12
  (1) 租税法律主義  12
  (2) 租税公平主義  13

**5 租税法の解釈および適用** ………………………………… 14
  (1) 租税法の解釈  14
  (2) 租税法の適用  16

(3)　租税法令適用の一般原則　17

# 第2章　法人税法 ———————————— 19

## §1　法人税の特色 ———————————— 19
　1　法人税の意義 …………………………………… 19
　2　法人の種類 ……………………………………… 20
　3　法人税の課税年度・納税地 …………………… 22
　4　法人税の申告 …………………………………… 22
　5　法人税に関する法令 …………………………… 23

## §2　所得金額・税額の計算構造 ———————— 24
　1　法人税の課税標準 ……………………………… 24
　2　益金の額 ………………………………………… 26
　3　損金の額 ………………………………………… 30
　4　法人税額の計算構造 …………………………… 31

## §3　主な益金関連項目 ———————————— 32
　1　通常の販売による収益 ………………………… 32
　2　特殊な販売収益 ………………………………… 34
　　(1)　委託販売　34
　　(2)　試用販売　35
　　(3)　予約販売　35
　　(4)　長期割賦販売等　35
　　(5)　商品引換券等の販売　38
　　(6)　造成団地の分譲販売　38
　3　**工事請負による収益** …………………………… 39
　　(1)　工事完成基準　39
　　(2)　部分完成基準　40
　　(3)　工事進行基準　41

4　役務収益……………………………………………………42
　　　　(1)　機械設備等の販売に伴う据付工事収益　43
　　　　(2)　不動産の仲介・斡旋報酬　43
　　　　(3)　技術役務の提供に係る報酬　43
　　　　(4)　運送収益　44
　　5　譲渡収益……………………………………………………44
　　　　(1)　固定資産の譲渡　44
　　　　(2)　工業所有権等の譲渡　45
　　　　(3)　ノーハウの頭金等の収益　45
　　　　(4)　譲渡担保　46
　　　　(5)　有価証券の譲渡　47
　　6　その他の益金算入項目……………………………………47
　　　　(1)　受取利息　47
　　　　(2)　受贈益, 債務免除益等　48
　　　　(3)　仕入割引・仕入割戻し　49
　　　　(4)　賃貸借契約に基づく受取家賃・受取地代・受取使用料　49
　　　　(5)　保証金・敷金等　50
　　7　受取配当等………………………………………………51
　　　　(1)　受取配当等の益金不算入の根拠　51
　　　　(2)　受取配当等の益金不算入額　52
　　8　資産の評価益……………………………………………60
　　9　法人税等の還付金等……………………………………61
　　10　合併差益金………………………………………………62

§4　主な損金関連項目 ─────────────────── 63
　　1　棚卸資産の売上原価……………………………………63
　　　　(1)　売上原価の計算　63
　　　　(2)　棚卸資産の範囲　63
　　　　(3)　棚卸資産の取得価額　64
　　　　(4)　棚卸資産の評価方法　68
　　　　(5)　評価方法の選定・届出および変更　70

## 2　有価証券の譲渡原価 …………………………………………… 71
　(1)　有価証券の範囲と区分　71
　(2)　有価証券の取得価額　73
　(3)　有価証券の譲渡原価　75
　(4)　有価証券の期末評価　76
　(5)　算出方法の選定・届出および変更　78

## 3　固定資産の減価償却費 …………………………………………… 79
　(1)　固定資産の範囲　79
　(2)　減価償却資産の取得価額　84
　(3)　資本的支出と修繕費　88
　(4)　耐用年数　91
　(5)　残存価額と備忘価額　93
　(6)　減価償却費の計算方法　94
　(7)　減価償却方法の選定・届出　98
　(8)　減価償却資産の償却限度額　99
　(9)　固定資産の除却等　107

## 4　固定資産の圧縮記帳損 …………………………………………… 109
　(1)　圧縮記帳の意義　109
　(2)　国庫補助金等と工事負担金　110
　(3)　保険差益　111
　(4)　交換差益　113
　(5)　収用換地等による代替資産等の圧縮記帳　115

## 5　繰延資産の償却費 ………………………………………………… 116

## 6　資産の評価損 ……………………………………………………… 119

## 7　貸倒損失 …………………………………………………………… 121

## 8　引当金繰入額および準備金積立額 ……………………………… 122
　(1)　貸倒引当金繰入額　122
　(2)　返品調整引当金繰入　127
　(3)　租税特別措置法上の準備金積立額　129

## 9　給　　　与 ………………………………………………………… 131
　(1)　法人税法上の役員と使用人の区分　131

　　　　(2) 役員給与　133
　　　　(3) 使用人兼務役員給与　137
　　　　(4) 退職給与　137
　　　　(5) 新株予約権を対価とする費用　138
　10 寄附金……………………………………………………………138
　11 交際費等………………………………………………………140
　　　　(1) 交通費の意義および範囲　140
　　　　(2) 隣接費用との区分　141
　　　　(3) 交際費等の損金算入限度額　144
　12 海外渡航費……………………………………………………144
　13 入会金等の費用………………………………………………145
　14 景品費用………………………………………………………146
　15 租税公課………………………………………………………147
　16 不正行為等に係る費用………………………………………147
　　　　(1) 隠蔽仮装行為に係る費用・損失　147
　　　　(2) 延滞税・加算税等　148
　　　　(3) 罰科金等　148
　　　　(4) 賄賂等　148
　17 借地権に係る費用……………………………………………148
　　　　(1) 借地権利金の認定課税と相当の地代　148
　　　　(2) 土地等の帳簿価額の一部損金算入および借地権の更新料　150
　　　　(3) 借地権の譲渡と返還　151
　18 欠損金…………………………………………………………152
　　　　(1) 欠損金の繰越控除　152
　　　　(2) 欠損金の繰戻し還付　153

§5 法人税の計算 ──────────────────── 154
　1 所得金額の計算………………………………………………154
　2 法人税額の計算………………………………………………156
　　　　(1) 法人税額の計算構造　156
　　　　(2) 各事業年度の所得に対する法人税率　158

(3)　同族会社の留保金額に対する特別税率　　159
　　　(4)　使途秘匿金に対する特別税率　　161
　3　税額控除……………………………………………………………162
　　　(1)　税額控除の控除順位　　162
　　　(2)　租税特別措置法による税額控除　　162
　　　(3)　法人税法による税額控除　　164

§6　法人税の申告、納付、還付および更正・決定 ────── 166
　1　申　告……………………………………………………………166
　　　(1)　確定申告　　166
　　　(2)　中間申告　　167
　　　(3)　修正申告　　167
　2　納付と還付………………………………………………………168
　　　(1)　納　付　　168
　　　(2)　還　付　　168
　3　更正および決定…………………………………………………169
　4　加算税……………………………………………………………170
　5　不服審査および租税訴訟………………………………………171
　　　(1)　不服審査　　171
　　　(2)　訴　訟　　172

# 第3章　所得税法 ────────────────── 173

　1　所得税法の概要…………………………………………………173
　2　納税義務者………………………………………………………174
　3　所得の種類………………………………………………………176
　4　所得金額の計算…………………………………………………179
　　　(1)　各種所得金額の計算　　180
　　　(2)　損益の通算　　201
　　　(3)　損失金額の繰越しまたは繰戻し　　204
　　　(4)　所得控除　　204

(5)　所得控除の順序　210
　5　税額の計算 ················································· 210
　　　(1)　総合課税所得と分離課税所得に対する税額　210
　　　(2)　税額控除　213
　6　申告，納付および還付 ································· 214
　7　更正の請求 ·················································· 216
　8　青色申告 ····················································· 216

## 第4章　消費税法 ─────────────── 217

　1　消費税法の概要 ··········································· 217
　　　(1)　消費税の意義と種類　217
　　　(2)　現行消費税の基本的仕組み　219
　2　課税対象 ····················································· 220
　　　(1)　国内取引　221
　　　(2)　輸入取引　223
　3　非課税取引 ·················································· 223
　　　(1)　国内取引　224
　　　(2)　非課税貨物　226
　4　輸出免税等 ·················································· 226
　　　(1)　輸出免税　226
　　　(2)　輸出物品販売所　226
　5　納税義務者 ·················································· 227
　　　(1)　国内取引　227
　　　(2)　輸入取引　227
　6　小規模事業者に係る納税義務の免除 ············ 227
　　　(1)　事業者免税点制度　227
　　　(2)　課税事業者の選択　228
　　　(3)　基準期間がない法人の納税義務の免除の特例　228
　7　納税義務の成立時期 ···································· 229
　　　(1)　資産の譲渡等の帰属　229

(2) 長期割賦販売等に係る資産の譲渡等の時期の特例　229
　　(3) 工事の請負に係る資産の譲渡等の時期の特例　230
　　(4) 小規模事業者に係る資産の譲渡等の時期の特例　231
 **8　課税標準**　　　　　　　　　　　　　　　　　　　　　　　　**231**
　　(1) 国内取引　231
　　(2) 輸入取引　233
 **9　税　率**　　　　　　　　　　　　　　　　　　　　　　　　　**233**
 **10　税額控除**　　　　　　　　　　　　　　　　　　　　　　　　**234**
　　(1) 仕入税額控除の内容　234
　　(2) 仕入税額控除の適用要件　240
　　(3) 仕入に係る消費税額の調整　242
　　(4) 中小事業者の仕入税額控除の特例（簡易課税制度）　248
　　(5) 売上げに係る対価の返還等をした場合の税額控除　251
　　(6) 貸倒れに係る消費税額の控除等　252
 **11　納税地**　　　　　　　　　　　　　　　　　　　　　　　　　**252**
　　(1) 個人の国内取引　252
　　(2) 法人の国内取引　253
　　(3) 輸入取引　253
 **12　申告・納付**　　　　　　　　　　　　　　　　　　　　　　　**253**
　　(1) 国内取引　253
　　(2) 輸入取引　254
 **13　各種届出**　　　　　　　　　　　　　　　　　　　　　　　　**254**
 **14　記帳義務**　　　　　　　　　　　　　　　　　　　　　　　　**255**
 **15　国，地方公共団体等に対する特例**　　　　　　　　　　　　　**255**
　　(1) 事業単位の特例　255
　　(2) 資産の譲渡等の時期の特例　256
　　(3) 仕入税額控除についての特例　256

**索　引**　　　　　　　　　　　　　　　　　　　　　　　　　　　　257

## 凡　例

　本書における引用条文は，下記の略語を用いている。
法………法人税法
令………法人税法施行令
規………法人税法施行規則
基通……法人税基本通達
所法……所得税法
所令……所得税法施行令
所規……所得税法施行規則
所基通…所得税基本通達
所個通…所得税関係個別通達
消法……消費税法
消令……消費税法施行令
消基通…消費税基本通達
相法……相続税法
措法……租税特別措置法
措令……租税特別措置法施行令
措規……租税特別措置法施行規則
措通……租税特別措置法関係通達
通法……国税通則法
通令……国税通則法施行令
通規……国税通則法施行規則
耐令……減価償却資産の耐用年数等に関する省令
耐通……耐用年数の適用等に関する取扱通達
地法……地方税法
地令……地方税法施行令
附則……法人税法附則
復興措法……東日本大震災からの復興のための施策を実施するために必要な財源の確保
　　　　　に関する特別措置法

《引　用　例》
法2三……法人税法第2条第3号
法22③三……法人税法第22条第3項第3号
令124……法人税法施行令第124条
消法28②……消費税法第28条第2項
措法56の4⑥二……租税特別措置法第56条の4第6項第2号
基通2-1-1……法人税基本通達2-1-1

# 租税法要説

―租税法の条文解釈と税務会計―

# 第1章　租税法の概要

## 1　租税の意義・根拠・種類

### (1)　租税の意義

**租税**とは，納税義務につき法律が定める要件に該当するすべての者に対し，公法上の団体（国または地方公共団体）が一般経費等に充てる財源（資金）を調達するために課す金銭給付である。「租税」は，法律の規定に基づいて財政権（課税権）を行使することにより，特別の給付に対する反対給付を付与することなく，公法上の団体が国民・地域住民から強制的に無償で徴収する金銭である。租税の特色としては，下記のような公益性・権力性・非対価性・金銭給付性が挙げられる。

① **租税の公益性**

公法上の団体は，道路・上下水道・港湾・公園等の公共施設を整備し，治安の維持・災害防止・国防・教育文化の促進・社会保険・生活保護等の公共サービスを提供するためには，膨大な資金を必要とする。租税は，その資金を調達するための手段であり，公共施設の整備・公共サービスの提供という**公益性**のために徴収される社会共通の費用分担金である。租税は，公法上の団体が公益のための一般経費等に充てる目的で徴収される。

② **租税の権力性**

租税は，財政資金を得るために強制的に徴収する金銭であるから，一方的・権力的課徴金の性質をもつ。すなわち，租税は，国等の課税権の行使により強制的に財産の一部を国等に移す手段であり，**財産権の侵害**という性質をもつ。

### ③ 租税の非対価性

租税は，無償の金銭的給付であり，反対給付の性質をもたない。租税には，金銭的給付に対する**非対価性**の性質があり，特別のサービスの提供を受けたことに対する対価（反対給付）の性質をもつ使用料・手数料とは異なる。

### ④ 租税の金銭給付性

租税は，明治時代の前には，収穫した米の一部を現物で納める年貢，労役の一種の助郷役などの形態で負担されていたが，今日の貨幣経済時代においては**金銭給付**であることを原則とする（通法34①）。ただし，例外的に相続税の「物納」が認められている（相法41）。

## (2) 租税の存立根拠

公法上の団体はどのような理由で課税権をもち，国民または地域住民はどのような理由で租税を負担・納付しなければならないのかという「租税の存立根拠」が，財政学上の問題として論じられてきた。その主な学説は，「利益説」と「義務説」に大別される。

### ① 利益説（交換説）

**利益説（交換説**ともいう）は，国家が国民に与える利益と，国民が国家に支払う租税が相等しく交換されるべきであるという考え方に基づく。「利益説」によれば，国民は国家の公益活動により利益を受けるので，その利益の代償として租税を支払うべきである。ここから，利益に応じて課税される**租税応益説**が主張される。ただし，国家から受ける利益とその代償として支払う租税との対応関係はあくまで理念的なものであり，両者の間には事実上の対応関係はないので，国家から大きな利益を受ける者が多くの租税を納付しているとは限らない。

### ② 義務説（犠牲説）

**義務説**または**犠牲説**によれば，国家は国民が生活を営む上で必要な共同機関であり，国民にとって生活上不可欠な機関である国家を維持するために租税を分担するのは国民としての当然の義務である。国家は有機的な存在であり，その存在を維持する必要経費を賄うために当然に課税権をもち，国民は当然に納税の義務を負う。そこでは，その義務をいかに国民に対して公平に負担させる

かという**租税負担公平性**の問題が生じるが，それぞれの国民が有する**担税力**（租税を負担する能力）に応じて納税義務を負うべきであるとする**租税応能説**が主張されることになる。この考え方に従えば，租税負担は国家から受ける利益の程度に対応する必要はない。

### (3) 租税の種類
#### ① 収得税・消費税・財産税・流通税
　**担税力**の標識をどの時点の税源に求めるのか，すなわち税源の相違を基準として，「収得税」，「消費税」，「財産税」および「流通税」に分類できる。ここに**税源**とは，担税力があり，租税が支払われる源（すなわち，税収を得ることができる状態）である。

　**収得税**は，収入を得ているという事実に対して課税される租税であり，これには「収益税」と「所得税」がある。**収益税**は，所得を生む収益そのものに課される租税であり，**所得税**（または**利益税**）は，収益から原価・費用・損失を控除した利益（または所得）を総合的担税力の標識とみなして課される租税である。「収益税」には事業税・鉱産税があり，「所得税」（利益税）には法人（所得）税，（個人）所得税，住民税等がある。

　**消費税**とは，物品・サービスを購入・消費するという事実に対して課される租税であり，これには「直接消費税」と「間接消費税」がある。**直接消費税**は，入湯税・ゴルフ場利用税等のように消費行為そのものを直接課税対象にするのに対し，**間接消費税**は，事業者によって納付された租税が物品・サービスの価格に含められて最終消費者に転嫁される。間接消費税には，課税対象とされる物品・サービスの範囲の相違により，特定の物品・サービスのみを対象とする**個別消費税**，すべての物品・サービスを対象とする**一般消費税**に分けられ，課税段階の数の相違によって，製造から小売りまでの取引段階で1回しか課税されない**単段階消費税**，複数の取引段階で課税される**多段階消費税**に分けられる。わが国の消費税法における「消費税」は多段階一般消費税である。

　**財産税**とは，財産の所有という事実に対して課される租税であり，「一般財産税」と「個別財産税」に分けることができる。**一般財産税**は，所有財産の全部または純資産に課税されるのに対し，**個別財産税**は，特定種類の財産のみを

課税対象とする。「一般財産税」には，昭和21年に臨時的に課された財産税，昭和25年に採用された富裕税（昭和28年に廃止）等があり，「個別財産税」には，代表的なものとして固定資産税・自動車税等がある。なお，相続税（および贈与税）は相続等によって取得した財産に課税する**遺産税**，相続等によって遺産を収得したという事実に課税する**遺産取得税**として考えられるが，前者を採る場合には「財産税」に属するが，後者の場合には「所得税の補完税」としての役割を果たす。

**流通税**とは，一定の財産権の取得・移転という事実に基づいて課される租税である。これには，不動産取得税・登録免許税等がある。

② 直接税・間接税

「租税の転嫁」を予定しているか否かによって，すなわち**納税義務者**（租税支払義務を負う者）と**担税者**（租税を実質的に負担する者）が重複するか，一致しないかによって「直接税」と「間接税」に分けられる。納税義務者が租税負担の全部または一部を取引価格を通じて取引の相手方（担税者）に移し替えることを**租税の転嫁**という。

**直接税**とは，所得税・法人税・相続税等のように，納税義務者と担税者が実質的に同一である租税である。**間接税**とは，酒税・たばこ税・消費税等のように，納税義務者と最終的な担税者が異なる租税である。間接税は，納税義務者によって納付された租税が物品・サービスの価格に含められ，最終的には消費者（担税者）により負担される租税である。

③ 従価税・従量税

「課税標準」の内容に基づいて，金額または価額に税率を適用する**従価税**，数量・件数等に税率を適用する**従量税**に分けられている。

④ 普通税・目的税

**課税権者**（租税を賦課・徴収する課税権の主体）である公法上の団体が，租税収入を使用目的に応じて一般経費または特定経費に充てるかによって，「普通税」と「目的税」に分けられる。

**普通税**とは，租税収入が国・地方公共団体の一般会計に組み入れられ，一般経費に充てられる租税である。**目的税**とは，租税収入が国・地方公共団体の特別会計に組み入れられ，電源開発促進税・地方揮発油税・狩猟税・都市計画税

等のように，特定の経費に充てる目的で課される租税である。租税は「普通税」であることを原則とするが，「目的税」は，その使途が特定されているので，例外的に設けられている。

⑤　内国税・関税

国境の内外を基準にして，国境内にある物品・人に対して課される租税である**内国税**，国境を通過する物品（輸入貨物）に対して課される租税である**関税**に分けられる。関税は，税収をあげることを目的とする「財政関税」，外国産業に対して国内産業を保護する目的で課される「保護関税」に分けられる。

⑥　国税・地方税

**課税権**（租税を賦課・徴収できる権利）の主体を基準にして，課税権が国にあれば**国税**，地方公共団体（地方税法では，地方団体という）にあれば**地方税**に分けられる。地方税は，さらに「都道府県税」と「市町村税」に分けられ，地方税法により規定されている。

### (4)　わが国における国税・地方税の税目

**国税の直接税**として，**所得税**（個人の所得に対して課される租税），**法人税**（法人の所得に対して課される租税），**相続税**（死亡した人から財産を相続したときに課される租税），**贈与税**（財産を受贈したときに課される租税），**地価税**（土地等の価額に課される租税。現在，課税は停止されている）がある。

**国税の間接税**として，**消費税**（特定の物品・サービスを除くほとんどすべての物品・サービスに課される租税），**酒税**（日本酒・ウィスキー・ビール等に課される租税），**たばこ税**（たばこに課される租税），**揮発油税**（ガソリン等に課される租税），**地方揮発油税**（ガソリン等に課される租税），**石油ガス税**（自動車に石油ガスを充てんするときに課される租税），**航空機燃料税**（航空機燃料を航空機に積み込むときに課される租税），**石油石炭税**（原油や石油製品などを輸入したときに課される租税），**電源開発促進税**（電力会社に電気の供給量に応じて課される租税），**自動車重量税**（自動車の車検を受けるときなどに課される租税），**印紙税**（契約書など一定の文書を作成したときに課される租税），**登録免許税**（不動産登記・商業登記・資格登録などをするときに課される租税），**とん税・特別とん税**（外国貿易をする船舶が寄港するときに課され

る租税）が課税されている。

「地方税」の道府県税として，**道府県税**として，**道府県民税**（①道府県内に住所等がある個人または事業所等がある法人に課される租税。個人の場合，所得割と均等割がある。法人の場合，法人税割と均等割がある。②利子などの支払いを受けるときに課される租税（利子割）），**事業税**（事業を営む個人または法人のその所得に対して課される租税），**地方消費税**（特定の物品・サービスを除くほとんどすべての物品・サービスに課される租税），**不動産取得税**（不動産を取得したときに課される租税），**道府県たばこ税**（たばこに課される租税），**ゴルフ場利用税**（ゴルフ場を利用したときに課される租税），**自動車税**（自動車を所有しているときに課される租税），**鉱区税**（鉱業権のある鉱区の面積に対して課される租税），**自動車取得税**（自動車を取得したときに課される租税），**軽油取引税**（納入を伴う軽油の引取りをしたときに課される租税），**狩猟税**（狩猟者の登録を受けるときに課される租税）がある。

「地方税」の**市町村税**として，**市町村民税**（市町村内に住所等がある個人または事業所等がある法人に課される租税。個人の場合，所得割と均等割がある。法人の場合，法人税割と均等割がある。），**固定資産税**（土地，建物，償却資産を所有しているときに課される租税），**軽自動車税**（オートバイや軽自動車等を所有しているときに課される租税），**市町村たばこ税**（たばこに課される租税），**鉱産税**（鉱物の採掘事業に対して課される租税），**特別土地保有税**（一定規模以上の土地を取得したときまたは所有しているときに課される租税），**事業所税**（特定の都市で一定規模以上の事業所を設けて事業を営むとき等に課される租税），**入湯税**（温泉地の温泉に入浴したときに課される租税），**都市計画税**（市街化区域に土地や建物を所有しているときに課される租税），**水利地益税**（水利事業等の利益を受ける土地や建物に対して課される租税），**共同施設税**（共同施設等により特に利益を受けるときに課される租税），**宅地開発税**（宅地として開発する土地の面積に応じて課される租税），**国民健康保険税**（国民健康保険の被保険者である世帯主に課される租税）がある。

なお，東京都の場合，**都税**は道府県民税に，**区税**は市町村税に該当するが，固定資産税・都市計画税・入湯税・特別土地保有税・法人都民税等は都税として徴収される。固定資産税の対象となっている大規模建造物または法人の本店

が特定の区に偏在しているので，特別区内の税収が特定の区に集中しないように都が一括して徴収し，財政調整交付金の形で各特別区に適正な金額を配分している。

## 2　租税法の意義・範囲

**租税法**（単に**税法**ともいう）とは，租税に関する法規の総称・体系である。租税法の内容は，租税に関する権利・義務の関係，すなわち租税法律関係の規律にある。その租税法律関係の具体的・実質的な規律の内容あるいは租税法の機能に従って租税法を大別すれば，租税実体法（租税債務法），「租税手続法」（租税行政法），「租税救済法」（租税争訟法），「租税処罰法」（租税制裁法）および「国際租税法」に分けられる。

### (1)　租税実体法

国・地方公共団体の課税権・徴収権，国民・住民等の納税義務の成立・承継・消滅，課税要件（納税義務者・課税物件・課税物件の帰属・課税標準および税率）等の実体面を規定している法規を総称して**租税実体法**という。つまり，租税実体法は，納税義務（課税権）または租税債務関係という法律効果が生じる法律要件に関する法規を中心としている。

**国税**に関しては，租税実体法は，所得税法・法人税法・相続税法・印紙税法等の個別税法，所得税法施行令・所得税法施行規則等の関係法令の中で定められている。国税の法律要件は，**単税一法主義**によって，租税の種類ごとに単独に個々の税法で規定される。たとえば，所得税は所得税法，法人税は法人税法，酒税は酒税法，石油石炭税は石油石炭税法，登録免許税は登録免許税法によって規定される。例外的に，相続税法は，「相続税」およびその補完税としての「贈与税」を規定しており，**複税一法主義**を採用している。

なお，**地方税**に関しては，**複税一法主義**により，**地方税法**という一つの法律の中ですべての地方税が規定されている。

## (2) 租税手続法

租税の賦課・徴収に関する具体的手続面を規定している法規を総称して**租税手続法**という。「租税手続法」は，納税義務者による申告・納付手続，税務官庁による課税処分手続（更正，決定），納税義務者による申告是正手続（修正申告，更正の請求），税務官庁による滞納処分手続等（督促，差押え，換価等）を中心とする法規である。租税実体法における個別税法もそれぞれの手続規定が設けられているが，租税手続法は租税全般に共通する手続規定を示した国税共通法であり，**国税通則法・国税徴収法**等がこれに該当する。

## (3) 租税救済法

納税義務者の権利を保護するために，税務官庁による課税処分・滞納処分に対する不服申立・取消訴訟等を規定している法規を総称して**租税救済法**という。租税救済法は，課税処分・滞納処分等に対する不服申立の手続（異議申立，審査請求），課税処分の取消訴訟手続（税務訴訟）に関する国税共通法である。「租税救済法」には，行政不服申立に対する**行政不服審査法**，税務訴訟に対する**行政事件訴訟法**がある。

## (4) 租税処罰法

租税法違反に関する具体的な制裁を規定している法規を総称して**租税処罰法**という。「租税処罰法」は，納税義務者の申告義務違反等に課される加算税（過少申告加算税・無申告加算税・不納付加算税・重加算税），租税犯および租税犯則事件の調査手続に関する法規である。租税処罰法には，加算税に関して**国税通則法**，租税犯に関して個別税法における罰則規定，租税犯則事件の調査手続に関して**国税犯則取締法**がある。

## (5) 国際租税法

国境を越えて行われる国際商品取引（貿易）・国際サービス取引・国際技術取引・国際投資・国際金融等に対する課税を規律している国内税法（たとえば，所得税法，法人税法，租税特別措置法），租税条約等の規定を総称して**国際租税法**という。「国際租税法」は，国内税法・租税条約等の中において，国

民・内国法人等の国際取引に対する課税および外国人・外国法人等に関する課税関係を規律する規定の総称である。

## 3　租税法の法源

　法的拘束力を有する法の存在形式は**法源**とよばれるが，租税に関する「法源」としては，憲法・法律・命令・告示・条例・規則等の国内法規，租税条約・交換公文等の国際法源が存在する。

### (1)　憲　　法
　**憲法**は国の最高法規であるので，憲法の定めに違反する法令や行政庁の行為は無効となる。憲法第30条では，「国民は，法律の定めるところにより，納税の義務を負ふ」と規定され，国民に納税義務の存在を明らかにし，納税の根拠を「法律」で定めることを明記している。また，第84条が「あらたに租税を課し，又は現行の租税を変更するには，法律又は法律の定める条件によることを必要とする」と規定しているように，国民は法律の定める課税要件を満たしている場合に，納税義務を負うことになる。これを**租税法律主義**といい，国民の納税義務を明らかにするとともに，公法上の団体の課税権に一定の制限を加えている。このほかに，第14条第1項には，「すべて国民は，法の下に平等であって，人種，信条，性別，社会的身分又は門地により，政治的，経済的又は社会的関係において，差別されない」と規定されているが，この条文が**租税公平主義**の根拠規定である。

### (2)　法　　律
　「租税法律主義」の下では，国会で制定される**法律**が租税法の法源として中心的な地位を占める。現行の租税に関する法律には，国税・地方税に関するものがある。
　国税に関する法律には，国税通則法・国税徴収法・国税犯則取締法等のような「通則的法規」，所得税法・法人税法・相続税法等のような「個別的法規」がある。さらに，国税に関して特例規定を定める特別法として，「租税特別措

置法」がある。また，関税については，「関税法」，「関税定率法」および「関税暫定措置法」がある。

地方税に関する統一法典である「地方税法」は，第1章で通則的規定を設け，第2章以下で各地方税の課税要件・徴収手続等を定めている。地方公共団体は，地方税の具体的内容について，地方税法に準拠して条例・規則を制定し，地方税を賦課・徴収している。

### (3) 命　　令

「租税法律主義」の下では，租税の課税要件・徴収手続等をすべて「法律」に定める必要があるが，これでは，法規定が複雑・膨大化するので，専門的・手続的事項は「命令」に委任する形で規定されている。**命令**とは，行政が制定する法規の総称であり，法律を具体的に執行するために制定されている。命令には，「政令」と「省令」があり，租税法の領域では重要な法源となっている。

#### ① 政　　令

**政令**とは，内閣が制定する命令であり，法律制定の細則・計算の細目等を定めている。たとえば，「法人税法施行令」という名称で公布される。

#### ② 省　　令

**省令**とは，各省大臣が発令する命令であり，法律の規定を実施するために必要な手続的事項・様式等を定めている。たとえば，財務省令として「法人税法施行規則」という名称で制定されている。

### (4) 告　　示

国家行政組織法第14条によれば，**告示**とは，各省大臣が当該省の所轄事務に関する必要事項を公示する行為またはその行為の形式である。告示は，一般に国民を拘束する性質のない行政規則であるが，法律・政令に基づく一定の告示には，納税義務を確定するものがあり，租税法の法源となっている。

たとえば，法人税法第37条第3項によりその全額を損金の額に算入できる「指定寄附金」は，財務大臣が指定し，財務省告示で官報に掲示されるものに限定される。**包括的指定告示**として，各都道府県共同募金会，日本赤十字社に対する寄附金等が指定されている。このほかに，重要文化財の補修・収蔵費用，

国際会議開催費用等に対する寄附金が**個別指定告示**として指定されている。

### (5) 条例・規則

地方税法第3条によれば，地方税の税目・課税客体・課税標準・税率その他賦課徴収に関する定めは，地方公共団体の**条例**によらなければならない。また，地方公共団体の長は，条例の実施のための手続きその他施行について必要な事項を**規則**で定めることができる。地方税法はあくまでも準則法であり，地方公共団体が制定する租税条例・租税規則が**地方税**の法源となる。

### (6) 条　　約

租税に関して締結された条約（**租税条約**という）は，国内法的効力を有し，租税法の法源となる。租税条約の多くは所得課税に関する条約であり，租税条約の主たる目的は，「国際二重課税の防止協定」ともいわれるように，国際間に生じる同一所得に対する二重課税を排除することにある。

条約のほかに，実質的に条約の一部を構成する議定書・交換公文がある。**議定書**は，国会で承認されなければならないので，条文と同じ取扱いを受けるが，**交換公文**は，国会における承認を必要とせず，政府間協定に該当するので，政令に準ずるものとされている。なお，外交使節等の非課税特権に関する規定（「外交関係に関するウィーン条約」第23条）等も，租税に関して確定された国際法規として，租税法の法源となり得る。

### (7) 通　　達

**通達**とは，上級行政庁が法令の解釈・税務行政の運用方針に関して下級行政庁の権限行使を指図する命令書であり，これには「執行通達」と「解釈通達」がある。**執行通達**は租税に関する行政事務の執行の命令であり，**解釈通達（取扱通達）**は国税庁長官が税務官庁（国税局・税務署）に対し租税法に関する逐条的解釈・取扱基準を示す命令である。「解釈通達」には，全国統一的な解釈・運用を図る**基本通達**および個々の問題に関する法律の解釈を示す**個別通達**がある。

通達は，上級行政庁が下級行政庁またはその職員を拘束するものであり，納

税者にはその拘束力が及ばないので，法源ではない。しかし，現実には，租税に関する通達は，租税に関する詳細な具体的指針・基準となって活用されているので，実務的には法源と実質的に同等の法的拘束力をもつ。

### (8) 判　例

裁判所の判決は，紛争解決のための判断であり，法規ではない。ただし，判決（特に最高裁判所の判決）のうち法解釈として合理的であり，一般に定着し，受け入れられれば，先例として尊重される**判例**となり，法規と同等の法的拘束力を有する。

## 4　租税法の基本原則

### (1)　租税法律主義

前述したように，**租税法律主義**とは，租税法の規定によってのみ国民は納税義務を負い，国または地方公共団体が租税の賦課・徴収を行うには，必ず租税法または租税法の定める条件によることが必要であるとする原則である。租税法律主義は，租税法の根拠に基づいた納税義務を明示するとともに，課税権・徴収権の行使に一定の制約を加えている。租税法の規定に従うことを条件にして国または地方公共団体の課税権・徴収権は保障され，他方，租税法の規定を超えてまで国民の納税義務は行使されず，その限りにおいて国民の財産権は保障されている。この租税法律主義の内容は，「課税要件法定主義」，「課税要件明確主義」および「手続的保障原則」から構成される。

#### ①　課税要件法定主義

**課税要件法定主義**とは，納税義務の成立のために，**納税義務者**，**課税物件**（課税の対象となる物，行為または事実），**課税標準**（課税物件の価額・数量等），**税率**（税額の算出のために課税標準に対して適用される比率）等の**課税要件**，納付方法・徴収手続きを法律によって直接的に規定しなければならないという原則である。

② 課税要件明確主義

**課税要件明確主義**とは，課税要件を法律で規定する場合，当該規定の内容は可能な限り一義的で明確でなければならないとする原則である。課税要件に関して多義的で曖昧な規定が設けられれば，解釈の相違により公権力が乱用されたり，自由裁量が容認されたりする。このような弊害を防止するためには，「課税要件の明確化」が必要である。

③ 手続的保障原則

租税の賦課・徴収は，納税義務者の財産権を侵害する公権力行使であるから，法律に基づき適正な手続きで行われなければならない。これを**手続的保障原則**といい，税務当局による恣意的課税を抑制する機能をもつ。

(2) 租税公平主義

**租税公平主義**（**租税平等主義**ともいう）とは，租税法規・税務行政処分によって納税義務者の租税負担・租税法律関係が平等に取り扱われなければならないとする原則である。租税公平主義は，租税負担の公平・平等を要請・保障するが，さらに，租税法律関係における納税義務者の一切の取扱いが公平・平等であることを要請・保障する。

課税の公平・平等を実現するためには，一般に，「水平的公平」と「垂直的公平」の確保が要請される。**水平的公平**とは，同一の経済状態にある納税義務者に対しては租税負担を均等に配分することである。すなわち，等しい租税給付能力は差別なしに課税されなければならないとする課税公平性である。**垂直的公平**とは，異なる経済状態にある納税義務者に対しては異なる租税負担を配分することである。すなわち，より高い租税給付能力はより低い租税給付能力より強く課税されなければならないとする課税公平性である。

**立法上の租税公平主義**が立法の段階で確保されたとしても，立法化された規定が公平に執行されなければ，租税負担の公平は実現したとは言い難い。租税公平主義は，租税法の執行時にも公平な取扱いを要求する。租税法における規定の執行（解釈の適用）に際しては，同じ状況にある者に対して同じ取扱いが実施されなければならない。これを**執行上の租税公平主義**という。「執行上の租税公平主義」は，租税法の「解釈」および「適用」に当たって，合理的な理

由もなく同じ状況に対して異なる取扱い，異なる状況に対して同じ取扱いを禁止する原則である。

## 5　租税法の解釈および適用

### (1)　租税法の解釈

**租税法の解釈**とは，租税法が規定している意味内容を明らかにし，これを確定することをいう。租税法に限られたことではないが，法令の規定（条文）は，その性質ごとに法律効果を異にする。したがって，租税法の解釈上，規定の種類とその性質を理解することが必要である。**規定の種類・性質**は，たとえば，次のように分けることができる。

① 規定の種類・性質
(イ)　強行規定と任意規定

**強行規定**とは，当事者の意思に係わりなく無条件で適用される規定であり，**任意規定**とは，当事者が当該規定の効果と異なる効果を得ることができる規定である。強行規定に反する行為を行った場合には，当該行為の効力は否定されるが，任意規定によれば，特に意思を表示しなかった場合に当事者の意思が補充される効果を有するに過ぎない。租税法では，課税・徴税が公平に行われる必要があり，当事者の任意な意思や恣意的な合意は避けるべきであるので，ほとんどの規定は「強行規定」である。

(ロ)　定義規定とみなし規定

**定義規定**とは，法令用語の意味を正確に定義する規定である。たとえば，法人税法第2条は，「この法律において，次の各号に掲げる用語の意義は，当該各号に定めるところによる。」と規定した後に，各号として，「八　人格のない社団等　法人でない社団又は財団で代表者又は管理人の定めがあるものをいう。」等と定義している。

**みなし規定**とは，ある事柄に別の事柄と同一の法的効果を生じさせる機能をもつ（つまり，同一とみなされる）規定である。たとえば，法人税法第3条

は,「人格のない社団等は,法人とみなして,この法律(別表第二を除く。)の規定を適用する。」と定めているが,法人でない「人格のない社団等」を納税義務者としての「法人」とみなしている。

(ハ) **効力規定と訓示規定**

**効力規定**とは,当該規定に違反すると,その行為の効力がただちに否定される規定であり,**訓示規定**とは,一定の義務を課すが,当該規定に反しても罰則・不利益を課さない規定である。本来,規定は効果を意図して設定されているので,ほとんどの規定は効力規定であり,一定の努力目標を示す訓示規定は少ない。

② **規定の解釈方法**

このような規定をどのように解釈していくのかという**規定の解釈方法**は,次のように分類することができる。

(イ) **文理解釈**

**文理解釈**とは,当該規定の文言・文章の意味を重視し,その普通の意味に従う解釈である。文言・文章によって法令の意思・内容は伝達されているので,当該規定における文言・文章の意味に従って解釈する「文理解釈」が,成文法の解釈として最も基本的な解釈方法である。

租税法は**侵害規範**(国民に負担を要求する規範)の代表的な法律であり,**法的安定性**を要請するので,租税法の解釈は「文理解釈」によるべきであり,「拡張拡釈」や「類推解釈」は許されない。なお,文理解釈を行う場合,租税法独自に用いている固有概念(たとえば,益金,損金,益金不算入,損金不算入)ばかりではなく,民法・会社法等の他の私法で用いられている**借用概念**(たとえば,親族,相続)も利用される。

(ロ) **論理解釈**

**論理解釈**とは,文理解釈とは異なり,いたずらに当該規定の文言・文章にこだわることなく,条文の論理的意義を重視し,その趣旨・目的に即して解釈する方法である。**目的論解釈**ともいわれ,縮小解釈,反対解釈,類推解釈,拡張解釈,補正解釈等がある。

**縮小解釈**とは,規定の文言・文章の意味や概念等を立法趣旨に照らして制限

的・縮小的に解釈する方法であり，**制限解釈**ともよばれる。

**反対解釈**とは，類似する二つの事項のうち，その一つについてのみ規定があるとき，他の事項については反対の結果を認める（一定の要件を付しているときに，その要件に該当しない場合には，当該規定の適用がないと解釈する）方法である。租税法では，規定されていない事項の効果は認められるべきではないので，反対解釈による場合も多い。

**類推解釈**とは，類似事項のうち，その一つについてのみに規定があるとき，規定がない事項についても同様の結果を認めるように解釈する方法である。租税法律主義の見地から，類推解釈は許されない。

**拡張解釈**とは，規定の文言・文章の意味や概念等を立法趣旨に照らして広く解釈する方法である。拡張解釈も，租税法律主義の見地から許されない。

**補正解釈**とは，当該規定の文言・文章を変更して，別の意味に解釈する方法であり，**変更解釈**ともよばれる。租税法上，補正解釈は許されない。

### (2) 租税法の適用

**租税法の適用**とは，適用対象となる事実に租税法の規定を当てはめ，一定の法律効果（納税義務等）を導き出すことをいう。租税法の効力の及ぶ適用範囲には，地域的限界，人的限界，時間的限界があり，この限界を超えては法律効果は導き出せない。

① 地域的限界

租税法を制定する主体の権限の及ぶ地域が，租税法の地域的限界である。国税に関する法令は日本国の全領土，地方税に関する法令は地方公共団体の区域内で効力を発揮する。日本領土内であれば，自然人・法人，内国法人・外国法人，日本人・外国人を問わず，原則として，わが国の租税法に服す。ただし，条約により，外交使節等・駐留軍が管理する施設・区域には課税権が及ばない。

② 人的限界

租税法は，原則として，属地主義によるので，国籍の別，自然人・法人の別なく適用される。ただし，外交使節等は国際法上治外法権により租税法の適用から除外される。租税法規の効力の及ぶ地域外にある日本人に対しては，租税法規の効力が及ぶ（たとえば，日本人である公務員が日本に住所を有しない場

合でも，所得税が課される）。

### ③ 時間的限界

租税に限らず，法令は施行日以後に効力を生じ，適用される。したがって，新法または改正法は過去に遡及して適用されない。このことを**新法不遡及の原則**という。租税法の分野においても，納税義務者の不利益に変更する遡及立法は，原則として，許されない。ただし，租税法律主義の下で，「予測可能性」や「法的安定性」への影響が納税義務者の租税法上の地位に対する合理的な制約として容認される場合には，公布の前に遡って適用される**遡及立法**も許されると解されている。

## (3) 租税法令適用の一般原則

租税に関して，複数の法令間で矛盾・抵触している規定がある場合，どの法令規定を優先して適用するかが問題となる。**法令適用の一般原則**として，次のような原則が採用されている。

### ① 所管法令優先の原則

法令の種類ごとに所管が定められているが，その所管事項については所管法令が優先して適用される。これを**所管法令優先の原則**という。法律，政令，省令等ごとにその所管事項を定めて，その所管事項を遵守させることによって複数の法令間で矛盾・抵触のないようにする原則である。しかし，所管事項が競合する場合には，この原則だけでは不十分であり，次のような原則が必要である。

### ② 上位法令優先の原則

**上位法令優先の原則**とは，所管事項が競合する場合，上位法令の効力が下位法令の効力に優先するという原則であり，**形式的効力の原則**ともよばれている。わが国では，憲法，条約，法律，政令，省令の順で「形式的効力」をもつ。

### ③ 後法優先の原則

形式的効力の等しい法令相互間（たとえば法律と法律，政令と政令）に矛盾・抵触が生じた場合，前に制定された法令よりも，後に制定された法令が優先して適用される。この原則を**後法優先の原則**という。

④ 特別法優先の原則

　ある事項について，特定の場合・地域・人等に限って適用される特別法は，その制定の前後を問わず，広く一般的に規定している一般法よりも，特定の事項に関しては優先して適用される。これを**特別法優先の原則**という。たとえば，租税特別措置法は，それに関連する一般法である所得税法，法人税法，相続税法等に優先して適用される。つまり，特定の事項に関しては，「後法優先の原則」あるいは「上位法令優先の原則」よりも「特別法優先の原則」が強い。

# 第2章　法人税法

## §1　法人税の特色

### 1　法人税の意義

　**法人税**は,「**課税物件**」を**所得**に求め, 株式会社などの「**法人**」の所得を基準にして課される「**国税**」である。

　課税物件である**所得**の概念については,「所得源泉説」と「純資産増加説」が対立していた。規則的・反復的収入のみを「所得」とする**所得源泉説**によれば, 所得発生の経常的周期性が重視され, 臨時的・非反復的収入は所得を構成しない。規則的・反復的収入ばかりではなく, 無償による資産の譲受け等の臨時的・非反復的収入（経済的利益の増加）も「所得」に含める**純資産増加説**によれば, 自由に処分できる純資産の増加分には, 規則的・臨時的であるか, 反復的・非反復的であるかを問わず, 独立した経済主体にとって「担税力」があるものとして取り扱われる。わが国の**法人税法**（昭和40年法律第34号）では, 基本的には,「純資産増加説」が採用されている。

　法人税の性格については, ①法人の本質は株主の集合体であるから, 法人の稼得した利益が株主にすべて帰せられることになり, 株主が負担する所得税の前取りと性格づける**法人擬制説**, ②法人は個人（株主）の集合ではなく, 個人とは独立して社会的に影響力を有する実体（納税義務者）であると考え, 法人税は法人の所得に独自の担税力が認められて課税される**法人実在説**がある。現

行法人税法は，①の「法人擬制説」に近い考え方を採っている。

　法人税の**納税義務者**である**法人**とは，自然人以外で法律上権利・能力を有するものとして，法律（たとえば，「会社法」，「私立学校法」，「宗教法人法」等）により人格を与えられた組織・団体をいう。つまり，法人税の確定申告書を提出し，法人税額を納付する者は，法人である（法 74, 77）。

　わが国における法人税の**課税標準**には，「各事業年度の所得」（法 21），「各連結事業年度の連結所得」（法 81）および「各事業年度の退職年金等積立金」（法 83）がある。

## 2　法人の種類

　法人税の納税義務の範囲を区分するために，法人は大きく内国法人と外国法人に分類され，さらに内国法人は(イ)公共法人，(ロ)公益法人等，(ハ)協同組合等，(ニ)人格のない社団等および(ホ)普通法人に区分される。

　**内国法人**とは，日本国内に本店または主たる事務所をもつ法人である（法2三）。本店または主たる事務所の所在地の判定に際しては，登記を設立要件とする法人の場合には，「登記簿上の所在地」による。

　内国法人には，所得の発生地を問わず納税義務がある（法4①）。**国内源泉所得**（日本国内に源泉のある所得）ばかりではなく**国外源泉所得**（日本国外に源泉のある所得）にも課税される**無制限納税義務者**であるので，外国支店の所得，外国法人から受け取った利子等にも法人税が課される。

　① **公共法人**

　**公共法人**とは，地方公共団体，独立行政法人，国立大学法人，地方住宅供給公社，地方道路公社，日本中央競馬会，日本放送協会等，公共的性格を有する法人である（法2五，別表一）。「公共法人」には，納税義務がない（法4②）。その行う事業が公共的サービス・準公共的サービスに限定されているため，法人税の納税義務が完全に免除されている。

　② **公益法人等**

　**公益法人等**とは，学校法人，宗教法人，日本公認会計士協会，日本商工会議所，日本税理士会連合会，日本赤十字社，日本弁護士連合会，農業協同組合連

合会，酒造組合等，公益的事業を目的とする法人である（法2六，別表二）。「公益法人等」の所得は非課税であるが，物品・不動産販売業，金銭・物品・不動産貸付業，製造業，通信業，運送業，倉庫業，印刷業，出版業，旅館業，料理店業，周旋業，代理業，問屋業，興行業，美容業，請負業，駐車場業，人材派遣業等，34業種の**収益事業**から生じた各事業年度の所得については，「低税率課税」が行われる（法4①但書，令5，法66③）。

### ③ 協同組合等

**協同組合等**とは，漁業協同組合，商店街振興組合，消費生活協同組合，森林組合，水産加工業協同組合等，相互扶助を目的とする法人である（法2七，別表三）。協同組合等のすべての所得に「低税率課税」が行われる（法4①本文，法66③）。

### ④ 人格のない社団等

**人格のない社団等**とは，法律に基づいて設立された組織・団体ではないが，法人税法において法人とみなされる社団または財団であり，代表者または管理人の定めがあるものをいう（法2八）。親睦会，研究会といった目的の団体が多く，学校の同窓会やPTA，学会，協会，法人でない労働組合等がある。「人格のない社団等」の所得は非課税であるが，「収益事業」から生じた各事業年度の所得については「普通税率課税」が行われる（法3，法4①但書，法66①）。

### ⑤ 普通法人

**普通法人**とは，公共法人，公益法人等，協同組合等以外の法人をいい，人格のない社団等を含まない（法2九）。普通法人は，営利を目的とする法人であり，株式会社，合資会社，合名会社，合同会社等がこれに該当する。「普通法人」のすべての所得に「普通税率課税」が行われる（法4①，法66①）。

**外国法人**とは，内国法人以外の法人である（法2四）。外国法人には，公共法人，公益法人等，人格のない社団等および普通法人があり，協同組合等に該当する法人はない。

外国法人に対しては，「国内源泉所得」が課税される（法4②）。外国法人は，「国内源泉所得」のみに法人税の納税義務を負う**制限納税義務者**である。

## 3　法人税の課税年度・納税地

　個人の所得税には，毎年1月1日から12月31日までの1年間の所得に課税する**暦年課税**（れきねん）が採られるが，法人税には，法人の定款，寄附行為，規則，規約等に定める事業年度を単位として課税する**事業年度課税**が適用される（法13①）。「事業年度」とは，営業年度その他これに準ずる期間であり，定款等で定めるものをいう。これらの期間が1年を超えない場合には，その期間，1年を超えるときは，その期間をその開始日以後1年ごとに区分した各期間（最後に1年未満の期間を生じたときは，その1年未満の期間）である（法13）。

　営業年度等の定めがない場合には，法人が営業年度を変更し，または定款等において新たに営業年度等を定めた場合には，遅滞なく，その変更前および変更後の営業年度等または新たに定めた営業年度等を納税地の所轄税務署長に届け出なければならない（法15）。

　法人税の**納税地**とは，租税に関する申告・申請・届出・納付等の手続きについて，国との法律関係の結びつきを決定する場所である。これらの手続きは，原則として，納税地を所轄する税務署長に対して行わなければならない。内国法人の納税地は，本店または主たる事務所の所在地である（法16）。外国法人の納税地は，次のように決められている（法17）。

(a)　国内に支店・工場・出張所・事務所・倉庫等の「恒久的施設」を有する場合，その支店・事務所の所在地（複数ある場合には，主たるものの所在地）
(b)　上記(a)に該当しない外国法人であり，国内にある不動産の貸付け等の対価（船舶または航空機の貸付けの対価を除く）を受ける場合には，その対価に係る資産の所在地（資産が複数あるときは，主たる資産の所在地）
(c)　その他の場合には，麹町税務署の管轄区域内の場所等

## 4　法人税の申告

　法人は，自ら課税所得の金額を計算し，それに対する税額を算出し，これを申告・納付しなければならない（法74, 77）。これを**申告納税制度**という。

なお，**青色申告制度**は，『シャウプ勧告』に基づく昭和25年税制改正において，正しい帳簿書類等の備付け，その整理保存を通じて適法な法人税額の申告を期待する趣旨のもとで導入されている。青色の申告書で申告できる法人（**青色申告法人**）は，税務署長の承認を受けることになっている（法121～122）。具体的には，①一切の取引を「複式簿記の原則」に従って，整然かつ明瞭に記録し，仕訳帳，総勘定元帳その他必要な帳簿を備え，その記録に基づいて決算を行い，②貸借対照表・損益計算書を作成し，③帳簿書類を5年間（たとえば，注文書・契約書・送り状・領収書，見積書）または7年間（たとえば，帳簿，棚卸表，貸借対照表，損益計算書）整理保存する必要がある（規53～59）。

青色申告の承認申請書の提出期限は，原則として，青色申告の承認を受けようとする事業年度の開始日の前日である（法122①）。**青色申告制度**は，正確な帳簿書類を備え付けた内国法人に対しては青色の申告書を提出することを認め，白色申告法人には認められない各種の特典（租税優遇措置）を与えた制度である。青色申告の特典として，たとえば，①青色申告書を提出した事業年度に生じた欠損金の翌期以降9年間の繰越し，②欠損金の繰戻しによる法人税額の還付，③特別償却または割増償却，④特別償却不足額の1年間繰越し，⑤準備金方式による特別償却，⑥準備金等の損金算入，⑦新鉱床探鉱費または海外新鉱床探鉱費の特別控除，⑧エネルギー需給構造改革推進設備等を取得した場合の法人税額の特別控除等が認められている。

## 5 法人税に関する法令

法人税に関する法令には，法人税法，法人税法施行令，法人税法施行規則，租税特別措置法，租税特別措置法施行令，租税特別措置法施行規則があり，通達として，法人税基本通達，租税特別措置法関係通達などがある。

法人税に関する基本的重要事項（納税義務，課税所得・税額の計算，申告・納付の手続等）は，**法人税法**に規定されるが，課税所得・納税額等の計算に関する専門的・手続き的事項は政令・省令に委任する形で規定されている。

内閣府が発遣する政令は**法人税法施行令**とよばれ，法人税法の規定を実質的に執行するために制定されている。財務大臣が発令する省令は**法人税法施行規**

則とよばれ，原則として，手続き的事項・様式等を制定している。

　法人税法の税務行政に関して，税務実践で具体的に運用されている**通達**には，「執行通達」と「解釈通達」がある。さらに「解釈通達」には，法人税に関して全国統一的な解釈・運用を示す**法人税基本通達**および個々の問題の解釈を示す**個別通達**がある。

　さらに，経済政策・社会政策あるいは緊急的な政策を達成するために，租税優遇措置，租税重課措置，国際租税回避対策措置などの特例規定を設けた**租税特別措置法**が時限立法の形式で制定されている。この法律にも，政令，省令，および通達がある。

## §2　所得金額・税額の計算構造

### 1　法人税の課税標準

　**法人税**の**課税標準**である**各事業年度の所得**とは，その事業年度の「益金の額」から「損金の額」を差し引いた額である（法22①）。

　　　所得の金額＝益金の額－損金の額

「各事業年度の所得金額」を計算する場合，益金の額および損金の額は，「別段の定め」があるものを除き，「一般に公正妥当と認められる会計処理の基準」に従って計算されたものである（法22④）。これは**公正処理基準**と通称されている。

　この公正処理基準は，法人所得の計算が，原則として，企業利益の算定の技術である企業会計に準拠して行われるべきことを意味する。一般の社会通念に照らして公正で妥当であると評価され得る会計処理の基準としては，「企業会計原則」，「中小企業の会計に関する指針」や会社法・金融商品取引法の計算規定がある。ただし，確立した会計慣行も広く含まれると考えられる。

　企業会計における「利益額」も法人税法における「所得金額」も，売上高な

どの収益の額からその売上原価の額および販売費・一般管理費その他の費用・損失の額を差し引いて計算されるが，法人税法における所得金額は，担税力に応じた課税の公平性，財政収入の確保，経済政策，徴税上の便宜などを考慮に入れて算定されることから，両者は必ずしも一致するわけではない。たとえば，企業会計上では収益または費用として計上されるものが，法人税法では，税法独特の要請から益金または損金に算入されない場合，企業会計では計上しない収益または費用を法人税法では益金または損金に算入する場合がある。

企業会計上の処理と異なる処理事項を**別段の定め**（法人税法第23条～第65条，租税特別措置法等の益金・損金に関する規定）といい，下記事項がある。

① **損金不算入項目**

**損金不算入項目**とは，企業会計では費用とするが，課税所得の計算上は損金に算入しない項目である。たとえば，減価償却費の過大計上額，寄附金のうち損金算入限度額を超える部分，貸倒引当金の過大引当額，交際費等の損金不算入額，資産の評価損，罰金・科料などが該当する。

② **損金算入項目**

**損金算入項目**とは，企業会計では費用としていないが，課税所得の計算上は損金に算入する項目である。たとえば，青色申告の場合の繰越欠損金，国庫補助金等の圧縮記帳損などが該当する。

③ **益金不算入項目**

**益金不算入項目**とは，企業会計では収益とするが，課税所得の計算上は益金に算入しない項目である。たとえば，受取配当金，資産の評価益等が該当する。

④ **益金算入項目**

**益金算入項目**とは，企業会計では収益とはしないが，課税所得の計算上は益金に算入する項目である。たとえば，国庫補助金・工事負担金・保険差益などのその他の資本剰余金等が該当する。

このように，企業会計の当期純利益と法人税法の所得金額は一致しない場合が多い。そこで，企業会計上の当期純利益を法人税法の「別段の定め」に従って加減調整し，所得金額を計算しなければならない。これを**税務調整**という。

所得金額＝(収益額＋益金算入額－益金不算入額)－(費用額＋損金算入額－損金不算入額)
　　　　＝当期純利益＋益金算入額－益金不算入額－損金算入額＋損金不算入額

図表2-1 「所得の金額の計算に関する明細書」(別表四) の計算構造

| 当期利益または当期欠損の額 | | |
|---|---|---|
| 加算 | ①損金不算入額 | |
| | ④益金算入額 | |
| | (小　計) | |
| 減算 | ②損金算入額 | |
| | ③益金不算入額 | |
| | (小　計) | |
| その他 | | |
| 所得金額または欠損金額 | | |

　決算で確定した当期純利益を基礎として「税務調整」を行い，所得金額が計算される制度を**確定決算主義**という。確定した決算の当期純利益に益金算入額と損金不算入額を加算し，損金算入額と益金不算入額を減算して，所得金額が算定される。株主総会等の承認を得た**決算利益**（確定利益）と課税上の所得金額（**課税所得**）との差異は，「法人税申告書」を構成する**別表四**（「所得の金額の計算に関する明細書」）で加減調整される。

## 2　益金の額

　企業会計上，収益は「実現主義」によって計上される。法人税法は，**別段の定め**に規定される「長期割賦販売等」に係る収益（法62），「長期請負工事に係る収益」（法63）等を除き，それ以外の取引による収益に対しては「公正処理基準」（すなわち実現主義）に従うことになる。
　ただし，民法第555条では，「権利確定主義」によって収益の計上が認められている。**権利確定主義**は，「売買契約の効力の発生日」をもって権利の成立時点とする。したがって，収益は，法的に債権として請求し得るもの（債権の確定）をもって計上できる。
　法人税法上，「債権の確定」に関する明文規定はない。公正処理基準では，

商品・製品等の販売（引渡し）の時点に益金の額が計上される。すなわち，「売買契約の効力の発生日」以後に，「資産の所有権の移転」とそれに伴う「代金請求権の確定」が生じた「引渡し」の時点に，基本的には，「権利の確定」が成立したとみなされている。

法人税法の「別段の定め」があるものを除き，**益金の額**に算入すべき金額は，次に掲げる5つの収益である（法22②）。

(a) 資産の販売に係る収益の額
(b) 有償または無償による資産の譲渡に係る収益の額
(c) 有償または無償による役務の提供に係る収益の額
(d) 無償による資産の譲受けに係る収益の額
(e) その他の取引で資本等取引以外のものに係る収益の額

具体的には，上記(a)の**資産の販売**に係る収益の額とは，商品・製品等（商品として証券会社が所有する有価証券を含む）の「棚卸資産の販売」による収入である。ここに「収益の額」とは，いわゆるグロスの「収入」である。上記(b)の「有償または無償による資産の譲渡」における**譲渡**（臨時的・一時的資産譲渡）には，一般の売却のほか，贈与，交換，収用等，出資，代物弁済（債務の弁済に代えて固定資産等を給付すること）等による譲渡も含まれる。**有償による資産の譲渡**に係る収益には，土地・建物等の固定資産や有価証券等の売却による収入などがある。

ここで注意を要することは，**無償による資産の譲渡**に係る収益が，資産の贈与者側でも「益金の額」として算入されることである。資産を無償で譲渡した場合，通常の経済取引（有償による譲渡）を行い，**公正な価額**（時価）によって売却代金を受け取ったとみなし，その価額を益金の額（**譲渡収益**）に算入するとともに，直ちに譲渡先に贈与（寄附）したものとして，その贈与金額は，**寄附金**（譲渡先が会社の役員であれば，給与）として処理する。このような考え方を**有償取引同視説**または**二段階取引説**という。

たとえば，30年前に購入していた土地（取得価額2,000万円，時価8,000万円）を取引先に無償で譲渡した場合，譲渡収益（益金）と寄附金は時価の8,000万円である（寄附金には，一定の損金算入の限度額が設けられている）。

| （借） | 土地譲渡原価 | 20,000,000 | （貸） | 土　　　地 | 20,000,000 |
|---|---|---|---|---|---|
|  | 寄　附　金 | 80,000,000 |  | 土地譲渡収益 | 80,000,000 |

上記の仕訳は，有償取引同視説に従えば，次のように考える。

| （借） | 土地譲渡原価 | 20,000,000 | （貸） | 土　　　地 | 20,000,000 |
|---|---|---|---|---|---|
|  | 現　　　金 | 80,000,000 |  | 土地譲渡収益 | 80,000,000 |
|  | 寄　附　金 | 80,000,000 |  | 現　　　金 | 80,000,000 |

　時価よりも低い対価で取引を行った低廉譲渡も「無償による資産の譲渡」に含まれるかどうかは，明文上は明らかではないが，判例は積極に解している（最判平成7年12月19日）。

<設例>

　土地（取得価額2,000万円，時価8,000万円）を得意先に時価の半額で低額譲渡した。

| （借） | 土地譲渡原価 | 20,000,000 | （貸） | 土　　　地 | 20,000,000 |
|---|---|---|---|---|---|
|  | 現　　　金 | 40,000,000 |  | 土地譲渡収益 | 80,000,000 |
|  | 寄　附　金 | 40,000,000 |  |  |  |

　(c)の「有償または無償による役務の提供による収益」も資産の販売または譲渡の場合と同様に，役務の提供時の「公正な価額」をもって益金の額に算入される。これには，請負契約による収益または金銭の貸付契約による利子収入などが含まれる。

<設例>

　受取利息10万円を債務者に無償提供した。

| （借） | 寄　附　金 | 100,000 | （貸） | 受取利息 | 100,000 |
|---|---|---|---|---|---|

　(d)の**無償による譲受け**によって取得した棚卸資産，有価証券および減価償却

資産については，当該資産の取得のために通常要する価額（再調達原価）をもって取得価額とする。無償取得資産を時価で記帳することによって，同額の収益（受託者増益）が「益金の額」に算入される。

> **＜設例＞**
> 得意先から機械500万円分の無償贈与を受けた。
>
> （借）機　　械　　5,000,000　　（貸）固定資産受贈益　5,000,000

(e)の「その他の取引で資本等取引以外のものに係る収益」には，企業会計上の資本剰余金のうち，国庫補助金・工事負担金・保険差益・私財提供益・債務免除益，法人税法上認められる評価益，引当金の戻入益等がある。

法人税法上，益金と損金の額に影響を与える**資本等取引**とは，①法人の資本金等の額の増加・減少を生ずる取引，②法人が行う利益または剰余金の分配をいう（法22⑤）。つまり，「資本等取引」は対資本主取引であり，企業会計上の**資本取引**とは二つの点で相違する。すなわち，資本金等の額における資本金以外の金額と資本剰余金とがその意義と範囲において一致しないので，企業会計上の「その他の資本剰余金」は，税法上，益金として取り扱われ，原則として課税対象となる。企業会計では，利益または剰余金の分配を資本取引に含めていないので，**利益積立金**は課税済税引所得の累積積立額であり，これを取り崩して配当すれば，資本主に対する利益の分配として課税される。

> **＜設例＞**
> 国より建物の建設のために補助金5,000万円を受け取った。
>
> （借）現　　金　　50,000,000　　（貸）国庫補助金受贈益　50,000,000

これらの「益金の額」は，出資者の観点からは自己の拠出によらない「経済的価値の増加」であり，課税の対象となる。つまり，「益金の額」とは，法人の純資産の増加の原因となる収入額その他の経済的価値の増加額である。

## 3　損金の額

　損金については，「公正処理基準」(すなわち「発生主義」)に従って計算される費用の額を「別段の定め」により調整することになるが，外部取引には**債務確定主義**を満たすものを損金の額に含めている。通常，損金の額に含めることができる「債務確定」の要件を満たすには，次の三つの要件が必要である(基通2-2-12)。
- (イ)　事業年度末日までに当該費用に係る債務が成立していること(**債務の成立の要件**)
- (ロ)　事業年度末日までに当該債務に基づいて具体的給付の原因となる事実が発生していること(**給付原因事実の発生の要件**)
- (ハ)　事業年度末日までにその金額を合理的に算定することができること(**金額の合理的算定の要件**)

　費用の額は発生主義によって認識されるが，その帰属年度に法人の判断が介入するため，「法的安定性」の観点から，外部取引に関しては「債務確定」の要件を満たす費用を損金とする「債務確定主義」が採られている。
　**損金の額**に算入すべき金額は，「別段の定め」があるものを除き，次に掲げる額である(法22③)。
- (f)　当該事業年度の収益に係る売上原価，完成工事原価その他これに準ずる原価の額
- (g)　当該事業年度の販売費，一般管理費その他の費用(償却費以外の費用で，当該事業年度末までに債務の確定しないものを除く)の額
- (h)　当該事業年度の損失の額で資本等取引以外の取引に係るもの

　具体的には，上記(f)の**売上原価**とは，商品・製品等の売上高に対応する原価であり，**完成工事原価**とは，建設業の請負に係る売上高(工事収益)に対応する原価である。「その他これに準ずる原価」には，固定資産等の譲渡に係る原価(**譲渡原価**)，役務提供を本業とする役務の提供に係る原価が含まれる。
　(g)の**販売費，一般管理費**は，企業会計と同様に，販売・一般管理業務に係わり，当該事業年度の売上高と期間的に対応する費用である。「その他の費用」

は，営業外費用のことであり，これには支払利息・割引料，社債利息などが含まれる。ただし，償却費以外の費用で，債務が確定していないものは除く。

このように，**損金**には，広く企業会計における費用・損失が含まれる。費用が損金の額に算入されるためには，事業遂行上の「必要性」が満たされれば十分であり，「通常性」までは必要とされない。したがって，違法または不法な支出も収益を得るために必要なものである限りは，費用として認められる。

ただし，不正な支出の損金算入の可否について，法人税の負担を減少するための**隠蔽・仮装行為**に要する費用の額または隠蔽・仮装行為から生じる損失の額は「損金の額」に算入されない（法55①）。また，刑法に規定する**賄賂**または不正競争防止法に規定する外国公務員等に対する不正に供与される利益の合計額に相当する費用または損失は損金の額に算入されない（法55⑤）。

## 4　法人税額の計算構造

法人の決算利益に税務調整を行った結果の所得金額から，さらに，経済・社会政策等により，新鉱床探鉱費または海外新鉱床探鉱費の特別控除，収用換地等の場合の所得の特別控除，特定事業の用地買収等の場合の所得の特別控除等，一定の**所得控除**を行うことができる。税務調整後の所得金額から所得控除額を控除した残額が，**各事業年度の所得金額**となる。

　　各事業年度の所得金額＝税務調整後所得金額－所得控除額

各事業年度の課税所得金額に「法人税率」を適用し，**算出税額**が算出される。後述するように，税率は法人の形態・規模や所得の種類により異なる。

　　算出税額＝課税所得金額×税率

このように計算された算出税額が，直ちに「納付税額」となるのではなく，さらに，各種の「税額控除」を差引いて最後の**法人税額**となる。**税額控除**には，①租税特別措置法により規定されている各種特別控除（たとえば，エネルギー需要構造改革推進設備等の特別控除），②仮装経理に基づく過大申告の更正に伴う法人税額控除および③二重課税回避のための特別控除（所得控除，外

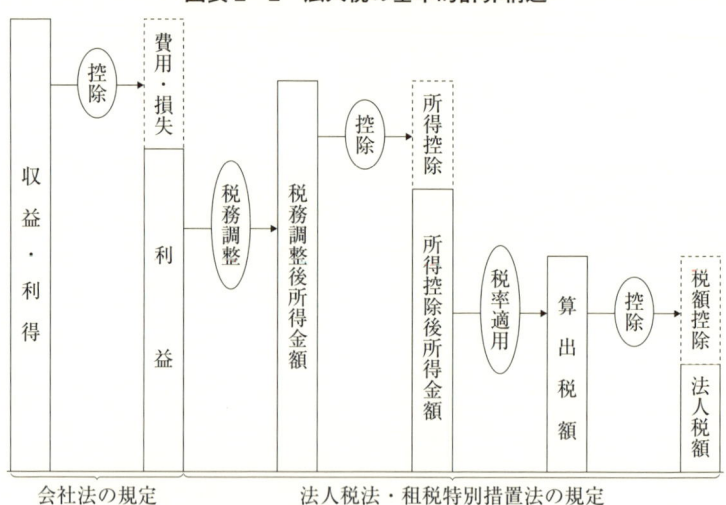

図表2-2　法人税の基本的計算構造

```
収益・利得 ──控除──→ 費用・損失
           ↓
          利益 ──税務調整──→ 税務調整後所得金額 ──控除──→ 所得控除
                                                    ↓
                                            所得控除後所得金額 ──税率適用──→ 算出税額 ──控除──→ 税額控除
                                                                                        ↓
                                                                                      法人税額
```

会社法の規定　　　　　　　法人税法・租税特別措置法の規定

法人税額＝算出税額－税額控除

国税額控除）がある。

　なお，中間申告による**中間納付税額**があれば，確定申告に際して，その「中間納付税額」を控除した金額を納税することになる。

# §3　主な益金関連項目

## 1　通常の販売による収益

　商品・製品等の棚卸資産の販売による収益の額は，その引渡しがあった日の属する事業年度の「益金の額」に算入する（基通2-1-1）。これを**引渡し基準**または**販売基準**という。**引渡し**（占有の移転）の時点については，一般に，次のいずれかの基準が採用されている（基通2-1-2）。

①　相手方の注文に応じて商品等を出荷したときに引渡しがあったとする**出荷基準**
　　(a)　店頭または倉庫等から出荷したとき（**出庫基準**）
　　(b)　船積みまたは貨車積みした（すなわち、船荷証券または貨物引換証を発行した）とき（**荷積み基準**）
　　(c)　相手方の受入場所に搬入したとき（**搬入基準**）
②　相手方が商品等を検収して、引取りの意思表示をしたときに引渡しがあったとする**検収基準**
③　機械・設備等の販売の場合には、その設置が完了し、当該販売資産を取引相手方が使用して収益を得ることができるときに、引渡しがあったとする**使用収益開始基準**
④　電気・ガス・水道等の販売の場合には、その使用量（販売数量）を検針等により確認したときに、引渡しがあったとする**検針日基準**
⑤　山林、原野のような「土地」（または土地上に存する権利）であり、その引渡しの日がいつであるか明らかでないときは、(イ)代金の相当部分（おおむね50％以上）を収受した日と(ロ)所有権移転登記の申請日（その登記申請に必要な書類を相手方に交付した日を含む）のいずれか早い日に引渡しがあったとする。

「収益の額」は、商品等の種類・性質、契約内容等に応じて合理的な計上基準を選択し、毎期継続して適用しなければならない（基通2-1-2）。ただし、合理的な理由がある場合には、複数の異なる「引渡し基準」を採用することができる。

なお、商品等の引渡しは完了したが、販売代金が引渡しの事業年度末までに確定しない場合には、事業年度末の現況により適正に見積もって益金に計上しなければならない。見積計上額とその後に確定した額との差額は、当該確定事業年度の益金または損金の額に算入する（基通2-1-4）。

　**売上戻り**は、①返品を現実に受け取った事業年度または②相手方から返品の通知を受けた事業年度の売上額から控除する。**売上値引**は、売上値引を行った事業年度の売上高から控除するか、営業外費用に計上する。**売上割引**は、営業外費用として処理してもよいし、売上割引を行った事業年度の売上から控除してもよい。

　**売上割戻し**では、相手方との契約内容によって損金計上または売上控除する

時期が次のように異なる（基通2-5-1～2）。
① その算定基準が販売価額または販売数量により，かつ，契約等によって相手方に明示されている場合，原則として，「販売日」の属する事業年度に計上する。ただし，継続適用を条件にして，売上割戻しの金額の「通知日」または「支払日」の属する事業年度に計上することができる。
② 上記①以外の場合，原則として，売上割戻しの金額の「通知日」または「支払日」の属する事業年度に計上する。ただし，売上割戻しの算定基準が内部決定されている場合に，その算定基準により計算した金額を期末に未払金として計上し，申告期限までに相手方に通知したときは，その未払金の計上が認められる。
③ 上記①または②に該当する場合であっても，相手方との契約等により特約店契約の解約，災害の発生等，特別な事実が生じるときまで，または5年を超える一定期間が経過するまで相手方名義の保証金等として預かる場合，現実の「支払日」（その日前に実質的に相手方にその利益を享受していると認められるときは，その利益を享受させることとした日）の属する事業年度に計上する。

このような基準で計算していても，（売上割戻しの支払いに代えて）その資金で得意先を旅行・観劇等に招待したり，「**事業用資産**」（たとえば，カメラメーカーが得意先に売上割戻しとして供与したフィルム・カメラなどの商品，複写機等）または**少額物品**（購入単価がおおむね3,000円以下の物品）以外の物品を交付している場合には，**交際費等**（基本的に損金不算入）に該当する（措通61の4-4）。

## 2　特殊な販売収益

### (1) 委託販売

　**委託販売**については，委託者が商品等（委託品）を受託者に積送（引渡し）した時点ではなく，受託者が当該委託品を販売した日をもって収益計上時期とされる。原則として，受託者販売時の**販売基準**による。
　ただし，売上のつど，当該委託品についての売上計算書が作成され送付されている場合において，法人が継続してその収益を当該売上計算書の到達した日

の事業年度の益金の額に算入しているときは，この処理が認められる（基通2－1－3）。これを**仕切精算書到着日基準**という。この場合，法人が恣意的に売上計算書の到着を操作することを防止するために，「売上の都度の作成・送付」が要件となっている。なお，受託者が週，旬，月等を単位として一括して売上計算書を作成している場合でも，継続して行われていれば，「売上の都度の作成・送付」に該当するものとして取り扱われる。

### (2) 試用販売

**試用販売**では，商品を買主の希望によって出荷するが，この時点ではまだ販売にならない。したがって，税務上では，買主が買取りの意思表示を行った時点に収益を計上する。これを**買取意思表示基準**という。

ただし，契約において売主が買主の買取意思表示の期間を定め，その期間内に返答がない場合には，買取意思があったものとして取り扱うこともできるので，契約で定めた期限を過ぎた日に属する事業年度の益金の額に算入される。

### (3) 予約販売

事前に予約金を受け取り，その後に商品を引き渡す**予約販売**では，決算日までに商品の引渡しが完了した分だけを当期の売上高に計上するので，商品を引き渡した日に属する事業年度の益金の額に算入することになる。つまり，商品引渡時の**販売基準**による。

### (4) 長期割賦販売等

月賦払い・年賦払いなどの方法で代金の分割払いを受ける定型的約款（賦払金の額，履行期日等を定めた契約条項）に基づいて不特定多数の者に販売する形態を**割賦販売**という（法62②）。「割賦販売」に係る商品の販売収益については，通常の販売収益と同様，**販売基準**が適用され，引渡しがあった日の属する事業年度の益金の額に算入する。

金利相当分について区分経理する等の実態がある場合には，割賦金の支払期日が到来するごとに収益を計上する**履行期日到来基準**（権利確定主義による基準）を採用できる。

図表2-3 長期割賦販売等とそれ以外の割賦販売等の収益計上基準

| 割賦販売の区分 | | 収益計上基準 |
|---|---|---|
| 長期割賦販売等以外の割賦販売 | 金利相当分を区分経理しない場合 | 販売基準 |
| | 金利相当分を区分経理する場合 | 販売基準または履行期日到来基準 |
| 長期割賦販売等 | | 販売基準または延払基準 |

なお,下記の要件を満たす**長期割賦販売等**については,「販売基準」のほかに,その事業年度に代金の支払期限の到来した部分の金額に見合う販売等の収益と,その収益に対応する原価の額を**延払基準**の方法によって経理したときは,その経理した収益の額と費用の額は,益金の額と損金の額に算入することもできる(法63④,令127)。

(イ) 月賦,年賦などにより,3回以上に分割して対価の支払いを受ける。
(ロ) 賦払期間が2年以上である。
(ハ) 目的物の引渡し期日までに支払期日の到来する賦払金額が販売等の対価の3分の2以下である。

「延払基準」の方法は,毎期継続して適用しなければならないが,継続しなかった場合には,当該年度に未回収部分の金額を益金の額に算入するとともに,それ以降の年度には再度用いることはできない。

なお,「延払基準」の方法とは,次の算式により計算した金額をその事業年度の収益とする方法をいう(令124)。

$$\begin{bmatrix} 長期割賦販売等の対価の額 \\ または \\ 長期割賦販売等の原価(販売手数料・ \\ 譲渡手数料を含む)の額 \end{bmatrix} \times \frac{分母の金額に係る賦払金であり当期中に支払期日の到来するものの額^{(注)}}{長期割賦販売等の対価の額}$$

(注) 当期中の支払期日の到来したものの合計額のうち,前期末までに支払いを受けた金額を除き,当期中支払いを受けた金額で翌期以後に支払期日の到来する金額を含む。

上記算式における「当期中に支払期日の到来するものの額」とは,「履行期日到来基準」に基づく金額であり,「企業会計原則」で認めている「回収基準」に基づく金額ではない。

<設例>

下記資料により，長期割賦販売等（完成引渡時24億円，翌年から12億円3回払い）の収益・原価の額を延払基準により計算しなさい。

(イ) 長期割賦販売等の対価　　　　　　　　　　　　　　　60億円
(ロ) 長期割賦販売等の原価　　　　　　　　　　　　　　　36億円
(ハ) 当期中（第2回支払時）に支払期日の到来したものの合計額　36億円
(ニ) 上記のうち，実際に前期末までに支払を受けた金額　　　　18億円
(ホ) 当期中に支払いを受けた金額で翌期以後に支払期日の到来する金額　3億円

〔解答〕

長期割賦販売等収益：$60 \text{億円} \times \dfrac{36\text{億円} - 18\text{億円} + 3\text{億円}}{60\text{億円}} = 21\text{億円}$

長期割賦販売等原価：$36 \text{億円} \times \dfrac{36\text{億円} - 18\text{億円} + 3\text{億円}}{60\text{億円}} = 12\text{億}6{,}000\text{万円}$

なお，後日，契約の変更があり，賦払金の履行期日・金額が異動した場合には，その変更後の履行期日・賦払金の額に基づいて延払基準の方法を適用し，変更前の計算に影響を生じさせない。

契約の変更により，長期割賦販売等に該当しなくなった場合（たとえば，延払期間が2年未満になった場合）には，現に繰り延べている利益については，一括して益金の額に算入しなければならない（基通2-3-9）。

値増し・値引き等があったため利益額の異動が生じた場合には，原則として，異動した利益についてその後の延払基準を通じ調整しなければならない。ただし，値増し・値引きの金額を発生年度の損益として処理し，延払基準の適用に影響させないことができる。

長期割賦販売等に係る対価または原価の額等につき値増し・値引き等があったことにより，利益の額に異動が生じた場合には，下記の算式により当期に計上すべき利益の額を計算する（基通2-3-10）。

$$\left[\begin{array}{c}\text{異動後の}\\ \text{利益の額}\end{array} - \begin{array}{c}\text{異動事業年度の}\\ \text{各事業年度に計上}\\ \text{した利益の額}\end{array}\right] \times \dfrac{\begin{array}{c}\text{異動後の契約に基づき}\\ \text{当期中に受けた賦払金の額}\end{array}}{\begin{array}{c}\text{異動事業年度開始の日}\\ \text{以後に受ける対価の額}\end{array}} = \begin{array}{c}\text{当期に計上}\\ \text{すべき金額}\end{array}$$

<設例>

前記設例において，3億円の値引を認めた場合の益金の額と損金の額を計算し

なさい。
(イ) 当期中に支払期日の到来したものの合計額　　　　　48億円
(ロ) 上記のうち，前期までに支払いを受けた金額　　　　21億円
(ハ) 当期中に支払いを受けた金額で翌期以後に支払期日の到来する金額　3億円

〔解答〕

長期割賦販売等収益：$57\text{億円} \times \dfrac{48\text{億円} - 21\text{億円} + 3\text{億円}}{57\text{億円}} = 30\text{億円}$

長期割賦販売等原価：$34\text{億}2{,}000\text{万円}^* \times \dfrac{48\text{億円} - 21\text{億円} + 3\text{億円}}{57\text{億円}} = 18\text{億円}$

\* $36\text{億円} \times \dfrac{57\text{億円}}{60\text{億円}} = 34\text{億}2{,}000\text{万円}$

### (5) 商品引換券等の販売

企業会計上，商品券，ビール券，仕立券等（商品の引渡しまたは役務の提供を約した証券等であり，税法上，**商品引換券等**という）を発行した場合，現実に商品を引き換えるまで商品引換券等の代価を「預り金」として処理する。

しかし，商品引換券等の代価は「確定収入」であり，将来取り消されることはなく，引換えが長期にわたり，場合によっては永久に引き換えられないものもあるので，税務上，預り金経理には弊害がある。そこで法人税法では，原則として，商品引換券等の発行対価の額を発行事業年度の益金の額に算入する**発行時収益計上法**が適用される。

ただし，商品引換券等をその発行年度ごとに区分管理している場合に限り，特例処理として，商品等との実際の引換額を益金に算入する**引渡時収益計上法**が適用できる。この方法では，所轄税務署長（国税局の調査課所管法人にあっては所轄国税局長）の確認および継続適用を要件として，未引換高の引換えまで預り金勘定として繰り越し，発行年度の翌年度開始日から3年を経過した日の事業年度末（すなわち，発行日から足かけ5年目の年度末）における未引換残高を益金の額に算入する経理処理が認められている（基通2-1-39）。

### (6) 造成団地の分譲販売

団地を造成して，造成完了の部分から順次分譲する場合，各事業年度において分譲した土地の対価の額の合計額を収益の額とする。造成団地の**分譲販売**で

は，団地全体としての工事原価が未確定であるため，当該事業年度の収益の額に対応する工事原価は，下記のように分譲面積または分譲価額等（ただし，継続適用を要件とする）に基づいて計算する（基通2-2-2）。

(a) 分譲が完了する事業年度の直前の事業年度までの各事業年度

収益の額＝当該事業年度に分譲した土地の対価の合計額

$$原価の額 = \left[\begin{array}{c}工事原価の\\見積額^*\end{array} - \begin{array}{c}当該事業年度前の各\\事業年度に損金の額\\に算入した工事原価\\の額の合計額\end{array}\right] \times \frac{当該事業年度に分譲した面積（または価額等）}{\begin{array}{c}分譲総面積\\（または価\\額等）^{**}\end{array} - \begin{array}{c}当該事業年度前の各\\事業年度に分譲した\\面積（または価額等）\\の合計\end{array}}$$

＊「工事原価の見積額」は，当該事業年度終了時の現況によりその工事全体につき見積もられる工事原価の額とする。
＊＊「分譲予定面積（または価額等）」には，当該法人の使用する土地の面積（または価額等）を含む。

(b) 分譲が完了した事業年度

収益の額＝当該事業年度に分譲した土地の対価の合計額

$$原価の額 = \left[\begin{array}{c}全体の工事原価の額（当該法人の\\使用する土地に係る工事原価の額\\を除く）\end{array}\right] - \left[\begin{array}{c}当該事業年度前の各事業年度に\\売上原価として損金の額に算入\\した金額の合計\end{array}\right]$$

## 3 工事請負による収益

**長期工事請負**とは，他の者の求めに応じて行う工事（製造を含む）で，その着手の日から当該他の者と締結した契約において定められている目的物の引渡しの期日までの期間が1年以上であるものをいう（法64①）。目的物の引渡しを要する請負契約には，船舶，ダム，橋梁，建物等の建設工事等がある。

このような長期請負工事に係る収益の期間帰属基準として，税法上，「工事完成基準」，「部分完成基準」および「工事進行基準」が認められている。

### (1) 工事完成基準

収益の額は，原則として，その目的物の全部を完成して相手方に引き渡した日の属する事業年度の益金の額に算入する（基通2-1-5）。これを**工事完成基**

準という。「引渡しの日」とは、作業を結了した日、相手方の受入場所に搬入した日、相手方が検収を完了した日、相手方が使用収益できる日等、当該建設工事等の種類・性質、契約の内容等に応じて合理的であると認められる日のうち、法人が継続して収益計上を行う日である（基通2-1-6）。

原価の額には、請負の目的物の完成のために要した材料費、労務費および経費の合計額のほか、その受注または引渡しをするために直接要したすべての費用の額が含まれる（基通2-2-5）。したがって、建設工事の受注に当たり直接要した交際費等も、請負工事の原価に算入できる。

ただし、建設業を営む法人が建設工事等の受注に当たり前渡金保証会社に支払う保証料の額は、前渡金を受領するために要する費用であるから、工事原価の額に算入しないことができる（基通2-2-5（注））。

当該事業年度に完成して引き渡した建設工事等に係る工事代金の額が期末までに確定していない場合、期末の現況により金額を適正に見積もって収益に計上する。この場合、その後確定した販売代金の額が見積額と異なるときは、その差額は、その確定日の属する事業年度の益金または損金の額に算入する（基通2-1-7，2-2-1）。

なお、工事代金につき資材の値上がり等に応じて一定の値増金を収入することが契約に定められている場合には、原則として、その値増金の額は引渡しの日の属する事業年度の益金の額に算入する。ただし、相手方との協議によりその収入すべきことが確定する値増金は、その確定日の属する事業年度の益金の額に算入する（基通2-1-8）。

### (2) 部分完成基準

下記のいずれかに該当する場合、建設工事等の全部が完成しないときでも、その事業年度に引渡した建設工事等の量または完成した部分に対応する工事収入を当該事業年度の益金の額に算入しなければならない（基通2-1-9）。この計上基準を**部分完成基準**といい、完成部分の引渡しという客観的事実・権利確定により、強制適用される。

(a) 一の契約により同種の建設工事等を多量に請負った場合（たとえば、5棟のマンションの建設請負）で、その引渡量（たとえば、完成した3棟の引渡し）に

従い工事代金を収入する旨の特約または慣習がある場合
(b) 1個の建設工事等（たとえば，10kmの道路建設）であっても，建設工事等の一部が完成し，完成部分を引渡したつど（たとえば，完成した2kmの道路の完成・引渡しのつど）その割合に応じて工事代金を収入する旨の特約または慣習がある場合

### (3) 工事進行基準

長期請負の収益の額について，各事業年度の工事進行度を見積もり，工事収益の一部を当該事業年度の収益として計上することができる。これを**工事進行基準**という。

下記要件のすべてを満たす**長期大規模工事**の場合には，「工事進行基準」によって計算した金額を当該事業年度の益金・損金の額に算入する（法64①）。
(a) その着手の日から目的物の引渡期日までの期間が，1年（平成10年4月1日から平成20年3月31日までに締結した工事には2年）以上である。
(b) その請負対価の額が10億円（平成10年4月1日から平成13年3月31日までに締結した工事には150億円，平成13年4月1日から平成16年3月31日までに締結した工事には100億円，平成16年4月1日から平成20年3月31日までに締結した工事には50億円）以上の工事である。
(c) 契約において，その請負対価の額の2分の1以上が目的物の引渡期日から1年を経過する日後に支払われることとされていない。

つまり，長期大規模工事の請負には「工事進行基準」が強制適用される。「工事進行基準」とは，次の算式により計算した金額をその事業年度の収益・費用とする方法である。

収益の額＝請負対価の額×工事進行割合－前期末までの工事収益計上額

費用の額＝$\begin{bmatrix} 期末の現況による \\ 見積工事原価の額 \end{bmatrix}$×工事進行割合－前期末までの工事原価計上額

（注）工事進行割合＝$\dfrac{当期末までの実際の工事原価の額}{期末の現況による見積工事原価の額}$

─＜設例＞─────────────────────────
下記資料により，工事進行基準による工事収益と工事原価を計算しなさい。

(イ) 工事見積収益　　　　　　　　600億円

(ロ)　工事見積原価　　　　　　　　　　400億円
　　　(ハ)　前期末までの工事発生原価　　　　150億円
　　　(ニ)　当期における工事発生原価　　　　 50億円
　　　(ホ)　前期末までの工事収益計上額　　　225億円

　　〔解答〕

　　　工事収益の額：$600億円 \times \dfrac{150億円 + 50億円}{400億円} - 225億円 = 75億円$

　　　工事原価の額：$400億円 \times \dfrac{150億円 + 50億円}{400億円} - 150億円 = 50億円$

| (借) | 工事原価 | 5,000,000,000 | (貸) | 未成工事支出金 | 5,000,000,000 |
|---|---|---|---|---|---|
|  | 完成工事未収金 | 7,500,000,000 |  | 工事収益 | 7,500,000,000 |

　長期大規模工事以外の工事の請負について，確定決算で工事進行基準の方法による経理を行った場合には，「工事進行基準」の方法によることができる（法64②）。工事進行基準に基づかない工事の請負については，目的物の引渡しによって請負対価の額を一括して収益に計上する「工事完成基準」による。

　　　　　　　　図表 2-4　工事請負の収益計上基準

| 工事の種類 | 収益計上基準 |
|---|---|
| 長期大規模工事 | 工事進行基準 |
| 長期大規模工事以外で，目的物の引渡しが翌期以後となる工事 | 工事進行基準または工事完成基準 |
| 上記以外の工事 | 工事完成基準 |

## 4　役務収益

　物の引渡しを要しない請負契約による収益（**役務収益**）は，役務の全部を完了した日の属する事業年度の益金の額に算入する（基通2-1-5）。これを**役務完了基準**というが，法人税法上，特殊な事例には，下記のような基準で「益金の額」に算入される。

## (1) 機械設備等の販売に伴う据付工事収益

機械設備等の販売に伴って据付工事を行った場合，(a)その据付工事を機械設備等の販売に伴う単なる付帯的サービスとみるか，(b)販売と据付が一つの契約の中に混合するとみるのかによって，**据付工事収益**の計上時点が異なる。

(a) 据付工事を機械設備等の販売に伴う付帯的サービスとして考え，機械設備等本体の販売と据付工事を一つの販売行為とみなす場合には，「据付工事に係る対価の額」を含む全体の「販売代金の額」を機械設備等の「引渡しの日」に属する事業年度の益金の額に算入しなければならない（基通2-1-1, 2-1-10）。

(b) 据付工事が相当な規模のものであり，「据付工事に係る対価の額」を契約その他（たとえば，見積書等）に基づいて合理的に区分できる場合には，機械設備等に係る「販売代金の額」と「据付工事に係る対価の額」とに区分して，販売代金には「引渡し基準」，据付工事収益には「役務完了基準」（すなわち**据付完了基準**）により収益計上することができる（基通2-1-1, 2-1-5）。

## (2) 不動産の仲介・斡旋報酬

土地・建物等の売買，賃貸借等の**仲介・斡旋報酬**の額は，原則として，その売買等に係る契約の効力が発生した日の属する事業年度の益金の額に算入する。

しかし，実際には登記段階で改めて報酬の値引きを要求され，所有権移転登記の時点（取引完了日）で最終的な報酬の収受が完了する場合が多いので，継続適用を条件にして，当該契約に係る取引完了日の属する事業年度に益金の額に算入できる（基通2-1-11）。

## (3) 技術役務の提供に係る報酬

設計，作業の指揮監督，技術指導等の**技術役務の提供**により受ける報酬の額は，**役務完了基準**に基づいて益金の額に算入する。ただし，下記の事実がある場合には，部分的に収受すべき報酬の額が確定するつど，確定日の属する事業年度に益金の額に算入する**部分完了基準**を適用できる（基通2-1-12）。

① 報酬の額が現地に派遣する技術者等の数および滞在日数等により算定され，かつ，一定期間ごとに支払いを受けることとなっている場合

② 報酬の額が作業の段階（たとえば，基本設計と部分設計）ごとに区分され，かつ，それぞれの段階の作業が完了するつど，支払いを受ける場合

ただし，その支払いの確定金額のうち，役務の全部の提供が完了するまで，または1年を超える相当の期間が経過するまで支払いを受けることができない部分の金額については，完了日と受取日とのいずれか早い日までに収益を計上すればよい（基通2-1-12）。

### (4) 運送収益

運送業における**運送収益**は，**役務完了基準**に従って，その運送役務の提供を完了した日の属する事業年度に益金の額に算入する。ただし，運送契約，性質，内容等に応じ，継続適用を要件にして，次のような収益計上基準が認められる（基通2-1-13）。

(a) **発売日基準**（乗車券，搭乗券，乗船券を発売した日）
(b) **集金基準**（自動発売機による乗車券等については集金した日）
(c) **積切基準**（航空機，船舶等による乗客・貨物については，積地を出発した日）
(d) **航海完了基準**（航海期間がおおむね4ヵ月以内である場合，一航海が完了した日）
(e) **日割・月割発生基準**（定期乗車券に適用される収益計上基準で，運送に要する期間に応じて日割・月割により収益計上する）

なお，運送業を営む法人間で運賃の「交互計算」または「共同計算」を行っている場合に当該法人が配分を受けるべき収益の額は，その配分が確定した日の属する事業年度に益金の額に算入することができる（基通2-1-13（注）1）。

## 5 譲渡収益

### (1) 固定資産の譲渡

**固定資産の譲渡**による収益は，原則として，引渡しの日に益金の額に算入される。ただし，土地，建物その他これらに類する資産を譲渡した場合，当該資産の譲渡に関する契約の効力発生日に益金として処理できる（基通2-1-14）。

なお，**農地の譲渡**については，農地法上の許可を受けなければその効力を生じないため，引渡しの日ではなく，その許可のあった日の属する事業年度の益金の額に算入している時は，これを認める（基通2-1-15）。

資産を無償または著しく低額で譲渡した場合,通常の経済取引として公正な価額により収益が実現したとみなし,その価額を益金の額に算入する。「公正な価額」に比して低い対価で現金を受け取るので,その差額は贈与したものとみなされ,その贈与したと認められる金額は,**寄附金**(譲渡先が会社の役員であれば,**給与**)として計算する。

<設例>
帳簿価額1億円,時価6億円の土地を得意先に2億円で売却譲渡した。

| (借) | 現　　　　金 | 200,000,000 | (貸) | 土地譲渡収益 | 600,000,000 |
|---|---|---|---|---|---|
| | 寄　附　金 | 400,000,000 | | | |
| | 土地譲渡原価 | 100,000,000 | | 土　　　　地 | 100,000,000 |

### (2) 工業所有権等の譲渡

**工業所有権等**(特許権,実用新案権,意匠権および商標権ならびにこれらの工業所有権に係る出願権および実施権をいう)の譲渡または実施権の設定により受ける対価(使用料を除く)の額は,原則として,その譲渡または設定に関する契約の効力発生日の属する事業年度の益金の額に算入する。ただし,登録が効力発生の要件とされている場合には,登録日の属する事業年度の益金の額に算入することができる(基通2-1-16)。

工業所有権等(またはノーハウ)を使用させたことにより支払いを受ける使用料の額は,原則として,その額が確定した日の属する事業年度の益金の額に算入する。ただし,継続適用を要件にして,契約により当該使用料の支払いを受けるべき日の属する事業年度の益金の額に算入できる(基通2-1-30)。

### (3) ノーハウの頭金等の収益

ノーハウの設定契約に際して支払いを受ける一時金または頭金の額は,ノーハウの開示を完了した日の属する事業年度の益金の額に算入する。ただし,ノーハウの開示が2回以上にわたって行われ,かつ,頭金等の支払いもこれに見合って分割されているときは,開示のつど,支払いを受けるべき金額をその開示日の属する事業年度の益金の額に算入する(基通2-1-17)。

ノーハウの使用料は，その額の確定日または受領日の属する事業年度の益金の額に算入される（基通2-1-30）。

### (4) 譲渡担保

**譲渡担保**とは，資金貸借に当たり担保物の所有権を債権者（貸付側）に移転させるが，後日一定期間内に当該債務の元本と利息相当額を弁済したときは，その担保物の所有権を譲渡人である債務者（借入側）に返還することを契約内容とする物的担保である。

法人が債務の弁済の担保としてその有する固定資産を譲渡した場合，その契約書に下記事項を明らかにし，自己の固定資産として経理しているときは，担保設定者（債務者）に譲渡益を計上させて課税することは適当ではないので，その譲渡はなかったものとして取り扱う（基通2-1-18）。

① 当該担保に係る固定資産を当該法人が従来どおり使用収益する。
② 通常支払うと認められる当該債務に係る利子またはこれに相当する使用料の支払いに関する定めがある。

なお，その後，上記の要件のいずれかを欠くに至った場合，または債務不履行のためその弁済に充てられた場合には，時価により譲渡があったものとして取り扱われる（基通2-1-18後段）。つまり，債務者においては，その固定資産の時価と帳簿価額との差額が譲渡益となる。さらに，借入金と固定資産の時価との差額は，返済を受けない場合には，債権者に対する贈与（寄附金）として処理される。

---

**＜設例＞**

借入金5,000万円のために，担保として土地（帳簿価額2,200万円，時価5,800万円）を差し入れていたが，債務不履行となり，清算されなかった。

| (借) | | | (貸) | | |
|---|---|---|---|---|---|
| 土地譲渡原価 | 22,000,000 | | 土　　　地 | 22,000,000 |
| 借　入　金 | 50,000,000 | | 土地譲渡収益 | 58,000,000 |
| 寄　附　金 | 8,000,000 | | | |

### (5) 有価証券の譲渡

**有価証券の譲渡**による収益の額は，原則として，その契約のあった日の属する事業年度の益金の額に算入する。原則的に，**契約日基準（約定日基準ともいう）** が採用されている。ただし，実務的簡便性を考慮して，事業年度末に契約済みで未引渡しとなっている有価証券の譲渡損益を計上する**修正契約日基準**も認められている（法61の1①，基通2-1-23）。

証券業者から株式を借り受け，それを取引所で売り付ける**信用取引**では，証券業者との間ではその借受株式の決済を6ヵ月以内に限り自動的に延長できるので，その間に反対売買を行って株式の買付けを行い，借株の決済を行うことができる。したがって，「信用取引」により株式の売付けを行った場合，その売付けに係る株式の譲渡による収益の額は，当該売付けに係る取引の決済を行った日の属する事業年度の益金の額に算入する（基通2-1-23）。

## 6　その他の益金算入項目

### (1) 受取利息

貸付金，預・貯金または有価証券から生じる**受取利息**は，原則として，**時間基準**でその事業年度に帰属するものを益金として計上する。ただし，金融・保険業を営む法人以外の「一般事業法人」では，特例（**利払期基準**）として，その利子の支払期日が1年以内の一定期間ごとに到来するものについては，継続的にその利払期日ごとに益金の額に算入することができる（基通2-1-24）。

借入金とその運用資産としての貸付金，預・貯金または有価証券がひも付きの見合関係にあり，借入金利子と運用資産から生ずる利子を対応させて計上する場合には，貸付金等から利子については「利払期基準」は適用できない（基通2-1-24（注））。

法人が預貯金に対する利息を受け取るとき，20％の所得税の源泉徴収が行われるが，この**源泉徴収税額**（国税15％，地方税5％）は法人税額から15％の国税相当額を控除できる。

## (2) 受贈益，債務免除益等

金銭その他の資産を無償で贈与されたり，低い価額で購入した場合の**経済的利益**は，受贈時点または購入時点でその時価（対価を支払って低額購入した場合は，その支払った価額と時価との差額）を**受贈益**として益金の額に算入する（法22②）。ただし，**広告宣伝用資産**を受贈（または低額購入）した場合，次のように処理される（基通4-2-1）。

(a) 広告宣伝用の看板，ネオンサイン，どん帳のように，もっぱら広告宣伝用に使用される資産を受贈した場合，経済的利益はないものとして課税されない。

(b) 自動車，陳列だな，陳列ケース，冷蔵庫，容器，展示用モデルハウスのような資産に製造業者等の製品名または社名を表示し，広告宣伝用に供されている場合，製造業者が取得のために支出した金額（当該資産の時価）の3分の2相当額（受贈した販売業者が，その取得のために対価を支払って購入したときは，その負担した対価の額を控除する）を「経済的利益」の額として益金の額に算入する。ただし，その経済的利益の額が30万円以下の少額である場合には，「経済的利益」はないものとして課税されない。

<設例>

仕入先（製造業者）から製品名を表示した広告宣伝用トラック（時価3,600万円）を受贈した。

```
（借）　車両運搬具　36,000,000　　（貸）　車両受贈益　36,000,000
        受贈益：36,000,000 × 2/3 = 24,000,000 円
```
したがって，下記の税務調整仕訳が必要である。
```
（借）　車両受贈益　12,000,000　　（貸）　車両運搬具　12,000,000
```

なお，業績悪化などの理由により債権者から債務の免除を受けた場合，これによる利益を**債務免除益**といい，益金の額に算入される。

ただし，未払賞与につき取締役会の決議に基づきその金額または大部分の金額を支払わないとした場合，その未払いが会社の整理，事業の再建，業況不振のためのものであり，かつ，その未払いとなる金額がその支払いを受ける金額に応じて計算されている等，一定の基準によって決定されたときは，「債務免除益」としないことができる（基通4-3-3）。

なお，未払配当金の支払免除も益金の額に算入しなければならない（基通4-3-3（注））。法人税法では，法人を株主の集合体とみる「法人擬制説」を採っているので，資本等取引は，対資本主との取引に限定され，資本主との間に発生したもの，株主の拠出資本の修正により生じたものに限られる。したがって，企業会計上の資本剰余金のうち，私財提供益，国庫補助金，工事負担金，保険差益等は，出資者の観点からは自己の拠出によらない経済価値の増加であり，税法上，課税の対象となる。

### (3) 仕入割引・仕入割戻し

仕入代金を支払日前に支払った場合，その一部の免除を受けることによる利益を**仕入割引**といい，当該事業年度の益金の額として算入する。

一定期間内に多量または多額の仕入を行った場合に，その仕入代金の一部の払戻しを受けることによる利益を**仕入割戻し**という。「仕入割戻し」を益金の額として算入する年度は，次のとおりである（基通2-5-4～5）。

① 算定基準が購入価額または購入数量により，かつ，契約等によって相手方に明示されている場合，「購入日」の属する事業年度に計上（益金算入または総仕入高から控除）する。

② 上記①以外の場合，「通知日」の属する事業年度に計上する。

③ 上記①または②に該当する場合であっても，相手方との契約等により特約店契約の解約等，特別な事実が生じるときまで，または5年を超える一定期間が経過するまで保証金等として預かる場合，仕入割戻しは現実に「支払い」を受けた日（その日前に実質的にその利益を享受することとなった場合には，原則として，その利益を享受する日）の属する事業年度に計上する。ただし，「購入日」または「通知日」の属する事業年度の仕入割戻しとして経理しているときは，これを認める。

「仕入割戻し」として計上すべき時期に計上しなかった場合，仕入割戻しは，当該事業年度の総仕入高から控除しないで，益金（雑益）の額に算入する（基通2-5-6）。

### (4) 賃貸借契約に基づく受取家賃・受取地代・受取使用料

資産の賃貸借契約により支払いを受ける**受取家賃・受取地代**その他の**受取使**

用料の額は，「権利確定主義」に基づいて，契約または慣習によって支払いを受けるべき日（支払期日）の属する事業年度の益金の額に算入する。ただし，当該契約について当事者間に係争（使用料等の額の増減に関するものを除く）があり，支払期日に使用料の支払いを受けていないときは，その係争が解決し，支払いを受けるまで収益計上を見合せることができる（基通2-1-29）。

なお，受取家賃・受取地代その他の受取使用料の額の増減に関して係争がある場合，契約の内容，相手方の供託金額等を勘案して合理的に見積もった金額を支払期日に計上する（基通2-1-29（注））。

リース取引による**受取リース料**も，原則として，受取使用料に該当する。しかし，一定の要件を具備したリース取引は売買として取り扱われる。この場合，リース契約の賃貸人には，**リース物件の譲渡収益**が発生する。当該譲渡代金は，リース期間を通じてリース料により分割して支払われるものとして取り扱われる。

また，「売買」として取り扱われるリース取引を行うことを条件に資産の売買が行われた場合に，当該資産の種類，当該売買および賃貸に至るまでの事情その他の状況に照らし，これら一連の取引が実質的に金銭の貸借であると認められるときは，当該資産の売買はなかつたものとし，かつ，当該譲受人から当該譲渡人に対する金銭の貸付けがあつたものとして，当該譲受人または譲渡人の各事業年度の所得の金額を計算する（法64の2②）。

具体的には，賃貸人がリース期間中に賃借人から収受すべきリース料の合計額のうち，貸付金の額に相当する金額は貸付金の回収額，それ以外の部分の金額は受取利息収入として処理する。各事業年度に収受するリース料の額に係る貸付金の回収額とそれ以外の金額との区分は，通常の金融取引における元本と利息の区分計算の方法に準じて合理的に行う。

これに対して，賃借人がリース期間中に支払うべきリース料の合計額のうち，借入金の額に相当する金額は借入金の返済額，それ以外の部分の金額は「支払利息」等として処理する。

### (5) 保証金・敷金等

資産の賃貸借契約等によって受け入れた**保証金・敷金等**の金額は，預り金と

して課税されない。

しかし、当該金額のうち、期間の経過、その他当該契約等の終了前における一定の事由発生により返還を要しないこととなる部分の金額は、返還しないことが確定した時点で益金の額に算入しなければならない（基通2-1-41）。

## 7 受取配当等

### (1) 受取配当等の益金不算入の根拠

前述したように、わが国の法人税法では、基本的に、法人の本質は株主の集合体であるから、法人が納付する法人税額はその法人の株主が負担する所得税額の前払分であると考える**法人擬制説**を採用している。

他の法人から受け取る配当金や収益の分配金は、企業会計上、営業外収益の部に計上されるが、配当等を支払う法人はすでに法人税を納付しており、受け取った株主にも課税を行うと二重に課税することになるので、法人税法独自の立場（法人擬制説）から、法人の配当等に対する**二重課税の調整**を株主の段階で行う。二重課税排除の措置として、株主が個人である場合には一定の税額控除（配当控除）、法人である場合には**受取配当等の益金不算入**が行われる。

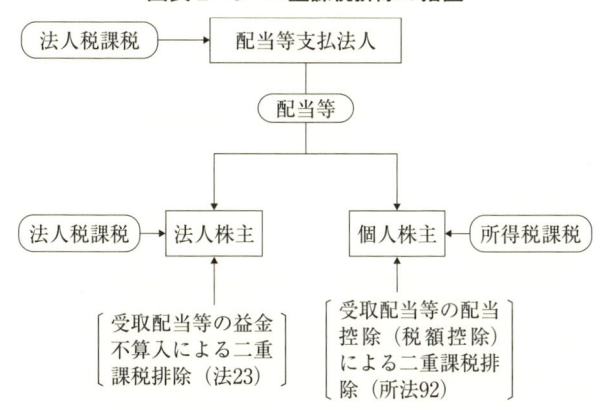

図表2-5 二重課税排除の措置

```
                    ┌─────────┐
  ┌法人税課税┐──→│配当等支払法人│
                    └─────────┘
                         │
                      ┌配当等┐
                         │
          ┌──────────┴──────────┐
          ↓                           ↓
  ┌法人税課税┐→┌法人株主┐   ┌個人株主┐←┌所得税課税┐
                    │                   │
        ┌受取配当等の益金┐   ┌受取配当等の配当┐
        │不算入による二重│   │控除（税額控除）│
        │課税排除（法23）│   │による二重課税排│
        └────────┘   │除（所法92）      │
                              └────────┘
```

## (2) 受取配当等の益金不算入額

### ① 益金不算入となる受取配当等の範囲

内国法人（公益法人等，人格のない社団等を除く）から受け取った「剰余金の配当」，「利益の配当」または「剰余金の分配」の額（以下，**受取配当等**という）については，原則として，その50％相当額は益金の額に算入しない（法23①）。

**利益の配当**の額には，「資産流動化に関する法律」第115条第1項（中間配当）による金銭の分配の額を含む。また，株主等に対しその出資者たる地位に基づいて供与した経済的利益の額も含まれる（基通1-5-4）。

ただし，**完全子法人株式等**（連結納税対象となる100％子会社の株式）と「関係法人株式等」に係る配当等の額は，その全額を益金不算入できる（法23④）。**関係法人株式等**とは，他の内国法人（公益法人等および人格のない社団等を除く）の株式等の保有割合が25％以上のもの（「連結法人株式等」を除く）で，その配当等の支払義務の確定日まで6ヵ月以上所有している株式等である（法23⑥，令22の2①一）。

証券投資信託（公社債投資信託および外国の信託を除く）の**収益の分配金**についても，50％相当額（信託投資の50％を超える外国株式・債権等に運用するものは25％相当額）は，「利益の配当」とみなされ，益金の額に算入しない（令19の3）。ただし，公社債投資信託および貸付信託の「収益の分配金」は，全額益金に算入される（令19の3）。保険会社の契約者配当金も，支払者側では損金算入が認められているので，益金不算入の適用はない。

前述したように，外国法人，公益法人等，人格のない社団等から受ける利益の分配または剰余金の分配も，益金不算入とならない。公益法人等，人格のない社団等は，収益事業から生じる所得のみに課税される**制限納税義務者**であるため，配当等の原資となる所得の金額には課税されないので，公益法人等，人格のない社団等から受け取る配当等は益金不算入の対象とはならない。外国子会社から受け取る配当等については，益金に算入されない（法23の2①）。

なお，受取配当等の益金不算入は，確定申告書に益金の額に算入されない配当等およびその計算に関する明細の記載がある場合に限り，適用される。この

場合において，益金の額に算入されない金額は，その金額として記載された金額を限度とする。ただし，その記載がなかったことについて，やむを得ない事情があるときは，その記載がなかった金額についても益金不算入の適用を受けることができる（法23⑤〜⑥）。

### ② 短期保有株式等に対する益金不算入の不適用

「短期保有株式等の配当等」については，益金不算入の適用を受けず，その全額が益金算入される。**短期保有株式等**とは，配当等の計算基礎となった期間の末日以前1ヵ月以内に取得し，かつ，その末日後2ヵ月以内に譲渡した株式・証券投資信託をいう（法23②）。短期保有株式等に対する益金不算入の不適用措置は，個人株主と法人との間で株価の配当落ちを利用した租税回避を防止するためのものである。

同一銘柄の株式等を2回以上にわたって取得した場合，短期所有株式等の数は次の算式により計算する（令20）。

$$短期所有株式等の数 = E \times \frac{C \times \frac{B}{A+B}}{C+D}$$

A：配当等の計算期間の末日から起算して1ヵ月前の日に有する株式等の数
B：配当等の計算期間の末日以前1ヵ月以内に取得した株式等の数
C：配当等の計算期間の末日に有する株式等の数
D：配当等の計算期間の末日後2ヵ月以内に取得した株式等の数
E：配当等の計算期間の末日後2ヵ月以内に譲渡した株式等の数

<設例>

甲社株式の配当の収入状況・保有状況が下記のとおりである場合，(1)益金不算入不適用株式数および(2)益金不算入不適用配当の額を計算しなさい。

(イ) 収入状況：甲社（×1年4月1日から×2年3月31日までの事業年度）の株式の配当金は1,000,000円（源泉徴収額200,000円）であり，800,000円を営業外収益として処理している。
(ロ) 株式保有状況：
×2年2月28日現在所有株式数(A) 　　　　　　1,200株
×2年3月1日から3月31日までに取得した株式数(B)　800株
×2年3月1日から3月31日までに譲渡した株式数　1,400株
×2年3月31日現在所有株式数(C) 　　　　　　　600株
×2年4月1日から5月31日までに取得した株式数(D)　1,000株

×2年4月1日から5月31日までに譲渡した株式数(E)　　400株

〔解答〕
(1) 益金不算入不適用の短期所有株式等の株式数：

$$400 \times \frac{600 \times \frac{800}{1,200+800}}{600+1,000} = 60 \text{株}$$

(2) 益金不算入不適用の短期所有株式等の配当金：

$$1,000,000 \text{円} \times \frac{60 \text{株}}{600 \text{株}} = 100,000 \text{円}$$

③ 負債利子の控除

　配当等の元本を取得するために借り入れた**負債の利子**（手形の割引料，社債発行差金を含む）の額については，その負債利子の額を配当等の額から差し引いた額の50％相当額を益金不算入とする（法23③）。「受取配当等の益金不算入制度」は二重課税の排除を目的としており，負債利子は損金算入されるので，損金算入部分について二重控除も避けられるべきである。

　したがって，負債利子を控除した後の正味配当所得に対して，益金不算入となる。配当等から控除される「負債利子」は，「総資産按分法」または「基準年度実績による簡便法」によって算定される（令21，23）。

1) 総資産按分法

　**総資産按分法**による**負債利子控除額**は，下記算式により計算される。

$$\left(\begin{array}{c}\text{当期に支払う}\\ \text{負債の利子の額}\end{array} - \text{特定利子の額}\right) \times \frac{\text{株式等の帳簿価額}}{\text{総資産の帳簿価額} - \text{特定利子の元本額}}$$
$$= \text{控除する負債利子額}$$

　上記式における「株式等の帳簿価額」，「総資産の帳簿価額」，「特定利子の元本額」は，当期末と前期末の合計額である（令22①一，基通3-2-12・15）。証券投資信託（公社債投資信託および外国の信託を除く）については，当期末と前期末の帳簿価額の2分の1（外国の証券投資信託については4分の1）とする（令22①二，基通3-2-13）。

　「総資産の帳簿価額」は，再評価差額，その他有価証券に係る評価益等相当額，圧縮記帳引当金または積立金，特別償却準備金（これらに係る繰延税金負

債を含む）および特定利子の元本である負債の額がある場合にはその合計額を減算した金額であり，その他有価証券の係る評価損等相当額がある場合にはこれを加算した金額である。

なお，**支払利子の額**には，通常の支払利子のほかに，手形割引料，社債発行差金その他経済的な性質が利子に準ずるもの（たとえば，営業保証金，従業員預り金等に対する利子等）も含まれる（令21①，基通3-2-1）。

**特定利子の額**とは，明らかに株式等の取得のための負債の利子とは認められない支払利子の額であり，金融・保険業および証券業以外の法人については，次に掲げるものをいう（令22③三，基通3-2-9）。

(イ) 社債の利子（社債発行差金を含む）
(ロ) 金融・保険業を主として営む法人，国または地方公共団体からの長期借入金（証書貸付けにより，返済期間が3年以上の借入金）の利子
(ハ) 商品の販売，請負工事その他の取引の対価として受け取った手形の割引料

―<設例>―

下記資料により，総資産按分法に基づいて負債利子控除額を計算しなさい。

(イ) 当期に支払う負債の利子の内訳
　①社債の利子　　　　　　378,000円
　②銀行からの借入金利息　583,200円（うち長期借入分432,000円）
　③社内預金利子　　　　　210,000円
　④受取手形の割引料　　　475,200円
　⑤その他の支払利子　　　153,600円
(ロ) 総資産・株式等・負債等の帳簿価額

| 項目 | | 前期末の帳簿価額 | 当期末の帳簿価額 |
|---|---|---|---|
| 総資産 | | 53,880,000円 | 55,488,000円 |
| 株式等 | 株式 | 1,872,000円 | 2,280,000円 |
| | 証券投資信託 | 960,000円 | 960,000円 |
| 負債等 | 社債 | 6,000,000円 | 4,800,000円 |
| | 長期借入金 | 5,280,000円 | 4,800,000円 |
| | 社内預金 | 2,400,000円 | 3,600,000円 |
| | 利益処分による特別償却準備金 | 244,800円 | 388,800円 |
| | 同上に係る繰延税金負債 | 163,200円 | 259,200円 |

〔解答〕
(A) 当期に支払う負債の利子の額：
378,000 円 + 583,200 円 + 210,000 円 + 475,200 円 + 153,600 円 = 1,800,000 円
(B) 特定利子の額：
378,000 円 + 432,000 円 + 475,200 円 = 1,285,200 円
(C) 総資産の帳簿価額：87,432,000 円
前期末の帳簿価額：
53,880,000 円 − 6,000,000 円 − 5,280,000 円 − 244,800 円 − 163,200 円 = 42,192,000 円
当期末の帳簿価額：
55,488,000 円 − 4,800,000 円 − 4,800,000 円 − 388,800 円 − 259,200 円 = 45,240,000 円
(D) 株式等の帳簿価額：5,112,000 円
前期末の帳簿価額：
$1,872,000 円 + 960,000 円 \times \frac{1}{2} = 2,352,000 円$

当期末の帳簿価額：
$2,280,000 円 + 960,000 円 \times \frac{1}{2} = 2,760,000 円$

(E) 控除する負債利子額
$(1,800,000 円 − 1,285,200 円) \times \dfrac{5,112,000 円}{87,432,000 円} = 30,099 円$

## 2) 基準年度実績による簡便法

**基準年度実績による簡便法**は，ある一定の基準年度（平成22年4月1日から平成24年3月31日までに開始した事業年度）における支払利子に実績割合を乗じる方法であり，下記算式による（令22⑤）。

$$\text{支払利子の額}\atop\text{(特定利子の額を含む)} \times \dfrac{\text{純資産按分法で計算した基準年度における控除負債利子額の合計額}}{\text{基準年度における支払利子額の合計額}} = \text{控除する負債利子額}$$

この簡便法では，支払利子額の合計額には特定利子の額を含み，総資産按分法のように特定利子の額を控除した後の金額ではない。算式中の分数の割合は，小数点以下3位未満の端数を切り捨てる。なお，継続適用は要求されていない。

──〈設例〉──

下記の資料により，基準年度の実績による簡便法に基づいて負債利子控除額を計算しなさい。

(イ) 基準年度における支払利子等の状況

| 基準年度 | 支払った負債の利子 | 受取配当等から控除するべき負債利子 |
|---|---|---|
| 平成22年4月1日～平成23年3月31日 | 28,665,000円 | 459,810円 |
| 平成23年4月1日～平成24年3月31日 | 30,108,000円 | 474,240円 |

(ロ) 当期に支払った負債利子の額：33,332,000円

〔解答〕
基準年度の実績割合：
$$\frac{459,810 円 + 474,240 円}{28,665,000 円 + 30,180,000 円} ≒ 0.015873 \quad ∴ 0.015$$
当期の負債利子控除額：
33,332,000円 × 0.015 = 499,980円

### ④ 受取配当等の益金不算入額の計算

前述したように,「連結法人株式等に係る受取配当等」については,その全額が益金不算入となる。「短期保有株式等の受取配当等」には,基本的に益金不算入の適用はない。

なお,「受取配当等の益金不算入」の適用を受ける場合,当該事業年度に支払う負債の利子は,関係法人株式等以外の株式等（**一般株式等**という）に係るものと関係法人株式等に係るものとに区分して,それぞれの益金不算入額を計算する必要がある（法23③）。したがって,受取配当等の益金不算入については,保有株式等の種類に応じて異なる。

図表2-6 受取配当等の課税

| 保有株式等の区分 | 課税方法 |
|---|---|
| 完全子法人株式等 | 受取配当等の全額を益金不算入とする。 |
| 関係法人株式等 | （受取配当等の額－負債利子の額）の全額を益金不算入とする。 |
| 一般株式等 | （受取配当等の額－負債利子の額）の50％の金額を益金不算入とする。 |
| 短期保有株式等 | 受取配当等の全額を益金算入とする。 |

<設例>

下記資料により、総資産按分法に基づいて受取配当等の益金不算入額を計算しなさい。

(1) A社株式の受取配当金　　　　　　　936,000 円
(2) B社証券投資信託の収益分配金　　　728,000 円
(3) 関係法人株式等の受取配当金　　　　520,000 円
(4) 当期に支払う負債利子額　　　　　11,700,000 円
(5) 特定利子の額　　　　　　　　　　 1,300,000 円
(6) 総資産の帳簿価額　　　　　　前期末 607,620,000 円　当期末 692,380,000 円
(7) A社株式の帳簿価額　　　　　前期末 10,400,000 円　当期末 10,400,000 円
(8) B証券投資信託の帳簿価額　　前期末 5,200,000 円　当期末 5,200,000 円
(9) 関係法人株式等の帳簿価額　　前期末 6,500,000 円　当期末 6,500,000 円

〔解答〕

一般株式等に係る受取配当等の額：$936{,}000 + 728{,}000 \times \dfrac{1}{2} = 1{,}300{,}000$ 円

関係法人株式等の受取配当等の額：　　　　　　　　520,000 円

控除する負債利子：

(a) 一般株式等に係るもの

$$(11{,}700{,}000 - 1{,}300{,}000) \times \dfrac{\left(10{,}400{,}000 + 5{,}200{,}000 \times \frac{1}{2}\right) + \left(10{,}400{,}000 + 5{,}200{,}000 \times \frac{1}{2}\right)}{607{,}620{,}000 + 692{,}380{,}000} = 208{,}000 \text{ 円}$$

(b) 関係法人株式等に係るもの

$$(11{,}700{,}000 - 1{,}300{,}000) \times \dfrac{6{,}500{,}000 + 6{,}500{,}000}{607{,}620{,}000 + 692{,}380{,}000} = 104{,}000 \text{ 円}$$

益金不算入額　$(1{,}300{,}000 - 208{,}000) \times 50\% + (520{,}000 - 104{,}000) \times 100\% = 962{,}000$

税務調整仕訳：

| （借）受取配当金 | 962,000 | （貸）受取配当等の益金不算入額 | 962,000 |
|---|---|---|---|

なお、**配当等の額**の「支払義務の確定日」とは、配当等の支払いの有無について確定する日をいう。たとえば、①利益の配当または剰余金の分配には、株主総会その他正当な権限を有する機関における配当等の決議日、②中間配当には、取締役会の決議日（ただし、その決議により中間配当の請求権に関しその効力発生日として定められた日があるときは、その日）、③証券投資信託の収益の分配には、当該収益の計算期間の末日（ただし、信託の終了または一部解約によるときは、その終了日または解約日）が**配当等の支払義務確定日**に該当

する（基通2-1-27）。

### ⑤ みなし配当

会社法上では利益の配当とされないものであっても，法人税法上，利益の配当とみなされ，「受取配当等の益金不算入」の適用を受けるものがある（法24）。次のような場合には，**みなし配当**として取り扱われ，「みなし配当」の金額はそれぞれの場合に応じて計算される（法24①，令23①）。

(a) 発行法人の合併（適格合併を除く）により，合併前法人（被合併法人）の株式等に対し交付される金銭等を受けた場合，金銭とその他の資産の合計額から，その法人の資本金等の額のうち「交付の基因となった株式等に対応する部分の金額」を控除した金額が「みなし配当」となる。

(b) 発行法人の分割型分割（適格分割型分割を除く）により金銭等を交付された場合，交付を受けた金銭とその他の資産の合計額から，その法人の資本金等の額のうち「交付の基因となった株式等に対応する部分の金額」を控除した金額が「みなし配当」となる。

(c) 発行法人の減資（株式の消却を除く）により持分の払戻しが行われた場合または解散により残余財産の分配が行われた場合，減資・解散により交付を受けた金銭とその他の資産の合計額から，その法人の資本金等の額のうち「交付の基因となった株式等に対応する部分の金額」を控除した金額が「みなし配当」となる。

(d) 発行法人の株式の消却により金銭等を交付された場合，株式消却により交付を受けた金銭とその他の資産の合計額から，その法人の資本金等の額のうち「交付の基因となった株式等に対応する部分の金額」を控除した金額が「みなし配当」となる。

(e) 発行法人の自己株式の取得により金銭等を交付された場合，株式譲渡により交付を受けた金銭とその他の資産の合計額から，その法人の資本金等の額のうち「交付の基因となった株式等に対応する部分の金額」を控除した金額が「みなし配当」となる。

(f) 発行法人からの退社または脱退により持分の払戻しが行われた場合，退社・脱退により交付を受けた金銭とその他の資産の合計額から，その法人の資本金等の額のうち「交付の基因となった株式等に対応する部分の金額」を控除した金額が「みなし配当」となる。

＜設例＞
当社は，A社（合併直前の資本金等の額：630,000,000円，発行済株式総数：

100,000株)の株式を20,000株式所有していたが,A社がB社に合併された。B社は,A社株式1株当たりB社株式を2株(1株の時価3,600円)と合併交付金6円を交付した。この場合における「みなし配当」の額を計算しなさい。

〔解答〕
① A社株式に対し交付された資産の価額の合計額:
(3,600円×2株+6円)×20,000株=144,120,000円
② 交付の基因となった株式数に対応するA社の資本金等の額:
630,000,000円÷100,000株×20,000株=126,000,000円
③ みなし配当の額(①-②):
144,120,000円-126,000,000円=18,120,000円

| (借) | B 社 株 | 144,000,000 | (貸) | A 社 株 | 126,000,000 |
| | 現 金 | 120,000 | | 受取配当等 | 18,120,000 |

## 8 資産の評価益

　法人税法は,原則として,資産評価に取得原価主義を採用しているので,「資産評価益」の計上を認めない。たとえ確定決算で資産評価換えを行って帳簿価額を増額しても,その**資産評価益**の金額は,所得の金額の計算上,益金の額に算入しない(法25①)。評価換えによって増額された金額を益金に算入されなかった資産の帳簿価額は,その後の事業年度における所得計算上,増額がなかったものとして扱われる(法25④)。

　ただし,次の場合には「資産評価益」を計上できる(法25①,令24)。
(イ) 「会社更生法」または「金融機関等の更生手続の特例等に関する法律」の規定による更生手続開始の決定に伴って行う資産の評価換え
(ロ) 内国法人の組織変更に伴って行う資産の評価換え
(ハ) 保険会社が「保険業法」第112条(株式の評価の特例)の規定に基づいて行う株式の評価換え

　なお,「民事再生法」による再生計画認可の決定があったこと,その他これに準ずる事実(たとえば,整理計算の決定があったこと等)が生じた場合,当

該事実が生じた時の価額から当該事実が生じた時の直前の帳簿価額を控除した金額を「資産評価益」として計上できる（法25③，令24の2⑤）。

ただし，下記のような資産は概ね時価で評価されているため，あるいは金額の重要性の観点から評価換えの対象とならない（令24の2④）。
- (a) 再生計画認可の決定があった日等の属する事業年度開始の日前5年以内に開始した事業年度に(イ)国庫補助金等で取得した固定資産等の圧縮額の損金算入または(ロ)工事負担金で取得した固定資産等の圧縮額の損金算入の適用を受けた減価償却資産
- (b) 売買目的有価証券
- (c) 償却原価法を適用する償還有価証券
- (d) 当該資産の価額と帳簿価額との差額が資本金等の額の50％相当額と1,000万円との少ない金額に満たない資産

## 9 法人税等の還付金等

税金の過納などにより戻った税金を**還付金**という。法人税，住民税等，納付したときに損金の額に算入されなかった税金の還付金は，「益金の額」に算入されない。したがって，法人が還付金を当期利益に計上している場合には，税務上の所得金額の計算に当たっては当期利益から控除する。つまり，法人税法上の所得金額の計算では，納税に際して損金不算入とされた税金の還付金は「益金不算入」となり，損金算入された税金の還付金は益金に算入する。

**益金不算入還付金**には，法人税，相続税，贈与税，道府県民税，市町村民税，罰金・科料などがあり，**益金算入還付金**には，事業所税，固定資産税，自動車税，都市計画税などがある。

還付金を受けた場合，その税金の納付日の翌日から還付の支払決定日までの期間に応じ，一種の受取利息として**還付加算金**が付けられる。この「還付加算金」は，還付金が益金不算入であっても，還付金に対する受取利息的なものとして益金算入される。

## 10　合併差益金

　法人税法における**合併差益金**とは，次の(a)の金額が(b)の金額を超える金額をいう。
　(a)　合併により被合併法人から合併法人が取得した資産の帳簿価額から，その合併により引き継いだ債務の帳簿価額を控除した金額（被合併法人の純資産額）
　(b)　合併法人における合併直後の資本金額のうち，合併により増加した金額に，合併法人が被合併法人の株主等に交付した金銭の額ならびに金銭および交付株式等の資産の価額の合計額を加算した金額（被合併法人の株主に交付した資産の合計額）

　合併差益金は，合併によって合併法人が被合併法人から受け入れた純資産が，被合併法人の株主に交付した株式・合併交付金等の合計額を超える金額をいう。法人税法は**人格合一説**（**人格継承説**ともいう）に立ち，合併差益金を図表2-7のようにその発生源泉によって分類する。

図表2-7　合併差益金の発生源泉と税務処理

合併差益金　┬①受入資産の評価益…………益金算入
　　　　　　├②合併減資差益金　　　　　┐
　　　　　　├③被合併法人の資本金等の額　├益金不算入
　　　　　　└④被合併法人の利益積立金　　┘

　①の受入資産の**資産評価益**は，合併法人の純資産の受入価額（時価を最高限とする）と被合併法人の純資産の帳簿価額との差額であり，実現収益として課税対象となる。

　②の**合併減資差益金**は，被合併法人の株主等に交付した株式の金額に合併交付金等を加算した合計金額が，被合併法人の合併時の資本金に満たない場合における差額をいう。「合併減資差益金」は，資本等取引により発生したものとみなされ，課税対象にしない。これは，合併法人の資本金等の額を構成する。

　③の被合併法人の**資本金等の額**および④の**利益積立金**は，そのまま合併法人が継承することになる。ただし，被合併法人の利益積立金は，被合併法人においてすでに課税済みであるので，課税対象としない（法27）。

# §4 主な損金関連項目

## 1 棚卸資産の売上原価

### (1) 売上原価の計算

当該事業年度の「損金の額」に算入される**売上原価**を算出するためには，下記算式が示すように，期末商品棚卸高を確定する必要があるが，期末の棚卸資産額を過大または過少に評価すれば，売上原価は過少または過大に計上されることになるので，期末棚卸は重要である。棚卸資産に対しては，各事業年度末に**実地棚卸**を行わなければならない。

売上原価＝期首商品棚卸高＋当期純仕入高－期末商品棚卸高

その場合，業種・業態・棚卸資産の性質等に応じ，「実地棚卸」に代えて「部分計画棚卸」その他合理的な方法により棚卸資産の在高等を計算しているときは，継続適用を条件として当該方法が認められる（基通5-4-1）。

**部分計画棚卸**とは，事業年度末前の一定日に棚卸資産の一部を漸次実地棚卸し，それぞれの実地棚卸日から事業年度末までの受入・払出数量を加減して期末数量とする方法である。「その他合理的な方法」として，たとえば，都市ガス会社等の貯槽内の物量のみを期末棚卸量とし，配管内にある物量を測定しなくても，継続適用すれば，容認される。

### (2) 棚卸資産の範囲

**棚卸資産**は，販売あるいは消費のために所有され，棚卸をすべき資産である。法人税法における「棚卸資産」は，次のような資産をいう（令10）。
① 商品または製品（副産物および作業屑を含む）
② 半製品
③ 仕掛品（半成工事を含む）
④ 主要原材料

⑤ 補助原材料
⑥ 消耗品で貯蔵中のもの
⑦ その他，上記①から⑥までの資産に準ずるもの
　(イ) 加工業者または修理業者が他人の販売資産を加工または修理した場合，そのための支出金額（たとえば，染色業者の染色中の織物に係る染色費用等）
　(ロ) 不動産業者が保有する販売用の土地・建物（建築中のものを含む）
　(ハ) 畜産業者・水産養殖業者が保有する販売用の家畜・魚介類等
　(ニ) 真珠養殖業者が真珠を養殖するために保有する稚貝，母貝，施術貝等
　(ホ) 原木販売業者・製林業者，製紙業者，パルプ製造業者等が他から購入した後に，おおむね1年以内に伐木または転売が確実と認められる立木材（りゅうぼくざい）
　(ヘ) 劣化資産（生産設備の本体の一部を構成するものではないが，それと一体となって繰り返し使用される資産で，量的に減耗し，または質的に劣化する資産）のうち，製造工程において生産の流れに参加し，かつ，中間生産物の物理的または化学的組成となるもの
　(ト) 仕損品，修理用資材（取替法を採用している場合の取替資産を含まない），包装荷造用資材等

有価証券については，たとえば販売目的のために商品として所有されていても，棚卸資産に含めず，別個に「有価証券の規定」が適用される。

### (3) 棚卸資産の取得価額

棚卸資産の**取得価額**は，事業年度末における評価額の算定基礎となるので，取得形態別にそれぞれ取得価額に算入できる費用の範囲が法定されている（令32）。

① 購　　入

**購入**による棚卸資産の取得価額は，当該資産の「購入代価」に「付随費用」を加算した金額である。**付随費用**には，引取運賃，荷役費（にやくひ），運送保険料，購入手数料，関税その他購入に要した費用（**直接付随費用**）と当該資産を消費または販売の用に供するために要した費用（間接付随費用）とが含まれる。**間接付随費用**は，下記項目のように，当該資産の取得後に，当該資産に関連して企業内で生じる費用である（基通5-1-1）。
　(イ) 買入事務，検収，整理，選別，手入れ等に要した費用
　(ロ) 販売所等から販売所等へ移管するために要した運賃，荷造費等の費用

(ハ)　特別の時期に販売するなどのため，長期にわたって保管するために要した費用

「間接付随費用」の合計額が少額（当該棚卸資産の「購入代価」のおおむね3％以内の金額）である場合には，取得価額に算入しないことができる。その判定は，同じ種類等の棚卸資産（事業所ごとに異なる評価方法を選定している場合，事業所ごとの種類等を同じくする棚卸資産）ごとに行う。

なお，取得・保有に関連する費用であっても，不動産取得税，固定資産税，都市計画税，登録免許税等の**租税公課**および借入金の利子の額は「取得価額」に算入しないことができる（基通5－1－1の2)。

② **自己製造等**（製造，採掘，採取，栽培，養殖その他これらに準ずる行為）

**1)　取得価額の内容**

**自己製造等**による棚卸資産の取得価額は，その製造等のために要した原材料費，労務費および経費の額（**製造原価**）に，これを消費または販売の用に供するために直接要した「付随費用」を加えた金額である。

**付随費用**は次のとおりであるが，これらの金額が少額（当該棚卸資産の「製造原価」のおおむね3％以内の金額）である場合には，取得価額に算入しないことができる。

(イ)　製品等の生産後に要した検査，検定，整理，選別，手入れ等の費用

(ロ)　自己の生産した製品等を販売し，または消費するための製造場等から販売所等へ移管するために要した運賃，荷造費等の費用

(ハ)　生産した製品等を特別の時期に販売するため，長期間にわたって保管するために要した費用

なお，次のような費用は「製造原価」に算入しないことができる（基通5－1－4)。

① 使用人等に支給した賞与のうち，特別に支給される賞与（たとえば創立何周年記念賞与）

② 試験研究費のうち，基礎研究・応用研究の費用および工業化研究に該当しない費用

③ 租税特別措置法で定める特別償却費

④ 棚卸資産の評価損（通常発生する不良品の評価損を除く）

⑤ 事業税
⑥ 生産を相当期間にわたり休止した場合のその休止期間に対応する費用
⑦ 償却超過額その他税務計算上の否認金の額
⑧ 営業権の償却費
⑨ 工場等が支出した寄附金
⑩ 借入金の利子など

2) **原価差額の調整**

税法上の**製造原価**は，原則として，「実際原価」による。「予定原価」，「標準原価」等による場合には，事業年度末に，取得価額に満たない差額（**原価差額**という）を「売上原価」と「期末棚卸資産」にそれぞれ適正に配賦・調整しなければならない。ただし，法人が適正な原価計算の基準に基づいて製造原価を算定しているときには，「原価差額」が生じる場合であっても，その法人が算定した製造原価を実際原価とみなし，原価差額の調整を要しない（令33②）。

「原価差額」が総製造費用のおおむね1％以内の少額である場合には，製造原価は適正な原価計算に基づいたものとして取り扱われる（基通5-3-3）。

**原価差額の調整**を要する「原価差額」とは，原価差損のみであって，原価差益を含まない（基通5-3-1）。

原価差額の調整を要する場合，厳密に原価計算手続に従い，仕掛品・半製品・製品の各段階に調整しないで，下記算式で計算した金額を期末棚卸資産に配賦する**簡便調整計算法**も認められている（基通5-3-5）。

$$\text{期末棚卸資産に対する配賦額} = \text{原価差額} \times \frac{\text{期末の製品・半製品・仕掛品の合計額}}{\text{売上原価} + \text{期末の製品・半製品・仕掛品の合計額}}$$

<設例>

棚卸資産の期末棚卸高および原価差額は，次のとおりである。簡便な調整方法により原価差額の調整を行いなさい。なお，実際原価による売上原価は248,040,000円である。

|  | （期末棚卸高） | （原価差額） |
|---|---|---|
| 材　料 | 35,880,000 円 | △ 5,460,000 円 |
| 仕掛品 | 69,420,000 円 | △ 8,580,000 円 |
| 製　品 | 95,940,000 円 | 3,120,000 円 |
| 計 | 201,240,000 円 | △ 10,920,000 円 |

$$10{,}920{,}000 \times \frac{95{,}940{,}000 + 69{,}420{,}000}{248{,}040{,}000 + 95{,}940{,}000 + 69{,}420{,}000} = 4{,}368{,}000 \text{ 円}$$

期末棚卸資産に配賦する原価差額は4,368,000円と計算され，残額6,552,000(＝10,920,000－4,368,000)円が売上原価に対応する部分である。したがって，損金算入できる売上原価は，254,592,000(＝248,040,000＋6,552,000)円である。

「直接原価計算制度」を採用している場合には，この簡便調整方法は適用できない。ただし，その適用に合理性があると認められ，所轄税務署長（国税局・調査課の所轄法人には所轄国税局長）が承認した場合には，適用することができる（基通5－3－5（注））。

なお，事業規模が小規模であるため，製造間接費を仕掛品・半製品・製品の製造原価に適正な基準に従って配賦することが困難であるときは，製造間接費を仕掛品・半製品の製造原価に配賦しないで，「製品の製造原価」のみに配賦できる（基通5－1－5）。

### ③ 合併または現物出資

**合併**または**現物出資**により受け入れた棚卸資産の取得価額は，受入価額（引取運賃，荷役費，運送保険料，関税，その他受入れのために要した費用がある場合には，その費用の額を加算した金額）に，消費・販売の用に供するために直接要した費用の額を合計した金額である。ただし，「受入価額」が受入時における当該資産の取得のために通常要する価額（時価）を超える場合には，その価額を受入価額とする（令32①三）。

### ④ その他の方法による取得

前記①，②，③以外の方法により取得した棚卸資産の取得価額は，取得のために通常要する価額（時価）に，消費・販売の用に供するために直接要した費用の額を加算した金額による。これに該当するものとしては，たとえば，贈与，交換，代物弁済（担保権の実行を含む）により取得した棚卸資産がある（令32①四）。

### (4) 棚卸資産の評価方法

売上原価を算定するに当たっては，事業年度末における棚卸資産の評価が重要であるが，その方法として，「原価法」と「低価法」がある。それ以外の合理的な方法で，所轄税務署長の承認を受けることを条件として，その特別な評価方法の選定が認められる。

#### ① 原価法

**原価法**は取得価額をもって棚卸資産を評価する方法であり，次の5種類が認められている（令28）。

##### 1) 個別法

**個別法**とは，期末棚卸資産の全部について，その個々の取得価額によって評価する方法である。宝石，書画，骨董など，個々の受払が明確で，高価なものに適用される。一つの取引によって大量に取得され，かつ，規格に応じて価額が定められているものには適用されない。

##### 2) 先入先出法

**先入先出法**とは，棚卸資産を種類，品質および型の異なるごとに区別し，その種類等の同じものについて，先に受け入れられたものから先に払い出されたものと仮定し，期末棚卸資産は期末時から最も近いときにおいて取得したものから順次成るものとみなして評価する方法である。

##### 3) 総平均法

**総平均法**とは，期首棚卸資産の取得価額と期中に取得した棚卸資産の取得価額との合計額を，これら総数量で除した価額をその1単位当たりの取得価額とする方法である。これは「期別総平均法」であるが，税法上，その期間は1ヵ月と6ヵ月が認められている。

##### 4) 移動平均法

**移動平均法**とは，期中に棚卸資産を取得するごとに，取得時に保有している棚卸資産と取得した棚卸資産の全体につき平均単価を改訂し，期末から最も近いときに改訂された平均単価をもって期末棚卸資産の1単位当たりの取得価額を評価する方法である。なお，「月次移動平均法」も認められているが，これは「月次総平均法」と同じものになる。

5) 最終仕入原価法

**最終仕入原価法**とは，種類等の同じものについて，期末時に最も近い時点に取得した棚卸資産の1単位当たりの取得価額をもって，期末棚卸資産の1単位当たりの取得価額を評価する方法である。

6) 売価還元法

**売価還元法**とは，取扱品種のきわめて多い小売業および卸売業において，種類等または差益率の同じ棚卸資産ごとに，通常の販売価額の総額に「原価率」を乗じて計算した金額を取得価額とする方法である。「通常の販売価額の総額」とは，販売資産につき値引き・割戻し等を行い，それを売上金額から控除している場合であっても，その値引き・割戻し等を考慮しない販売価額の総額による（基通5-2-7）。なお，**差益率**，**原価率**および「期末棚卸資産評価額」は，次の算式によって計算する。

$$差益率 = \frac{通常の販売価額 - 取得のために通常要する価額}{通常の販売価額}$$

$$原価率 = \frac{期首棚卸資産の取得価額 + 当期仕入高}{当期売上高 + 期末棚卸資産の通常の販売価額}$$

$$期末棚卸資産評価額 = 期末棚卸資産の通常の販売価額 \times 原価率$$

<設例>

当期売上高463,950,000円，期末棚卸資産の通常の販売予定価額32,850,000円，期首棚卸資産の取得価額29,700,000円，当期仕入高342,900,000円である。売価還元法によって，期末棚卸資産の取得価額および当期の売上原価を計算しなさい。

〔解答〕

原価率： $\frac{29,700,000 + 342,900,000}{463,950,000 + 32,850,000} = 75\%$

期末棚卸高： 32,850,000 × 0.75 = 24,637,500 円

売上原価： 29,700,000 + 342,900,000 - 24,637,500 = 347,962,500 円

| （借） | 仕　入 | 29,700,000 | （貸） | 繰越商品 | 29,700,000 |
|---|---|---|---|---|---|
|  | 繰越商品 | 24,637,500 |  | 仕　入 | 24,637,500 |

② 低 価 法

**低価法**とは，棚卸資産の種類等（売価還元法の場合には種類等または差益率）の異なるごとに区別し，前記の原価法のうちいずれかの方法によって期末に算出された評価額と，期末の正味売却価額とのいずれか低い価額をもって，期末評価額とする方法である（令28①二）。取得価額と時価（正味売却価額）との差額は，**評価損**として損金の額に算入することができる。

低価法を採用している場合，翌期の処理方法として，「洗替え低価法」と「切放し低価法」がある。**洗替え低価法**は，期末に時価で評価した場合でも，翌期に再び実際の取得原価に振り戻し，取得価額を翌期の評価額の計算の基礎として翌期の時価（正味売却価額）と比較する方法である。したがって前期の評価損の取戻し益が生じる（令28②）。これに対し，**切放し低価法**は，期末に時価で評価したならば，その時価で翌期の棚卸資産の評価額とする方法である。したがって，前期の評価損の取戻し益は生じない。平成23年度の税制改正において，「切放し低価法」は廃止されている。

## (5) 評価方法の選定・届出および変更

**棚卸資産の評価方法**は，事業の種類ごと，かつ，①商品または製品（副産物および作業屑を除く），②半製品，③仕掛品（半成工事を含む），④主要原材料および⑤補助原材料その他の棚卸資産の5区分ごとに選定する必要がある（令29①）。なお，この区分をさらにその種類の異なるごと，その他合理的な区分ごとに細分して，それぞれ異なる評価方法を選定することもできる（基通5-2-18）。

「棚卸資産の評価方法」は，納税地の所轄税務署長に対し，法人設立の日（公益法人等および人格のない社団等の場合，収益事業の開始日）または他の種類の事業の開始・変更の日（合併で事業の異なるものを受け入れたときは，合併の日）の属する事業年度の確定申告書（仮決算中間申告を行う場合は中間申告書）の提出期限までに届け出る必要がある（令29②）。ただし，法人税法第75条の2（確定申告書の提出期限の延長の特例）により，所轄税務署長が申告期限の延長を承認した場合には，延長された期限が提出期限となる。

なお，法人が評価方法の届出をしなかった場合または選定した評価方法により評価しなかった場合には，**法定評価法**として「最終仕入原価法」により算出

した取得価額に基づく原価法を適用しなければならない（法29①，令31）。

評価方法を変更しようとするときは，新たな評価方法を採用しようとする事業年度開始日の前日までに，その旨，変更理由等を記載した「変更承認申請書」を納税地の所轄税務署長に提出し，承認を受けなければならない（令30①～②）。

ただし，①現に採用している評価方法が相当期間（3年）を経ていない場合，または②変更しようとする評価方法では所得計算が適正に行われ難いと認められる場合には，税務署長はその申請を却下することができる（令30③，基通5-2-19）。

原価法または低価法に代えて，特別な評価方法により棚卸資産の評価額を計算しようとする場合には，納税地の所轄税務署長に特別な評価方法の承認申請書を提出し，その承認を受けなければならない。申請書には，採用しようとする評価方法，採用理由，事業の種類，資産の区分，その他財務省令で定める事項を記載しなければならない（令28の2①～②）。

その特別な評価方法によって所得計算が適正に行われ難いと認めるときは，所轄税務署長はその申請を却下する。承認した評価方法が不適当である特別な事情が生じたと認める場合には，所轄税務署長はその承認を取り消すことができる（令28の2③～④）。

## 2　有価証券の譲渡原価

### (1)　有価証券の範囲と区分

**有価証券**とは，一般に，私法上の財産権を表彰(ひょうしょう)する証券をいい，貨幣証券（小切手，手形），物品証券（船荷証券，貨物引換証）および資本証券（国債証券，社債券，株券等）を含む。法人税法における「有価証券」は，金融商品取引法第2条第1項に規定する有価証券とその他これに準ずるものとして法人税法施行令第11条で定めるものをいう。具体的には，たとえば，次のものである（法2二十一）。

①　国債証券
②　地方債証券

③ 特別の法律により法人の発行する債券（たとえば，道路債券等）
④ 社債券（商工組合中央金庫法，その他の特別法により法人の発行する債券を含む）
⑤ 特別の法律により設立された法人の発行する出資証券（たとえば，日本銀行の発行する出資証券）
⑥ 株券(はかぶ)（端株を含む），新株引受権証書または新株予約権証券
⑦ 証券投資信託または外国証券投資信託の受益証券
⑧ 貸付信託の受益証券
⑨ コマーシャル・ペーパー（CP）
⑩ 外国または外国法人の発行する有価証券で，上記①から⑧までの有価証券の性質を有するもの（たとえば，外国債，海外CP）
⑪ 国債に関する法律または社債登録法の規定により登録された国債，地方債もしくは社債
⑫ 銀行法に規定する譲渡性預金証書
⑬ 合名会社，合資会社または合同会社の社員の持分，協同組合等の組合員または会員の持分その他法人の出資者の持分

有価証券は，その期末評価法の相違等に基づいて「売買目的有価証券」，「満期保有目的等有価証券」および「その他有価証券」に区分される。

**売買目的有価証券**は，短期的な価格変動を利用して利益を得る目的（短期売買目的）で取得した「専担者売買有価証券」および「その他の売買目的有価証券」である（法61の3①一）。

**専担者売買有価証券**は，短期売買目的で行う取引に専ら従事する者が短期売買目的で取得したものである。**その他の売買目的有価証券**は，専担者売買有価証券以外の有価証券であっても，その取得日に短期売買目的で取得したものである旨を帳簿書類に記載したものである。帳簿書類の記載は，短期売買目的で取得した有価証券の勘定科目をその目的以外の目的で取得した有価証券の勘定科目と区分することにより行う（規27の5①）。

**満期保有目的等有価証券**は，(イ)償還期限および償還金額の定めのある有価証券のうち償還期限まで保有する目的で取得し，取得日にその旨を帳簿書類に記載した「満期保有目的有価証券」，(ロ)法人の特殊関係株主等がその法人発行済株式数の総数または出資金額の20％以上に相当する株式数または金額を有する「企業支配株式」の当該特殊関係株主が保有する株式または出資に分けられ

る（令119の2②）。

　**その他有価証券**とは，売買目的有価証券・満期保有目的等有価証券以外の有価証券である（令119の2②）。

### (2) 有価証券の取得価額

　「有価証券」の取得には種々のケースがあり，取得形態別に取得価額を算定しなければならない（令119）。

　① 購入した場合

　すでに発行されている有価証券を購入により取得した場合，**購入代価**に購入手数料その他購入のために要した直接・間接の**付随費用**（通信費，名義書換料等）を加えた金額を取得価額とする（令119①一）。ただし，通信費などの間接費用は，取得価額に算入しないことができる（基通2-3-4）。

　利付債権(りつきさいけん)（国・公・社債券等）を利払日と異なる日に購入した場合，前回の利払日から購入日までの経過日数に対応する利息（**端数利息**(はすうりそく)という）は別に計算し，当該有価証券の取得価額に含めずに，当該有価証券の購入後最初に到来する利払日まで「前払金」として経理することもできる（基通2-3-10）。

　② 金銭の払込みによる場合

　株主としての権利に基づいて平等に割当てを受け，金銭の払込みにより取得した有価証券は，その払込金額（取得のために要した費用も含む）を取得価額とする。払込みには，特定の要件を備えた現物出資も含まれ，この場合の払込金額は，出資した資産の出資時の価額（時価）となる。

　③ **有利な発行価額で株主等以外の者が取得した場合**

　株主としての権利に基づいて平等に割当てを受けて払込みをする場合以外で，「有利な発行価額」で有価証券を取得した場合には，当該有価証券の払込期日の価額（時価）を取得価額とする（令119①三）。

　**有利な発行価額**とは，当該株式の価額と発行価額の差額が当該株式の価額のおおむね10％以上の価額をいう。当該株式の価額（時価）とは，発行価額を決定する日の価額のみではなく，決定日前1月間の平均株価等，発行価額を決定するための基礎として相当と認められる価額をいう（基通2-3-7）。

> **＜設例＞**
> 取引先から株式（時価400万円）を350万円で購入した。
>
> | (借) 有価証券 4,000,000 | (貸) 現　　　金 3,500,000 |
> |---|---|
> | | 受　贈　益 500,000 |
>
> ＊時価と発行価額の差額（50万円）が時価の10％（40万円）を超えるので，受贈益として課税される。

#### ④ 株式交換または株式移転により受け入れた場合

　**株式交換**または**株式移転**により有価証券を取得した場合，有価証券の受入価額をもって取得価額とする。当該有価証券の受入のために要した費用があるときは，その費用を加えた金額を取得価額とする。

　受入価額または加算した金額が受入時における当該有価証券の取得のために通常要する価額（時価）を超える場合には，その通常要する価額に相当する金額を取得価額とする。

　　取得価額（時価を限度とする）＝受入価額＋付随費用

#### ⑤ 合併によりその合併法人の株式の交付を受けた場合

　被合併法人の株式の合併直前の帳簿価額に相当する金額を取得価額とする。**合併**（適格合併を除く）に際して，「みなし配当」がある場合にはその金額を，合併法人の株式の交付を受けるために要した費用がある場合にはその費用の額を加算した金額をもって取得価額とする。

　　取得価額＝被合併法人の合併直前の帳簿価額＋付随費用＋みなし配当

#### ⑥ 分割型分割により分割承継法人の株式の交付を受けた場合

　分割法人の株式の**分割型分割**の直前の帳簿価額に一定の割合を乗じて計算した金額を取得価額とする。一定の割合は，下記算式により計算される。

$$\text{一定の割合} = \frac{\text{分割法人の分割年度の期末における移転純資産の帳簿価額（分母を限度とする）}}{\text{分割法人の分割年度または分割年度の前年度の期末における移転純資産の帳簿価額}}$$

「分割型分割」（適格分割型分割を除く）に際して，「みなし配当」がある場合にはその金額，分割承継法人の株式の交付を受けるために要した費用がある場合にはその費用の額を加算した金額をもって取得価額とする。

　　取得価額＝分割法人の株式の分割直前の帳簿価額の分割割合を乗じた金額
　　　　　　＋付随費用＋みなし配当

⑦　**適格分社型分割または適格現物出資により分割承継法人または被現物出資法人の株式の交付を受けた場合**

**適格分社型分割**または**適格現物出資**の直前の移転資産の帳簿価額から移転負債の帳簿価額を控除した金額を取得価額（株式交付を受けるために要した費用を含む）とする。

　　取得価額＝直前の移転純資産の帳簿価額＋付随費用

⑧　**上記以外の方法により取得した場合**

その取得における有価証券の取得のために通常要する価額（時価）を取得価額とする。

　　取得価額＝取得時の時価

## (3) 有価証券の譲渡原価

有価証券を譲渡した場合，原則として，契約日の属する事業年度において，「譲渡対価」（譲渡収益）の額から控除する「譲渡原価」の額を損金の額に算入する（法61の2）。すなわち，**譲渡損益**を求める場合，事業年度ごとの一括計算ではなく，個々の有価証券の取引ごとに譲渡損益の計算を行う。

**有価証券の譲渡原価**の1単位当たりの帳簿価額は，売買目的有価証券，満期保有目的等有価証券およびその他有価証券に区分した上で，銘柄ごとに「移動

平均法」または「総平均法」により算定する（法61の2①二，令119の2①）。

① 移動平均法

**移動平均法**は，同じ銘柄について，取得するたびに取得直前の帳簿価額を新取得金額と合計し，その合計額をその時点の数量で除して平均単価を算出し，その平均単価をもって1単位当たりの帳簿価額（単価）を算定する方法である（令119の2①一）。

$$1単位当たりの帳簿価額（改訂単価）=\frac{取得前の有価証券の帳簿価額（単価）+新たに取得した有価証券の取得価額}{取得直前における有価証券の数+新たに取得した有価証券の数}$$

② 総平均法

**総平均法**は，同じ銘柄について，期首の帳簿価額と期中の取得価額の合計額をその数量で除して平均単価を算出し，その平均単価をもって1単位当たりの帳簿価額とする方法である（令119の2①二）。

$$1単位当たりの帳簿価額=\frac{期首における有価証券の帳簿価額+期中に取得した有価証券の取得価額の総額}{期首における有価証券の数+期中に取得した有価証券の数}$$

### (4) 有価証券の期末評価

**有価証券の期末評価**は，「売買目的有価証券」と「売買目的外有価証券」（売買目的有価証券以外の有価証券をいう）の区分に応じて行われる。**売買目的外有価証券**は，償還期限・償還金額の定めのある**償還有価証券**とそれ以外の有価証券に分けられる。すなわち，下記区分に従って期末評価される。

① 売買目的有価証券……時価法
② 償還有価証券……償却原価法
③ 上記①・②以外の有価証券……原価法

「売買目的有価証券」は事業年度末に時価評価され，その評価益または評価損はその事業年度の益金の額または損金の額に算入される（法61の3①一，②）。

**時価法**とは，事業年度末に有する有価証券を銘柄ごとに区別し，その銘柄を

同じくする有価証券について，事業年度末日の最終の売買価格等（時価）に有価証券の数を乗じて算出した金額を評価額とする方法である（法61の3）。

時価法を採用する場合における**時価評価金額**とは，「取引所売買有価証券」，「店頭売買有価証券」または価格公表者によって公表された売買価格または気配相場価額のある「その他価格公表有価証券」における最終の売買の価格にその有価証券の数を乗じて計算した金額である（令119の13）。

売買目的有価証券の「評価益」または「評価損」として「益金の額」または「損金の額」に算入した金額は，翌事業年度の「損金の額」または「益金の額」に算入しなければならない（令119の15①）。したがって，翌事業年度開始の時における売買目的有価証券の帳簿価額は，その評価益を減算し，その評価損を加算した金額となる（令119の15③）。時価法による**有価証券の評価損益**は，いわゆる**洗替方式**により翌期首に戻し入れられる。

売買目的有価証券・償還有価証券以外の有価証券に適用される**原価法**とは，事業年度末において有する有価証券について，そのときにおける帳簿価額をもって評価額とする方法である（法61の3）。

償還有価証券に適用される**償却原価法**とは，事業年度末の償却原価法適用前の帳簿価額に「調整差益」または「調整差損」に相当する金額を加算または減算した金額を，事業年度末の有価証券の帳簿価額とするとともに，その加減算額を益金または損金の額に算入する方法である（令119の14，139の2）。

調整差益または調整差損は，それぞれの銘柄を同じくするものについて下記算式により算出する（令139の2②）。

調整差益＝（当期末額面合計額－調整前当期末帳簿価額）×調整割合
調整差損＝（調整前当期末帳簿価額－当期末額面合計額）×調整割合

上記算式における「調整割合」は，次のように求める（令139の2③～⑤）。

(イ) 当期末額面合計額(A)が前期末額面合計額(B)を超える場合

$$調整割合 = \left(\frac{(A)-(B)}{(A)} \times \frac{当期の日数 \div 2}{当期の日数 \div 2 + 翌期首から償還日までの日数}\right)$$

$$+ \left(\frac{(B)}{(A)} \times \frac{当期の日数}{当期の日数 + 翌期首から償還日までの日数}\right)$$

(ロ) 当期末額面合計額が前期末額面合計額以下である場合

$$調整割合 = \frac{当期の日数}{当期の日数 + 翌期首から償還日までの日数}$$

(注) 上記算式中の「日数」は「月数」として計算することができる。この場合、1ヵ月に満たない端数は1ヵ月とする（令139の2⑤）。

---

**〈設例〉**

当社（1年決算法人、3月末決算日）は、×1年4月1日に長期所有目的でZ社社債（10年償還、1口@¥96、利払日3月末日）10,000,000円を購入した場合、×2年3月末決算時における調整差損を計算しなさい。

〔解答〕

調整前当期末帳簿価額：$10,000,000 \times \dfrac{96}{100} = 9,600,000$ 円

調整割合（月数による）：$\dfrac{12}{120} = 0.1$

調整差損：$(10,000,000 円 - 9,600,000 円) \times 0.1 = 40,000$ 円

---

### (5) 算出方法の選定・届出および変更

1単位当たりの帳簿価額の算出方法は、「売買目的有価証券」、「満期保有目的等有価証券」、「その他有価証券」に区分した上で、有価証券の銘柄または種類ごとに選定し、選定算出方法を書面により所轄税務署長に届け出なければならない（令119の5）。算出方法の届出をしなかった場合などには、**法定算出法**として「移動平均法」によって評価する（令119の7）。

1単位当たりの帳簿価額の算出方法を変更する場合には、算出方法を変更しようとする事業年度開始の日の前日までに、所轄税務署長に「変更承認申請書」を提出し、承認を受ける必要がある（令119の6）。

ただし、①変更しようとする算出方法では適正な所得計算が行われ難いと認められる場合、②現に採用している算出方法が相当期間（3年）を経ていない場合には、税務署長はその申請を却下することができる（基通2-3-2, 5-2-19）。

## 3 固定資産の減価償却費

### (1) 固定資産の範囲

#### ① 固定資産の分類

法人税法上，**固定資産**は，棚卸資産，有価証券および繰延資産以外の資産であり，(a)土地（地上権・土地賃借権のような土地の上に存する権利を含む），(b)減価償却資産，(c)電話加入権および(d)前記(a)・(b)・(c)に準ずる資産の4種類に分類されている（法2二十二，令12）。「土地に準ずる資産」としては自己所有の造成中の土地等，「減価償却資産に準ずる資産」としては建設中の建物等，「電話加入権に準ずる資産」としては著作権・出版権等がある。

固定資産は，減価償却の対象となるか否かによって，「減価償却資産」と「非減価償却資産」に分けられる。

#### ② 減価償却資産

**減価償却資産**は，その資産の価値または効用が使用または時の経過により漸次減少する資産であり，法人税法においては，「有形固定資産」，「無形固定資産」および「生物」に分けられ，「減価償却資産」が限定列挙されている（法2二十三，令13）。

1) 有形固定資産
   - (イ) 建物およびその付属設備（暖冷房設備，照明設備，通風設備，昇降機その他建物に付属する設備をいう）
   - (ロ) 構築物（ドック，橋，岸壁，桟橋，軌道，貯水池，坑道，煙突その他土地に定着する土木設備または工作物をいう）
   - (ハ) 機械および装置
   - (ニ) 船　　舶
   - (ホ) 航　空　機
   - (ヘ) 車両および運搬具
   - (ト) 工具，器具および備品（観賞用，興行用その他これらに準ずる用に供する

生物を含む）
2) **無形固定資産**
　(イ)　法的独占権
　　　(a)鉱業権（租鉱権および採石権，その他土石を採掘しまたは採取する権利を含む），(b)漁業権（入漁権を含む），(c)ダム使用権，(d)特許権，(e)実用新案権，(f)意匠権，(g)商標権，(h)ソフトウェア，(i)育成者権
　(ロ)　超過収益力の存在を示す経済事実
　　　営業権
　(ハ)　建設費用を負担する施設利用権
　　　(a)専用側線利用権（鉄道または軌道を専用する権利），(b)鉄道軌道連絡通行施設利用権（鉄道または軌道との連絡に必要な橋，地下道等を利用する権利），(c)電気ガス供給施設利用権，(d)熱供給施設利用権，(e)水道施設利用権（公共下水道施設の使用のための負担金を含む），(f)工業用水道施設利用権，(g)電気通信施設利用権（電話役務・データ通信役務・デジタルデータ伝送役務・無線呼出し役務等の提供を受ける権利。電話加入権およびこれに準ずる権利を除く）
3) **生物（上記1)・(ト)に該当するものを除く）**
　(イ)　成育させた生物
　　　　牛，馬，豚，綿羊，やぎ
　(ロ)　成熟させた生物
　　　(a)かんきつ樹，りんご樹，ぶどう樹，梨樹，桃樹，桜桃樹，びわ樹，栗樹，梅樹，柿樹，あんず樹，すもも樹，いちじく樹，パイナップル
　　　(b)茶樹，オリーブ樹，椿樹，桑樹，こりやなぎ，みつまた，こうぞ，孟宗竹，アスパラガス，ラミー，まおらん，ホップ

　なお，取得価額が10万円未満または使用可能期間が1年未満の**少額・短期償却資産**は，固定資産として計上しないで，事業の用に供した日に属する事業年度において，全額損金算入できる（令133）。
　取得価額が10万円未満であるかの判定は，通常1単位として取引される単位（たとえば，機械・装置については1台または1基，工具・器具・備品については1個，1組または1揃い，まくら木・電柱等単体では機能を発揮できない構築物については一工事）ごとに行われる（基通7-1-11）。
　ただし，平成15年4月1日から平成26年3月31日までの間に，中小企業

者等が30万円未満の減価償却資産を取得した場合には，300万円を限度として全額損金算入（即時償却）が認められている。

使用可能期間が1年未満であるかの判定は，当該法人の属する業種で一般的に消耗性のものとして認識される減価償却資産で，その法人の平均的な使用状況・補充状況等（おおむね過去3年間の平均値を基準として判定する）からみて，その使用可能期間が1年未満であるかどうかによる（基通7-1-12）。

なお，取得価額が20万円未満である有形固定資産については，その資産を一括して3年間で定額償却できる（基通7-1-11）。これを**一括償却資産の損金算入方式**という。

なお，法人税法上，事業の用に供していないもの，時の経過によりその価値の減少しないものは，減価償却資産から除外される（令13）。

減価償却資産であっても事業の用に供していないもの（たとえば**稼働休止資産**）は，減価償却資産に該当しない。ただし，その休止期間中に必要な維持補償が行われ，いつでも稼働し得る状態にあるものについては，減価償却資産に該当するものとする。また，他の場所で使用するために移設中の資産は，その移設期間が通常要する期間であると認められる限り，減価償却を継続することができる（基通7-1-3）。

建設中の建物，機械・装置等は**建設仮勘定**として表示され，減価償却資産に該当しない。ただし，その一部完成分が事業の用に供されているときは，建設仮勘定として表示されていても，その部分に関しては減価償却資産に該当する（基通7-1-4）。

航空機の予備エンジン，電気自動車の予備バッテリー等のように，減価償却資産を事業の用に供するために必要不可欠な部品として常備され，繰り返し使用される**専門部品**（他に転用できないものに限る）は，当該減価償却資産と一体のものとして減価償却を行うことができる（基通7-4の2）。

他の者が有する**工業所有権**（特許権，実用新案権，意匠権および商標権）について実施権または使用権を取得した場合に要した金額は，当該工業所有権に準じて処理される。ただし，その実施権または使用権の設定期間が当該工業所有権の耐用年数より短いときは，その短い設定期間で償却することができる（基通7-1-4の3）。

繊維工業における織機の登録権利，許可漁業の出漁権，タクシー業のいわゆるナンバー権，内航海運業のいわゆる建造引当権のように，法令の規定，行政官庁の指導等による規制に基づく登録，認可，許可，割当て等の権利を取得するために要した費用は，「営業権」に該当するものとして処理される。なお，当該権利に係る事業を廃止する者に対して，残存業者が負担する補償金のように，当該権利の維持または保全のために要した費用も，「営業権」として償却することができる（基通7-1-5）。

### ③ 非減価償却資産

固定資産のうち，減価償却の対象とならない**非減価償却資産**は，時の経過により減価しない資産および事業の用に供されていない資産であるが，「非減価償却資産」に該当するものは次のとおりである（令13）。

(a) 時の経過により減価しない資産
   (イ) 土地（地上権，借地権のような土地の上に存する権利を含む）
   (ロ) 電話加入権（自動車電話，携帯電話等の役務の提供を受ける権利を含む）
   (ハ) 書画・骨董（古美術品，古文書，書画，彫刻等で1点20万円以上のもの）
   (ニ) 貴金属の素材の価額が大部分を占める固定資産（白金製溶解炉，白金製るつぼ，銀製なべ等）
   (ホ) 立木（果樹等を除く）

(b) 事業の用に供されていない資産
   (イ) 建設中の資産（建設仮勘定として表示されている資産であっても，その一部完成部分が事業の用に供されているときは，その部分を除く）
   (ロ) 遊休資産（(a)稼働休止資産であっても，休止期間中に必要な維持・修理が行われ，いつでも稼働し得る状態にあるもの，(b)航空機の予備エンジン・予備バッテリー等のように常備する専用備品で，通常他に転用できないものを除く）
   (ハ) 貯蔵中の資産

**土地付建物**を一括購入した場合には，土地は建物と区別し，減価償却の対象とすべきでない。それぞれの価額が明らかでないとして，その全額を建物勘定に算入し，その全額により減価償却を行うことはできない。

**書画・骨董**（複製で，単に装飾的目的のみに使用されるものを除く）は，時

の経過によりその価値が減少しない資産であり，原則として古美術品，古文書，出土品，遺物等のように歴史的価値または希少価値を有し，代替性のないもの，美術関係の年鑑等に登載されている作者の制作に係る書画，彫刻，工芸品等に限定される。書画・骨董に該当するかどうか明らかでない美術品等で，取得価額が1点20万円（絵画では号2万円）未満であるものは，減価償却資産として取り扱うことができる（基通7-1-1）。

ガラス繊維製造用の「白金製溶解炉」，光学ガラス製造用の「白金製るつぼ」，か性カリ製造用の「銀製なべ」のように，素材となる貴金属の価額が取得価額の大部分を占め，かつ，一定期間使用後は素材に還元し鋳直(いなお)して再使用することを常態としているものは，非減価償却資産として取り扱う。ただし，鋳直しに要する費用は，当該年度の損金に算入する（基通7-1-2）。

「社歌」，「コマーシャルソング」等の製作に要した費用は，法的には**著作権**の取得費という性格を有するが，時の経過により価値が減少しない資産とみることはその経済的実態に反すると考えられるので，その支出時に損金の額に算入することができる（基通7-1-10）。

#### ④　劣化資産

**劣化資産**とは，生産設備の本体の一部を構成しないが，それと一体となって繰り返し使用される資産であり，数量的に減耗し，または質的に劣化するものをいう（基通7-9-1）。生産設備と一体となって継続的に利用される点で有形固定資産の側面をもち，他方，その減耗が数量的に把握される点で「棚卸資産」の側面をもつ。

法人税法上，①冷媒，②触媒，③熱媒，④吸着材および脱着材，⑤溶剤および電解液，⑥か性ソーダ製造における水銀，⑦鋳物製造における砂(いもの)，⑧亜鉛鉄板製造における溶解鉛，⑨アルミニウム電解用の陽極カーボンおよび水晶石，⑩発電用原子炉用の重水および核燃料棒が，「劣化資産」として列挙されている（基通7-9-1（注））。

製造工程において生産の流れに参加し，かつ，中間生産物の物理的または化学的組成となる劣化資産（上記⑤・⑥）は，「棚卸資産」として経理することができる（基通7-9-2）。他の劣化資産は有形減価償却資産として経理され，

その性質に応じ減価償却法（定額法，生産高比例法，除却法，取替法，棚卸法）が定められている（基通7-9-3～7-9-4）。

なお，ある設備に常時使用され，その取得価額が少額（おおむね60万円未満）である「劣化資産」は，事業の用に供した年度の損金の額に算入できる（基通7-9-5）。

## (2) 減価償却資産の取得価額

**減価償却資産の取得価額**は，損金算入できる「減価償却費」を算定する重要な計算要因であり，各事業年度の所得計算に影響を与える。法人税法上，その取得価額は，当該資産の取得の態様に応じて，次のように定めている（令54①）。

### ① 購入した減価償却資産

**購入**による減価償却資産の取得価額は，①当該資産の「購入代価」に②引取運賃，荷役費，運送保険料，購入手数料，関税その他購入のために要した「外部付随費用」ならびに③当該資産を事業の用に供するために直接要した据付費，試運転費等の「内部付随費用」を加算した合計額である。

不当に高価で購入した資産については，その購入価額のうち売主に実質的に贈与したと認められる金額がある場合には，買入価額から当該金額を控除して取得価額とする（基通7-3-1）。つまり，**高価買入資産**の取得価額は当該資産の時価であり，買入価額が時価を超える金額は，寄附金（役員である場合には賞与）として扱われる。

---
**＜設例＞**

機械（時価500万円）を得意先から750万円で購入した。

| (借) | 機　　械 | 5,000,000 | (貸) | 現　　金 | 7,500,000 |
|---|---|---|---|---|---|
| | 寄附金 | 2,500,000 | | | |

---

反対に，時価に比較して著しく低い価額で取得した資産については，実質的に贈与を受けたと認められる金額を取得価額に算入する。

<設例>
パソコン（時価20万円）を仕入先より8万円で購入した。

| （借）備　　品　200,000 | （貸）現　　金　　80,000 |
|---|---|
| | 備品受贈益　120,000 |

　**割賦購入資産**の取得価額は，原則として，その賦払金の総額である。ただし，契約で購入代価と割賦期間分の利息・売手側の代金回収費用等に相当する金額が明らかに区分されている場合，その利息・代金回収費用は取得価額に含めないことができる（基通7-3-2）。

### ②　自己の建設，製作または製造に係る減価償却資産

　**自家建設等**により取得した減価償却資産の取得価額は，①建設等のために要した原材料・労務費・経費の額と②当該資産を事業の用に供するために直接要した費用との合計額をもって取得価額とする。

　建設等のための調査，測量，設計，基礎工事等でその建設計画を変更したことにより不要になったものに係る費用は，取得価額に算入しないことができる（基通7-3-3の2）。

### ③　自己が成育させた牛馬等

　成育させるために取得した**牛馬等**の取得価額は，「購入代価」または「種付費」および「出産費」の額，②これを成育させるために要した「飼料費」，労務費および③経費の額および成育後事業の用に供するために直接要した費用の額との合計額である。

### ④　自己が成熟させた果樹等

　**自己成熟果樹等**の取得価額は，①成熟させるために取得した果樹等の「購入代価」または「種苗費」の額，②これを成熟させるために要した「肥料費」，労務費および③経費の額および成熟後事業の用に供するために直接要した費用の額との合計額である。

#### ⑤ 合併により受け入れた減価償却資産

合併により受け入れた資産の取得価額は，①被合併法人が合併の日の属する事業年度において当該資産の償却限度額の計算の基礎とすべき取得価額（帳簿価額），②合併法人が当該資産を事業の用に供するために直接要した費用の合計額である。

#### ⑥ 出資により受け入れた減価償却資産

出資により受け入れた資産の取得価額は，①当該資産の受入価額に引取運賃，荷役費，運送保険料，関税，その他受入のために要した費用の額を加算した金額（この金額が時価より低い場合は時価を上限とする）と②これを事業の用に供するために直接要した費用の額との合計額である。

#### ⑦ 贈与・交換・代物弁済等により取得した減価償却資産

贈与・交換・代物弁済等，上記①〜⑥以外の方法で取得した固定資産の取得価額は，①当該資産の取得のために通常要する価額（時価）と②その資産を事業の用に供するために直接要した費用の額との合計額である。

#### ⑧ リース取引により取得したものと取り扱う減価償却資産

民法上，リース取引は賃貸借に該当する。したがって，法人が支払うリース料は，原則として損金の額に算入される。

しかし，法人税法では，以下の要件を満たす「リース取引」について，「売買」として取り扱う（法64の2①，③）。

① 当該賃貸借に係る契約が，賃貸借期間の中途で解除することができないものであることまたはこれに準ずるものであること
② 当該賃貸借に係る賃借人が当該賃貸借に係る資産からもたらされる経済的な利益を実質的に享受することができ，かつ，当該資産の使用に伴って生ずる費用を実質的に負担すべきこととされているものであること

賃借人が取得するリース資産の取得価額は，原則として，リース期間中に支払うべきリース料の合計額（再リース料を除く）および当該物件を事業の用に供するための付随費用の額の合計額である。ただし，契約書等でリース会社の

取得価額が区分・表示できる場合，特例として，リース会社におけるリース物件の取得価額および事業の用に供するために賃借人が支出する付随費用の額の合計額を賃借人における取得価額とすることができる。

⑨ ソフトウェア

**自己製作ソフトウェア**の取得価額は，適正な原価計算に基づいて算定されるが，原価の集計・配賦等について合理的であると認められる方法により継続して計算している場合には，その方法が認められる（基通7-3-15の2）。

**購入ソフトウェア**を導入するに当たって必要とされる設定作業，自社の仕様に合わせるために行う付随的な修正作業等の費用の額は，そのソフトウェアの取得価額に算入する（基通7-3-15の2（注））。ただし，次のような費用の額は，ソフトウェアの取得価額に算入しないことができる（基通7-3-15の3）。

(イ) 自己製作ソフトウェアの製作計画の変更等により，仕損じがあったため不要となったことが明らかなものに係る費用の額

(ロ) 研究開発費の額（自社利用ソフトウェアについては，その利用により将来の収益獲得または費用削減にならないことが明らかなものに限る）

(ハ) 製作等のために要した間接費，付随費用等であり，その費用の額の合計額が少額（その製作原価のおおむね3％以内の金額）であるもの

法人の有する固定資産について値引，割引または割戻し（以下，**値引等**という）が行われた場合，その値引等のあった日の属する事業年度の確定決算において，下記算式により算出した金額の範囲内で取得価額（または帳簿価額）を減額することができる（基通7-3-17の2）。

$$減額できる金額 = 値引等 \times \frac{値引等直前の帳簿価額}{値引等直前の取得価額}$$

―＜設例＞――――――――――――――――――――――

前事業年度（3月末決算）の3月15日に取得した機械装置（取得価額300万円，決算日の帳簿価額295万円）について，当該事業年度の4月5日に30万円の値引を受けた場合，新規の帳簿価額を計算しなさい。

〔解答〕
減額できる金額：300,000 円 × $\frac{2,950,000}{3,000,000}$ = 295,000 円

新規の帳簿価額：3,000,000 円 − 295,000 円 = 2,705,000 円

　固定資産の取得に関連して支出する**租税公課等**（不動産取得税，自動車取得税，新増設に係る事業所税，登録免許税その他登記または登録のために要する費用等）は，取得価額に算入しないことができる（基通7-3-3の2）。

　都道府県または市町村から工場誘致等により土地等を取得し，その取得に関連して**寄附金**または**負担金**の名義で金銭を支出した場合，当該寄附金等が実質的に土地等の代価を構成すべきものだと認められるときは，取得価額に算入する（基通7-3-3）。

　土地・建物等を取得する際に，当該資産の使用者等に支払う**立退料**その他立退きに要した金額は，土地・建物等の取得価額に含められる（基通7-3-5）。

　**土地付建物等**を取得した場合，取得後おおむね1年以内に建物等の取壊しに着手するなど，建物等を当初から取り壊して土地を利用する目的であったときには，当該取壊建物等の帳簿価額と取壊費用の合計額（廃材等の処分により稼得した金額を控除する）は，その土地の取得価額に算入する（基通7-3-6）。

　新工場の落成，操業開始等に伴って支出する**記念費用等**の事後費用は，取得価額に算入しないことができる。ただし，工場・ビル・マンション等の建設に伴う**住民対策費**，**公害補償費等**として，当初から支出が予定されているものは，その支出が建設後に行われるものであっても，取得価額に算入しなければならない（基通7-3-7）。

　自己の行った試験研究の結果として取得した「工業所有権」の出願料，特許料その他登録のために要する費用の額は，取得価額に算入しないことができる（基通7-3-14（注））。

### (3) 資本的支出と修繕費

　固定資産の取得後，その機能・性能の維持・向上等のために支出した金額で「資本的支出」に該当するものは，その支出日に属する事業年度の損金に算入せず，当該固定資産の取得価額に加算して減価償却の対象としなければならない。

法人税法上，**資本的支出**とは，修理，改良その他いずれの名義をもってするかを問わず，その所有する固定資産について支出した金額で，次の(a)当該資産の使用可能期間を延長させる部分に対応する金額または(b)価額を増加させる部分に対応する金額のどちらかに該当するもの（どちらにも該当する場合は，多い金額）をいう（令132）。

(a) 支出により，固定資産の取得時において通常の管理・修理を行うとした場合に予測される使用可能期間を延長させる部分に対応する金額

$$資本的支出 = 支出金額 \times \frac{支出後の使用可能年数 - 支出しなかった場合の使用年数}{支出後の使用可能年数}$$

(b) 支出により，固定資産の取得時において通常の管理・修理を行うとした場合に予測される支出時の価額を増加せしめる部分に対応する金額

$$資本的支出 = 支出直後の価額 - 取得時から通常の管理・修理を行った場合の支出時の予想価額$$

<設例>

当期に修理した構築物の費用の内容は，次のとおりである。資本的支出の金額を計算しなさい。

① 支出金額　　　　　　　　　　　　　　　　　15,000,000 円
② 支出しなかった場合の使用可能期間　　　　　　　　7 年
③ 経過年数　　　　　　　　　　　　　　　　　　　8 年
④ 支出後に予想される使用可能時間　　　　　　　　10 年
⑤ 通常に管理または維持した場合の支出時の予想時価　74,000,000 円
⑥ 支出直後の時価　　　　　　　　　　　　　　　84,000,000 円

〔解答〕

(1) $15,000,000 \times \dfrac{10 年 - 7 年}{10 年} = 4,500,000$ 円

(2) $84,000,000 - 74,000,000 = 10,000,000$ 円

(1)と(2)との多い金額 10,000,000 円が資本的支出となる。

| （借） | 建　　物 | 10,000,000 | （貸） | 現　　金 | 15,000,000 |
|---|---|---|---|---|---|
| | 修 繕 費 | 5,000,000 | | | |

固定資産の修理・改良のために支出した金額のうち，資産価値を高め，または耐久性を増す部分の金額が「資本的支出」であり，当該資産の通常の維持・

管理のため，または災害等により毀損した部分の原状を回復するために要した金額は，**収益的支出**として**修繕費**となる。具体的には，次のように区分例示されている（基通7-8-1～2）。

① **資本的支出**
　(イ)　建物の避難階段の取付等，物理的には付加した部分に対応する支出額
　(ロ)　用途変更のための模様替え等，改造・改装に直接要した金額
　(ハ)　機械の部品を特に品質または性能の高いものに取り替えた場合，取替えに要した費用の額のうち，通常の取替えの場合に要すると認められる費用の額を超える部分の金額

② **修　繕　費**
　(イ)　建物の移曳（いえい）の費用および旧資材の70％以上を再使用して同一の規模および構造で再建築する解体移築の費用
　(ロ)　機械装置の移設費（集中生産のための移設費を除く）
　(ハ)　地盤沈下した土地の原状を回復するために行う地盛り費用（土地取得の直後における地盛り費用等を除く）
　(ニ)　建物・機械装置等が地盤沈下により海水等の浸害を受けることとなったために行う床上げ，地上げまたは移設の費用
　(ホ)　使用中の土地の水はけを良くするための砂利（じゃり），砕石（さいせき）等の敷設費用等

「資本的支出」と「修繕費」との区分が不明瞭である場合，税務執行上の便宜を考慮して，次のような簡便区分法が認められている（基通7-8-3～6）。
　①　修理，改良等の費用が20万円未満である場合，「修繕費」として処理する。
　②　既往の実績その他の事情から3年以内の期間を周期として修理，改良等のために支出される金額は，「修繕費」として処理する。
　③　修理，改良等のために要した費用のうちに資本的支出であるか修繕費であるかが明らかでない金額がある場合において，その支出金額が60万円未満の場合，または支出金額が当該資産の前期末の取得価額の10％相当額以下の場合には，「修繕費」として処理する。
　④　資本的支出と修繕費との区分が明らかでない金額については，その支出額の30％相当額と当該資産の前期末の取得価額の10％相当額とのいずれか少ない金額を「修繕費」，残額を「資本的支出」とする方法を継続的に採用できる。

⑤ 災害等により毀損した建物や機械装置に支出した金額について，資本的支出と修繕費との区分が明らかでない場合には，その30％相当額を「修繕費」，残額を「資本的支出」とすることが認められる。

## (4) 耐用年数

### ① 法定耐用年数

**耐用年数**は，通常考えられる維持補修を加えることを前提にして，減価償却資産の本来の用途・用法により通常予定される効果を挙げることができる「使用可能期間」（効用持続年数）である。このような考え方に従った**法定耐用年数**が「減価償却資産の耐用年数等に関する省令」（耐用年数省令）によって規定されている。

減価償却は，原則として，「法定耐用年数」によって行わなければならない。「資本的支出」に係る金額についても，現に適用している耐用年数（本体と同じ耐用年数）を適用する（耐通1-1-2）。

同一の資産が2以上の用途に共用される場合，使用目的・使用状況等を勘案して合理的に判定する（耐通1-1-1）。たとえば，事務所兼店舗用の鉄骨鉄筋コンクリート造りの建物（店舗39年，事務所50年）について，店舗用として10分の9，事務所用として10分の1を使用している場合，店舗用の法定耐用年数の39年によることが合理的である。

### ② 中古資産の耐用年数

「法定耐用年数」は新規資産を前提として定められているので，中古資産を取得した場合には，法定耐用年数によることもできるが，当該資産が事業の用に供したとき以後の使用可能期間の年数（残存耐用年数）を見積もって，減価償却を行うこともできる（耐令3①）。

**中古資産の耐用年数**の見積りは，事業の用に供した事業年度においてのみ行うことができ，いったん決めた年数はその後の事業年度に変更できない（耐通1-5-1）。

残存耐用年数の見積りが困難であるときは，下記算式により適用耐用年数を

計算する。ただし，1年未満の端数は切り捨て，計算年数が2年に満たない場合には2年とする。

 (イ) 耐用年数の全部を経過した資産

  見積残存耐用年数＝法定耐用年数×20％

 (ロ) 耐用年数の一部を経過した資産

  見積残存耐用年数＝法定耐用年数－経過年数＋経過年数×20％

<設例>

次の場合の見積残存耐用年数を計算しなさい。

(1) 法定耐用年数3年の自動車で，すでに4年間使用されたものを購入して事業の用に供した。
  3年×20％＝0.6年→2年
(2) 法定耐用年数50年で，建築後24年経過した建物（事務所用）を購入して事業の用に供した。
  50年－24年＋24年×20％≒30.8年→30年

改良等のために支出した金額が中古資産の取得価額の50％相当額を超える場合には，下記算式により計算した年数（1年未満の端数は切り捨てた年数）によることができる（耐通1-5-6）。

$$\text{中古資産の取得価額（改良費等を含む）} \div \left( \frac{\text{中古資産の取得価額（改良費等を含まない）}}{\text{その中古資産につき簡便法により算定した残存耐用年数}} + \frac{\text{中古資産の改良費等の金額}}{\text{その中古資産の法定耐用年数}} \right) = \text{見積耐用年数}$$

<設例>

建築後16年経過した木造の事務所用建物（法定耐用年数：26年）を800万円（新築の場合には，5,500万円）で購入し，事業の用に供するために改良費900万円を支出した場合の耐用年数を計算しなさい。

〔解答〕

簡便法による残存耐用年数：
 26年－16年＋16年×20％＝13.2年→13年
見積耐用年数：
$$(8{,}000{,}000\text{円} + 9{,}000{,}000\text{円}) \div \left( \frac{8{,}000{,}000\text{円}}{13\text{年}} + \frac{9{,}000{,}000\text{円}}{26\text{年}} \right) ≒ 17.6\text{年} \to 17\text{年}$$

改良等のために支出した金額が中古資産の再取得価額の50%を超えるときは，見積耐用年数でなく，「法定耐用年数」による（耐通1-5-3）。

### ③ 耐用年数の短縮
法人が有する減価償却資産について，①通常の材質または製作方法と著しく異なること，②地盤の隆起または沈下，③陳腐化，④使用場所の状況に基因する著しい腐蝕，⑤通常の修理または手入れを行わなかったことによる著しい損耗，⑥その他これらに準ずる事由により実際の使用可能期間が「法定耐用年数」よりも著しく短い場合には，国税局長の承認を受けて耐用年数の短縮を行うことができる。「法定耐用年数よりも著しく短い」とは，使用可能期間が法定耐用年数に比しておおむね10%以上短くなったことをいう（令57，基通7-3-18）。

なお，平成23年度の税制改正において，耐用年数の短縮特例については，国税局長の承認を受けた未経過使用可能期間で償却できることとなった。

## (5) 残存価額と備忘価額
**残存価額**とは，減価償却資産がその本来の用役を果たして処分されるときの見積処分可能価額である。「残存価額」は，平成19年度の税制改正により，同年4月1日以後に取得される減価償却資産（**新償却方法適用資産**）には廃止されたが，同年3月31日以前に取得された減価償却資産（**旧償却方法適用資産**）には引き続き採用されている。

「残存価額」をあらかじめ見積もることは実務上困難であるので，法人税法では，次のように旧償却方法適用資産の種類別に一律に残存価額を決定している（耐令5）。

① 有形減価償却資産（坑道を除く）………取得価額の10%
② 無形減価償却資産および坑道…………零
③ 生　　物
　　ⅰ）牛…細目ごとに取得価額の10%・20%・40%・50%（上限10万円）
　　ⅱ）馬…細目ごとに取得価額の10%・20%・30%（上限10万円）
　　ⅲ）豚…取得価額の30%
　　ⅳ）綿羊およびやぎ…取得価額の5%
④ 果樹その他の植物……取得価額の5%

前述したように、平成19年度税制改正により、昭和39年以来の大改正が行われ、「残存価額」は廃止された。つまり、平成19年4月1日以後に取得した新償却方法適用資産については、残存価額が廃止され、1円（**備忘価額**）まで償却できるようになった。これに伴い、償却率が新しくなり、従来の定率法（旧定率法）から新しい「250％定率法」が導入されている。さらに、平成24年4月1日以後に取得する減価償却資産には「200％定率法」が適用される。

### (6) 減価償却費の計算方法

#### ① 新償却方法適用資産に係る新償却方法

減価償却資産の「取得価額」、「耐用年数」および「備忘価額」の償却計算要素に基づいて、法人が選定した償却方法を適用して**減価償却費**を算出する。

「新償却方法適用資産」に係る**新償却方法**としては、下記のような種類がある。定額法、定率法および生産高比例法には、計算要素として「残存価額」がないことに注意を要する。

##### (a) 定額法

**定額法**とは、減価償却費が毎期同額となるように、取得価額に「定額法償却率」を乗じて計算した金額を、各事業年度の**償却限度額**（減価償却費として損金経理できる最高限度額）とする方法である（令48の2Ⅰ）。

償却限度額＝取得価額×定額法償却率

なお、**定額法償却率**は下記算式により求めるが、少数第3位未満は切り上げる。

定額法償却率＝1÷耐用年数

##### (b) 定率法（250％定率法または200％定率法）

**定率法**とは、減価償却費が毎期一定の割合で逓減していくように、「定率法償却率」を乗じた金額を各事業年度の「償却限度額」とする方法である（令48の2Ⅰ②ロ）。新規に導入された**定率法償却率**は、「定額法償却率」

（1／耐用年数）に 2.5 または 2 を乗じた数である。
　　　定率法償却率＝1÷耐用年数×2.5 または 2
　　　償却限度額＝取得価額×定率法償却率

　定率法により計算した減価償却費が一定の**償却保証額**（耐用年数から経過年数を控除した期間内に，その時の帳簿価額を均等償却すると仮定して計算した金額）を下回ることとなったときに，定率法から定額法（均等償却）に切り替えて減価償却費を計算する。この償却方法は，**250％定率法**または**200％定率法**と呼ばれる。

　たとえば，耐用年数が 10 年である場合，定額法償却率は 0.1 であるので，200％定率法の償却率は 0.2（＝0.1×2）となる。図表 2-8 では，取得価額 100 万円，耐用年数 10 年の資産の減価償却費の計算が示されている。

**図表 2-8　定率法（200％定率法）による計算**

| 事業年度 | 1 | 2 | 3 | 4 | 5 | 6 | 7 | 8 | 9 | 10 |
|---|---|---|---|---|---|---|---|---|---|---|
| 償却限度額 | 200,000 | 160,000 | 128,000 | 102,400 | 81,920 | 65,536 | 65,536 | 65,536 | 65,536 | 65,535 |
| 償却保証額 | 65,520 | 65,520 | 65,520 | 65,520 | 65,520 | 65,520 | 65,520 | 65,520 | 65,520 | 65,520 |
| 改定取得価額×改定償却率 | — | — | — | — | — | — | 65,536 | 65,536 | 65,536 | (65,536) |
| 期末帳簿価額 | 800,000 | 640,000 | 512,000 | 409,600 | 327,680 | 262,144 | 196,608 | 131,072 | 65,536 | 1 |

（注）耐用年数 10 年の保証率は 0.06552 であり，改定償却率は 0.250 である。
　　　調整前償却限度額が償却保証額に満たない 7 年目で均等償却に切り換えることとなる。
＊7 年度以降の減価償却費の計算では，下記(イ)と(ロ)の多い償却補償額を採用する。
　(イ)　200％定率法：262,144 × 0.2 ＝ 52,428
　(ロ)　均等償却（定額法）：262,144 × 0.250 ＝ 65,536

---

＜設例＞

　平成 24 年 4 月 10 日に購入した備品（取得価額：200 万円，耐用年数：5 年）を定率法（200％定率法）により，平成 25 年度 3 月 31 日（決算日）における減価償却費を計算しなさい。

〔解答〕
　2,000,000 円　×　（1÷5×2）　＝　800,000 円

(c) 生産高比例法

**生産高比例法**とは，取得価額を耐用年数の期間内における当該資産の生産予定数量で除して計算した一定単位当たりの金額に，各事業年度の生産数量を乗じて計算した金額を各事業年度の「償却限度額」とする方法である（令48の2Ⅰ③ハ）。

$$償却限度額＝取得価額 \times \frac{当期の生産数量}{耐用年数期間内の生産予定数量}$$

(d) リース期間定額法

**リース期間定額法**とは，リース資産の取得価額（残価保証額が含まれる場合，残価保証額を控除する）をリース期間で月数按分した金額を各事業年度の「償却限度額」とする方法である（令48の2①六）。「リース期間定額法」は，リース取引が「売買」と取り扱われる場合に適用される。

$$償却限度額＝（リース資産取得価額－残価保証額）\times \frac{当期のリース期間月数}{リース期間月数}$$

(e) 取替法

軌条，枕木，電柱，送電線その他多量に同一目的のために使用される減価償却資産で，毎事業年度使用に耐えなくなった当該資産の一部がほぼ同数量ずつ取り替えられる**取替資産**については，定額法・定率法（250％定率法または200％定率法）のほかに，「取替法」も適用することができる。**取替法**とは，取得価額の50％に達するまで「定額法」または「定率法」（250％定率法または200％定率法）で償却し，以後は各事業年度に新たに取り替えられた資産の「取替費用」を損金とする方法である。この方法の採用は，税務署長の承認が必要である（令49①，49③，規10）。

(f) 減量率償却法

漁網，活字用地金，なつ染用銅ロール，映画フィルムのような**減量率資産**については，減耗部分等の測定が容易であり，定額法・定率法（250％定率法または200％定率法）のほかに「減量率償却法」も適用することができる。**減量率償却法**とは，当該資産の特性に応じた減量率，損耗率または減価率等の特別な償却率で償却する方法である。なお，その償却率は所轄国税局長の承認を受けなければならない（令50①，50②，規12，13）。

償却限度額＝取得価額×特別な償却率

### ② 旧償却方法適用資産に係る旧償却方法
「旧償却方法適用資産」に係る**旧償却方法**は，「残存価額」を計算要素に含める点で「新償却方法」とは異なるが，基本的に同じである。

(a) 旧定額法（令48①一イ(1)）
償却限度額＝（取得価額－残存価額）×旧定額法の償却率
旧定額法の償却率＝1÷耐用年数

(b) 旧定率法
償却限度額＝未償却価額×旧定率法の償却率

$$旧定率法の償却率 = 1 - \sqrt[n]{\frac{残存価額}{取得価額}}$$

$n$＝耐用年数

(c) 旧生産高比例法

$$償却限度額 = (取得価額 - 残存価額) \times \frac{当期の採掘数量}{耐用年数期間内の採掘予定数量}$$

(d) 旧リース期間定額法

$$償却限度額 = 取得価額 \times \frac{当期の改定リース期間の月数}{改定リース期間の月数^{*}}$$

＊ 適用初年度期首の残存リース期間による月数

(e) 旧取替法
取得価額の50％相当額に達するまでの減価償却計算に適用される償却方法が旧定額法または旧定率法に基づく点で，「新取替法」と異なる。

(f) 減量率償却法
新旧償却方法に差異はない。

### ③ 特別な償却方法
営業権・生物以外の減価償却資産等につき，あらかじめ税務署長の承認を受けて，法人税法の定める償却方法以外の特別な償却方法（たとえば，「算術級数法」，「作業時間法」）を選定することができる（令48の4①，基通7−2−2～3）。

## (7) 減価償却方法の選定・届出

### ① 減価償却方法の選定

法人税法は，減価償却資産の種類に応じて適用可能な減価償却方法を定めている（令48，49の2，50）。

「新償却方法適用資産」に適用される**新償却方法**は，次のように選定・適用される。

(a) 建物（鉱業用建物・リース資産を除く）：定額法
(b) 建物以外の有形減価償却資産（鉱業用減価償却資産・リース資産を除く）：定額法または定率法（償却方法を選定しなかった場合，「定率法」が法定償却方法となる）
(c) 鉱業用減価償却資産（鉱業権・リース資産を除く）：定額法，定率法または生産高比例法（法定償却方法として「生産高比例法」）
(d) 無形固定償却資産（鉱業権・リース資産を除く）：定額法
(e) 鉱業権：定額法または生産高比例法（法定償却方法として「生産高比例法」）
(f) リース資産：リース期間定額法
(g) 取替資産：定額法，定率法または取替法（法定償却方法として「定率法」）
(h) 減量率資産：定額法，定率法または減量率償却法（法定償却方法として「定率法」）
(i) 生物：定額法
(j) 営業権：5年間均等償却法（月数按分を行わない）
(k) ソフトウェア：3年間均等償却法または5年間均等償却法（月数按分を行わない）

「旧償却方法適用資産」に適用される**旧償却方法**は，次のように選定・適用される。

(a) 有形減価償却資産（鉱業用減価償却資産・取替資産・減量率資産・下記(b)を除く）：旧定額法または旧定率法（償却方法を選定しなかった場合には，「旧定率法」が法定償却法となる）
(b) 平成10年4月1日以降に取得した建物：旧定額法
(c) 鉱業用減価償却資産（鉱業権を除く）：旧定額法，旧定率法または旧生産高比例法（法定償却法として「旧生産高比例法」）
(d) 無形固定資産（鉱業権・営業権・ソフトフェアを除く）：旧定額法
(e) 鉱業権…旧定額法または旧生産高比例法（法定償却法として「旧生産高比例法」）

(f) リース資産：旧リース期間定額法
(g) 取替資産：旧定額法，旧定率法または旧取替法（法定償却方法として「旧定率法」）
(h) 減量率資産：旧定額法，旧定率法または減量率償却法（法定償却方法として「旧定率法」）
(i) 生物：旧定額法
(j) 営業権：5年間均等償却法（月数按分を行わない）
(k) ソフトウェア：3年間均等償却法または5年間均等償却法（月数按分を行わない）

② 減価償却方法の選定届出・変更

「選定単位」ごとに選定した減価償却方法は，所轄税務署長に届け出なければならない。法人を設立した場合，新たに異なる種類の資産を取得した場合，新たに事業所を設けた場合等には，その日の属する事業年度の申告書の提出期限までに選定届出を行う必要がある。ただし，無形減価償却資産（鉱業権，営業権を除く）および生物は定額法，営業権は5年間均等償却法しか適用できないので，選定届出は不要である（令51②）。

選定した減価償却方法を変更する場合，新たな方法を採用しようとする事業年度の開始日の前日までに，その旨・変更理由等を記載した「変更申請書」を所轄税務署長に提出しなければならない。現に採用している償却方法を採用してから相当期間（3年間：基通7-2-4）を経過していないとき，変更しようとする償却方法では所得計算が適正に行われ難いと認められるときは，変更の申請が却下されることがある（令52）。

(8) 減価償却資産の償却限度額

① 普通償却における償却限度額

1) 償却限度額の計算

法人税法上，各事業年度の**償却限度額**は，当該資産について選定した償却方法に基づき，法定の「耐用年数」，「残存価額」または「備忘価額」および「取得価額」を基礎にして計算しなければならない。

「償却限度額」は，減価償却資産をその種類，用途，細目または設備の種類

（事業所別に償却方法を選定している場合には事業所）ごとに区別し，これを耐用年数の異なるごとにグルーピングして計算する（規18）。

法人税法は，法人が損金経理した減価償却費の金額のうち，税務上の「償却限度額」の範囲内で損金算入を認めている（法31①）。したがって，法人によって損金経理された減価償却額が法人税法上の償却限度額を超える場合，課税所得の計算上，その**償却超過額**は当期の「損金の額」に算入されない。翌期以降の償却限度額の計算では，その償却超過額だけ帳簿価額の減額がなかったものとして計算する（令62）。「旧定率法」または「250％定率法」と「200％定率法」による税務上の帳簿価額は，法人が計上している帳簿価額に税法上の償却超過額を加算した金額による（法31②）。

他方，**償却不足額**は当然に「損金の額」とはならない。しかも，翌期以降においてその償却不足額を余分に償却することはできない。この場合，単に償却期間が法定耐用年数よりも延長されるだけのことである。

＜設例＞

当期首に車両（取得価額：100万円，耐用年数：5年）を購入し，法人が当期に損金経理した減価償却費を(1) 60万円あるいは(2) 15万円と計上した場合，それぞれ当期と翌期の償却限度額を(a)定額法と(b) 200％定率法によって計算しなさい。

〔解答〕
(1) 当　期
　(a)　1,000,000×0.2＝200,000 円
　　償却超過額：600,000－200,000＝400,000 円

　（借）　減価償却の償却超過額　400,000　　（貸）　減価償却費　400,000

　(b)　1,000,000×0.4＝400,000
　　償却超過額：600,000－400,000＝200,000 円

　（借）　減価償却の償却超過額　200,000　　（貸）　減価償却費　200,000

　翌　期
　(a)　1,000,000×0.2＝200,000 円
　(b)　(400,000＋200,000)×0.4＝240,000 円
(2) 当　期
　(a)　1,000,000×0.2＝200,000 円

償却不足額：200,000 − 150,000 = 50,000 円
(b)　1,000,000 × 0.4 = 400,000
　　償却不足額：400,000 − 150,000 = 250,000 円
　　　＊償却不足額は，当期の所得計算に算入しない。
翌　期
(a)　1,000,000 × 0.2 = 200,000 円
(b)　850,000 × 0.4 = 340,000 円

### 2)　期中取得資産の償却限度額

　減価償却法として定額法，定率法または取替法を採用している減価償却資産を事業年度の中途で取得し，事業の用に供した場合，その**期中取得資産**については，事業の用に供した日から期末までの月数（1ヵ月未満の端数は1ヵ月とする）に応じて償却限度額を計算する（令59①）。すなわち，期中取得資産の償却限度額は**月数按分法**による。

$$償却限度額 = 当期の全期間分の償却限度額 \times \frac{取得後の月数}{事業年度の月数}$$

<設例>

　前設例において，当該車両を10月25日に購入したとする場合，(b) 200％定率法による償却限度額を計算しなさい。ただし，当社の事業年度は4月1日から翌年の3月31日までである。

〔解答〕

$$1,000,000 \times 0.4 \times \frac{6ヵ月}{12ヵ月} = 200,000 円$$

### 3)　過剰使用資産の増加償却における償却限度額

　通常の使用時間を超えて使用している機械・装置に関する**増加償却**の「償却限度額」は，下記算式によって計算する（令60，規20①）。

$$償却限度額 = 通常の償却限度額 \times (1 + 増加償却割合)$$

　増加償却割合は，小数点以下2位未満の端数は切り上げ，10％に満たない場合は「増加償却」を適用しない（令60，規20①）。

　なお，複数の機械・装置における1日当たりの超過使用時間は，次の(a)個々の機械・装置の取得価額の割合による計算方法，(b)個々の機械・装置の平均超

過使用時間による計算方法のうち，法人が選択したいずれかの時間である（規20②）。

(a) 個々の機械・装置の取得価額の割合による計算方法

下記算式により，個々の機械・装置ごとに計算した時間の合計時間を1日当たりの超過使用時間とする。

$$個々の機械・装置の平均超過使用期間 \times \frac{個々の機械・装置の取得価額}{その機械装置の取得価額}$$

(b) 個々の機械・装置の平均超過使用時間による計算方法

下記算式により計算した時間を1日当たりの超過使用時間とする。

$$\frac{個々の機械・装置の平均超過使用時間の合計}{個々の機械・装置の総数}$$

―<設例>―

A機械（取得価額18億円）とB装置（取得価額12億円）から成る製本設備の通常の使用時間は8時間，1年間の通常の使用日数は300日であり，当該事業年度におけるA機械の超過使用時間は2,040時間，B装置では1,050時間であった。当該設備の通常の償却限度額が6億円である場合，(a)取得価額の割合による計算方法および(b)平均超過使用時間による計算方法によって増加償却による償却限度額を計算しなさい。

〔解答〕

(a) 取得価額の割合による計算方法

個々の機械・装置の平均超過使用時間：
A機械：2,040時間÷300日＝6.8時間
B装置：1,050時間÷300日＝3.5時間

取得価額の割合による超過使用時間：

A機械：$6.8時間 \times \frac{18億円}{18億円＋12億円} ＝ 4.08時間$

B機械：$3.5時間 \times \frac{12億円}{18億円＋12億円} ＝ 1.4時間$

4.08時間＋1.4時間＝5.48時間

増加償却割合：

$5.48時間 \times \frac{35}{1,000} ＝ 0.1918 \rightarrow 0.20$

償却限度額：
600,000,000円×(1＋0.20)＝720,000,000円

(b) 平均超過使用時間による計算方法

個々の機械・装置の平均超過使用時間の合計額：

> 6.8 時間 + 3.5 時間 = 10.3 時間
> 単純平均した 1 日当たりの超過使用時間：
> 　10.3 時間 ÷ 2 台 = 5.15
> 増加償却割合：
> 　5.15 時間 × $\dfrac{35}{1,000}$ = 0.18025 → 0.19
> 償却限度額：
> 　600,000,000 円 × (1 + 0.19) = 714,000,000 円

② 租税特別措置法による特別償却

**特別償却**とは，法人税法の規定により計算された**普通償却限度額**のほかに，「租税特別措置法」（第 43 条から第 52 条）で認められる償却である。「特別償却」は，産業政策，中小企業政策，住宅政策等の種々の政策目的によって設けられている。その趣旨は，特定の減価償却資産について取得初年度または一定期間に特別に一定額だけ減価償却を拡大し，その事業年度における租税負担を軽減し，企業の内部留保を促進するためである。

「特別償却」には，特定の減価償却資産を取得して事業の用に供した事業年度において，普通償却限度額のほかに，特別償却限度額として(a)当該資産の「取得価額」の一定割合を一時に損金算入する**初年度特別償却**（**狭義の特別償却**ともいう），(b)当該資産の取得後一定期間（たとえば，5 年以内）に「普通償却限度額」の一定割合を損金算入する**割増償却**の二つの形態がある。「特別償却」が認められる資産の償却限度額は，「普通償却限度額」と「特別償却限度額」の合計額となる。

(a) 初年度特別償却の場合
　償却限度額 ＝ 普通償却限度額 ＋ 特別償却限度額
　**特別償却限度額** ＝ 取得価額 × 特別償却割合
(b) 割増償却の場合
　償却限度額 ＝ 普通償却限度額 ＋ 特別償却限度額
　**特別償却限度額** ＝ 普通償却限度額 × 割増償却割合

現在，青色申告法人に認められている「初年度特別償却」の適用対象資産と特別償却割合としては，たとえば，エネルギー需給構造改革推進設備等に 30％の特別償却割合が認められている（措法 42 の 5）。

＜設例＞

当社（青色申告法人，3月決算法人）は平成24年11月25日に汚水処理用の機械装置（取得価額：6,000万円，耐用年数：7年，200％定率法の償却率：0.286）を購入したので，16％の特別償却を行った。この場合の償却限度額を計算しなさい。

〔解答〕

普通償却限度額：60,000,000円 × 0.286 × $\frac{5}{12}$ = 7,150,000円

特別償却限度額：60,000,000円 × 0.16 = 9,600,000円

当期の償却限度額：7,150,000円 + 9,600,000円 = 16,750,000円

なお，特定地域における工業用機械等の特別償却については，一の生産設備を構成するものの取得価額の合計額が10億円を超える場合には，下記算式による金額が取得価額とみなされる（措法45①）。

個々の工業用機械等のみなし取得価額 = 10億円 × $\frac{個々の工業用機械等の取得価額}{工業用機械等の取得価額の合計額}$

＜設例＞

当社（青色申告法人，3月決算法人）は，離島振興対策実施地域として指定されたA市に工場を下記のように増設し，平成24年8月27日から操業した。特別償却（工業用の建物の特別償却割合：7％，機械装置の特別償却割合：11％）を行った場合，当期の償却限度額を計算しなさい。

〔解答〕
(a) 工業用の建物　取得価額924,000千円（耐用年数：31年，定額法の償却率：0.033）
(b) 機械装置　取得価額396,000千円（耐用年数：9年，200％定率法の償却率：0.222）

工業用の建物の償却限度額：

普通償却限度額：924,000千円 × 0.033 × $\frac{8}{12}$ = 20,328千円

特別償却限度額：10億円 × $\frac{924,000千円}{924,000千円 + 396,000千円}$ = 700,000千円

700,000千円 × 7％ = 49,000千円

機械装置の償却限度額：

普通償却限度額：396,000千円 × 0.222 × $\frac{8}{12}$ = 58,608千円

特別償却限度額：10 億円 × $\dfrac{396,000 \text{ 千円}}{924,000 \text{ 千円} + 396,000 \text{ 千円}}$ = 300,000 千円

300,000 千円 × 11% = 33,000 千円

当期の償却限度額：
20,328 千円 + 49,000 千円 + 58,608 千円 + 33,000 千円 = 160,936 千円

なお，青色申告法人が障害者を雇用する場合の機械等，事業所内託児施設等，優良賃貸住宅等，特定再開発建築物等には，**割増償却**が認められている（措法 46 の 2 ①，措法 46 の 3，措法 47 の 2 ①）。ただし，「優良賃貸住宅等」の割増償却は，白色申告法人に対しても適用できる（措法 47 ①）。

─〈設例〉─

当社（白色申告法人，3 月決算法人）は，下記の新築賃貸マンション（特定優良賃貸住宅）を平成 24 年 10 月 25 日に取得し，賃貸した。割増償却（特別償却割合：15%，耐用年数 35 年以上の場合：20%）を行った場合の償却限度額を計算しなさい。

〔解答〕
(a) 鉄筋コンクリート造建物　取得価額 670,000 千円（耐用年数 47 年，定額法の償却率 0.022）
(b) 附属設備　取得価額 120,000 千円（耐用年数 15 年，200%定率法の償却率 0.133）

建物償却限度額：

普通償却限度額：670,000 千円 × 0.022 × $\dfrac{6}{12}$ = 7,370 千円

特別償却限度額：7,370 千円 × 20% = 1,474 千円

附属設備の償却限度額：

普通償却限度額：120,000 千円 × 0.133 × $\dfrac{6}{12}$ = 7,980 千円

特別償却限度額：7,980 千円 × 15% = 1,197 千円

当期の償却限度額：
7,370 千円 + 1,474 千円 + 7,980 千円 + 1,197 千円 = 18,021 千円

特別償却を行った事業年度では，これに見合う税額は減少するが，当該資産の帳簿価額はそれだけ減額されているので，特別償却を実施しなかった場合に比べて，その後の事業年度における償却限度額が小さくなるか，残存価額に達して償却できなくなる時期が早くなる。これによって将来の税額は増加するので，「特別償却」は，減価償却制度を利用した**課税繰延措置**（納税の延期）で

あり，国家からの**無利息融資効果**をもつ。

なお，普通償却の「償却不足額」は翌期へ繰り越しできなかったのに対し，特別償却に係る「償却不足額」については，青色申告法人に限り，1年間の**繰越償却**が認められる。つまり，前期から繰り越された**特別償却不足額**（損金算入した金額が償却限度額に満たない場合の差額のうち，その特別償却限度額に達するまでの金額を前期以前に損金算入しなかった金額）がある場合，当期の償却限度額は普通償却限度額に特別償却不足額を加算した金額である（措法52の2②）。下記(イ)と(ロ)のいずれか少ない金額が「特別償却不足額」となる。

(イ) （普通償却限度額＋特別償却限度額）－損金の額に算入された金額
(ロ) 特別償却限度額

定額法を採用している場合，その事業年度の普通償却限度額と前期から繰り越された特別償却不足額の合計額である。200％定率法を採用している場合には，特別償却不足額が既に償却されているとみなして，下記算式のように普通償却限度額を計算する。

償却限度額＝（期首帳簿価額－特別償却不足額）×200％定率法の償却率
　　　　　＋特別償却不足額

---

**＜設例＞**

前記設例（特定優良賃貸住宅）において，建物・附属設備に割増償却（それぞれ1,474千円，1,197千円）を行わなかったと仮定した場合，次期（平成26年3月31日）の償却限度額を計算しなさい。

(a) 建物の償却限度額
　　特別償却不足額：1,474千円
　　普通償却限度額：670,000千円×0.022＝14,740千円
　　特別償却限度額：14,740千円×20％＝2,948千円
(b) 附属設備の償却限度額
　　特別償却不足額：1,197千円
　　普通償却限度額：（120,000千円－7,980千円－1,197千円）×0.133
　　　　　　　　　　＝14,739,459円
　　特別償却限度額：14,739,459円×15％＝2,210,919円
　　次期の償却限度額：14,740,000円＋2,948,000円＋14,739,459円＋2,210,919円＋
　　　　　　　　　　 1,474,000円＋1,197,000円＝37,309,378円

特別償却は，普通償却の場合と同様に，原則として，帳簿価額を直接減額するか，間接法により減価償却累計額を損金経理するかのいずれかによる。ただし，剰余金処分または損金経理の方法により特別償却限度額以下の金額を**特別償却準備金**として積み立てたときは，その積立額は当該事業年度の損金の額に算入される（措法52の3①）。

損金算入金額が特別償却限度額に満たない場合には，その**積立不足額**は1年以内に特別償却準備金として積み立てることができる（措法52の3②）。

なお，特別償却準備金積立額を剰余金の処分または損金経理により設定した「特別償却準備金」は，積み立てた事業年度の翌事業年度から，その積立てを行った事業年度ごとに区分した金額ごとに，7年間で均等額ずつ取り崩して益金に算入しなければならない（措法52の3④）。

― <設例> ―

特別償却の機械設備の初年度特別償却限度額2,800万円を，(a)剰余金の処分と(b)損金経理により特別償却準備金として積み立てた場合の仕訳を示しなさい。なお，(c)翌期7年間にわたる特別準備金の取崩しの仕訳も示しなさい。

〔解答〕

| | | | | | | |
|---|---|---|---|---|---|---|
| (a) | (借) | 繰越利益剰余金 | 28,000,000 | (貸) | 特別償却準備金 | 28,000,000 |
| (b) | (借) | 特別償却準備金積立額 | 28,000,000 | (貸) | 特別償却準備金 | 28,000,000 |
| (c) | (借) | 特別償却準備金 | 4,000,000 | (貸) | 特別償却準備金取崩益 | 4,000,000* |

$* \ 28,000,000 \times \dfrac{12}{84} = 4,000,000$

### (9) 固定資産の除却等

固定資産の除却等（除却，廃棄，滅失，譲渡）が行われた場合，**除却損益**の金額は，除却等が行われた固定資産の帳簿価額（＝取得価額－減価償却累計額）に基づいて計算される。

個別償却資産の**除却価額**は，個々の資産の個別耐用年数を基礎として算定された除却時の帳簿価額（未償却残高）に相当する金額である（基通7-7-5）。

「総合償却資産」を構成する個々の資産の一部について，除去等を行った場合には，除去損益の計算基礎となる「除去価額」は，次のような(a)原則計算法

と(b)特例計算法によって計算される。
　(a)　5％除却法（原則計算法）
　**5％除却法**とは，除却等が行われた資産の取得価額の5％相当額を除去価額とする方法である（基通7-7-3）。
　(b)　特例計算法
① **未償却残額除却法**
　継続適用を条件として，下記とのいずれかの金額を除却価額とみなす**未償却残額控除法**を採用することができる（基通7-7-3の2）。
　　(イ)　除去等を行った資産の個別耐用年数を基礎として算定される除却時の未償却残額
　　(ロ)　除去等を行った資産が構成する総合償却資産の総合耐用年数を基礎として算定される除却時の未償却残額
② **配賦簿価除却法**
　**配賦簿価除却法**とは，総合償却資産の償却費の額を，総合償却資産を構成する資産に合理的基準に基づいて配賦し，その帳簿価額を基礎として個々の資産の除却価額を算定する方法である（基通7-7-3の3）。
　使用を廃止したが，廃棄，破砕（はさい），解撤等を行っていない固定資産の場合，使用価値を喪失したことが明確であるものについて，現状有姿のまま除却することを**有姿除却**という。下記条件を満たす固定資産には「有姿除却」が認められ，当該資産の廃棄等が行われていない場合であっても，帳簿価額から処分見込額を控除した金額を**除却損**として損金の額に算入できる（基通7-7-2）。
　　(イ)　その使用を廃止し，今後，通常の方法により事業の用に供する可能性がないと認められる。
　　(ロ)　特定の製品の生産のために専用されていた金型等であり，当該製品の生産を中止したことにより将来使用される可能性がほとんどないことがその後の状況等からみて明らかなものである。

## 4　固定資産の圧縮記帳損

### (1)　圧縮記帳の意義

　法人が国庫補助金，工事負担金等の交付を受けた場合，企業会計上では資本剰余金とされるが，法人税法では「資本等取引」を対株主取引に限定しているので，資本等取引とはみなされず**受贈益**として益金の額に算入される。

　しかし，益金に算入されれば，ただちに課税の対象となるので，補助金等本来の目的が失われることになり，目的とする資産の取得が困難となる。そこで法人税法では，当該資産等の取得価額を減額（圧縮）して記帳し，その減額した部分の金額を損金の額に算入する（すなわち，**圧縮記帳損**として計上する）ことによって，その取得年度の所得計算上，「受贈益」と「圧縮記帳損」を相殺し，所得がなかったと同様の効果をもたらす**圧縮記帳**が容認されている。

　固定資産の帳簿価額が実際の取得価額より受贈益相当額（ただし，一定の圧縮限度額）だけ低く記帳されるので，減価償却資産である場合には，圧縮した帳簿価額を基礎価額として償却するため，損金としての減価償却費は本来の取得価額によって計算する減価償却費よりも少なくなる。したがって，圧縮後の

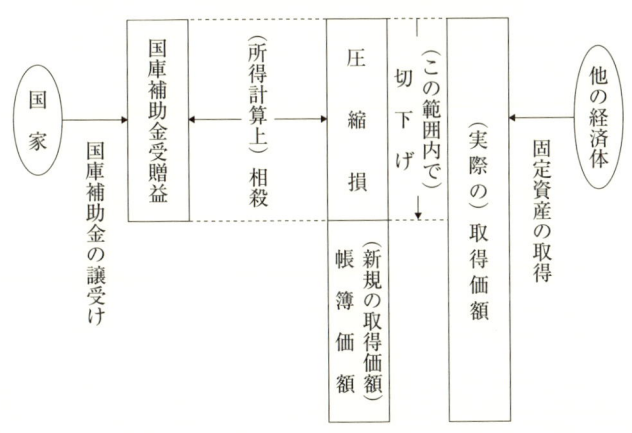

**図表 2-9　圧縮記帳の構造（国庫補助金の場合）**

帳簿価額による減価償却費と本来の取得価額による減価償却費との差額は，取得年度以降の各事業年度に課税されることになる。また，土地等の非償却資産である場合には，譲渡された時点で受贈益相当額部分に対し課税が行われる。

このように，圧縮記帳は，国庫補助金等を受け入れたときに課税されるべき法人税を一時に課税せず，固定資産の耐用年数期間にわたって徐々に課税していくか，譲渡時に一時に課税するという課税繰延のテクニックである。

法人税法（国庫補助金等，工事負担金，保険差益，交換差益等）および租税特別措置法（収用換地等）が，「圧縮記帳」を認めている。「租税特別措置法」によって圧縮記帳を行った資産には，原則として，「特別償却」または「税額控除」は適用できない。

### (2) 国庫補助金等と工事負担金

法人が，国または地方公共団体からの補助金等の交付を受け，その**国庫補助金等**で固定資産の取得または改良に充当した場合，当該補助金等の返済を要しないことが確定すれば，圧縮記帳を行うことができる（法42①）。

―<設例>―――
　国庫補助金2億円を受け取り，建物6億円を取得した。なお，国庫補助金は返済不要であるので，圧縮記帳を行う。

| | | |
|---|---|---|
| （借）現 金 預 金　200,000,000 | （貸）国庫補助金受贈益　200,000,000 |
| 　　　建　　　　物　600,000,000 | 　　　現 金 預 金　600,000,000 |
| 　　　建物圧縮損　200,000,000 | 　　　建　　　　物　200,000,000 |

国庫補助金の返還を要しないことが確定していないときは，一応**特別勘定**で損金に算入し，返還不要が確定した場合に「特別勘定」を取り崩すとともに，圧縮記帳することができる（法43①～③，44①）。特別勘定を設けた場合の減価償却費は，固定資産の取得価額に基づいているので，この場合の圧縮限度額は次の算式による（基通10-2-2）。

$$圧縮限度額 = \text{返還不要が確定した日の固定資産の帳簿価額} \times \frac{\text{返還を要しないことになった国庫補助金の額}}{\text{固定資産の取得（または改良）に要した金額}}$$

<設例>

(1) 前記設例において，期末に国庫補助金2億円の返還を要しないことが未確定である。なお，定額法により，1,200万円の減価償却を行う。

| (借) | 現　金　預　金 | 200,000,000 | (貸) | 国庫補助金受贈益 | 200,000,000 |
|---|---|---|---|---|---|
| | 建　　　　　物 | 600,000,000 | | 現　金　預　金 | 600,000,000 |
| | 特別勘定繰入損 | 200,000,000 | | 国庫補助金特別勘定 | 200,000,000 |
| | 減価償却費 | 12,000,000 | | 減価償却累計額 | 12,000,000 |

(2) 翌々年度の期首に，国庫補助金の返還に要しないことが確定した。

| (借) | 国庫補助金特別勘定 | 300,000,000 | (貸) | 特別勘定取崩額 | 300,000,000 |
|---|---|---|---|---|---|
| | 建物圧縮損 | 192,000,000 | | 建　　　　物 | 192,000,000* |

$* (600,000,000 - 12,000,000 \times 2) \times \dfrac{200,000,000}{600,000,000} = 192,000,000 \text{円}$

電気・ガス・水道事業・鉄道等に係る事業を営む法人が，当該事業に必要な施設を設けるために，電気・ガス・水の需要者，鉄道の利用者等その他当該施設によって便益を受ける者から金銭または資材（**工事負担金**）の交付を受けた場合，圧縮記帳を行うことができる（法45①）。なお，工事負担金の圧縮記帳の会計処理は，国庫補助金等と同じである。

### (3) 保険差益

固定資産の滅失または損壊により，保険金・損害賠償金等の支払いを受け，その固定資産の帳簿価額と保険金等の間に差額がある場合，この差額を**保険差益**という。法人税法では，「保険差益」は資本等取引によるものではないので，益金とみなされる。

しかし，保険金等を受け取ったときに保険差益が課税対象となると，固定資産の再取得が困難となるので，被害を受けた事業年度に保険金等をもって代替資産を取得した場合，その代替資産について圧縮限度額の範囲内で損金算入が認められる（法47①，令85）。

保険差益＝(受取保険金額－減失等による支出経費)－被害直前の帳簿価額

$$圧縮限度額＝保険差益 \times \frac{保険金のうち代替資産取得（または改良）に当てた金額}{受取保険金額－減失等による支払経費}$$

―＜設例＞―

(a)建物（帳簿価額4,200万円）が全焼し，火災にあった建物の取壊し費，整理費，消防費等250万円が支払われた。(b)保険会社より保険金7,000万円を受け取った。(c)新築建物の取得価額は9,000万円であり，圧縮記帳を行う。

| | | | | | | |
|---|---|---|---|---|---|---|
| (a) | (借) | 火災未決算勘定　42,500,000 | (貸) | 建　　　　物 | 42,000,000 |
| | | | | 現　金　預　金 | 2,500,000 |
| (b) | (借) | 現　金　預　金　70,000,000 | (貸) | 火災未決算勘定 | 42,500,000 |
| | | | | 保　険　差　益 | 27,500,000 |
| (c) | (借) | 建　　　　物　　90,000,000 | (貸) | 現　金　預　金 | 90,000,000 |
| | | 建物圧縮損　　27,500,000* | | 建　　　　物 | 27,500,000 |

$$* \ 27,500,000 \times \frac{70,000,000 - 2,500,000}{70,000,000 - 2,500,000} = 27,500,000 \ 円$$

被害を受けた事業年度中に代替資産の取得が困難であり，圧縮記帳が認められない場合もある。保険金等の受取年度の翌事業年度開始日から2年経過した日の前日までの期間内に，保険金等をもって代替資産の取得が予定されているときは，「特別勘定」により損金経理を行い，代替資産の取得年度にその特別勘定を取り崩すとともに，圧縮記帳を行うことができる（法48①～③）。

―＜設例＞―

(1) 建物（取得価額5,000万円）が全焼し，保険金8,000万円を受け取った。今年度中に代替資産を取得できないので，圧縮記帳を行うことができないが，2年以内に新築できる予定である。

| | | | | |
|---|---|---|---|---|
| (借) | 火災未決算勘定　50,000,000 | (貸) | 建　　　　物 | 50,000,000 |
| | 現　金　預　金　80,000,000 | | 火災未決算勘定 | 50,000,000 |
| | | | 保　険　差　益 | 30,000,000 |
| | 特別勘定繰入額　30,000,000 | | 保険差益特別勘定 | 30,000,000 |

(2) 次年度に建物が新築され、その取得価額は9,000万円であった。

| (借) | 建　　　　　物 | 90,000,000 | (貸) | 現　金　預　金 | 90,000,000 |
|---|---|---|---|---|---|
| | 保険差益特別勘定 | 30,000,000 | | 特別勘定取崩額 | 30,000,000 |
| | 建 物 圧 縮 損 | 30,000,000 | | 建　　　　　物 | 30,000,000 |

### (4) 交換差益

　法人が1年以上所有していた固定資産のうち、①土地（地上権、賃借権、農地耕作権を含む）、②建物（付属設備・構築物を含む）、③船舶、④機械および装置、⑤鉱業権（租鉱権、採石権等を含む）を他の者と同種の資産と交換し、譲渡資産と同一の用途に供した場合、取得資産について**交換差益**の範囲内で損金経理による圧縮記帳が認められる（法50①）。この交換差益に課税が行われると、交換による資産の取得が困難となるため、圧縮記帳による「課税繰延」が行われる。ただし、交換時における取得資産の時価と譲渡資産の時価との差額が、取得資産の時価と譲渡資産の時価の多い金額の20％を超えるときは、「交換」として取り扱われず、圧縮記帳の制度は適用されない（法50②）。

　取得資産の時価と譲渡資産の時価が等しい場合、圧縮限度額は次の算式によって計算する（令92①）。

　　　　圧縮限度額＝取得資産の時価－（譲渡資産の譲渡直前の帳簿価額＋譲渡経費）

　上記算式における**譲渡経費**には、譲渡資産に係る経費（仲介手数料、取りはずし費、荷役費、運送保険料等）のほか、建物等を取り壊した場合には、当該建物等の帳簿価額・取壊し費（取壊しに伴い借家人に支払った立退料を含む）が含まれる。

＜設例＞

　建物を交換し、譲渡資産と取得資産は同種・同用途であるので、圧縮記帳を行った。

　(イ) 譲渡資産　帳簿価額　4,500万円　時価　8,000万円　譲渡経費　540万円
　(ロ) 取得資産　　　　　　　　　　　時価　8,000万円

|（借）|建　物|80,000,000|（貸）|建　物|45,000,000|
|||||交換差益|35,000,000|
||譲渡経費|5,400,000||現金預金|5,400,000|
||建物圧縮損|29,600,000||建　物*|29,600,000|

＊80,000,000 − (45,000,000 + 5,400,000) = 29,600,000

　交換に際し，等価交換でないため，取得資産とともに**取得交換差金等**（時価が異なる場合に収受される金銭その他の資産）を取得する場合，圧縮限度額は次の算式によって計算する（令92②一）。

$$圧縮限度額 = 取得資産の時価 - \left\{ \begin{pmatrix} 譲渡資産の \\ 譲渡直前の \\ 帳簿価額 \end{pmatrix} + 譲渡経費 \right\} \times \frac{取得資産の時価}{取得資産の時価 + 交換差金等} + 取得経費 \right\}$$

─＜設例＞──────────────────

土地を交換し，土地を取得するとともに交換差金も取得した。

(イ) 譲渡資産　帳簿価額　1,000万円　時価　4,000万円　譲渡経費　200万円
(ロ) 取得資産　　　　　　　　　　　時価　3,400万円
(ハ) 取得交換差金等　　　　　　　　　　　　600万円
　＊交換差金等600万円は，取得資産の時価と譲渡資産の時価のうち多い価額（4,000万円）の20％以内であるので，圧縮記帳が適用できる。

|（借）|土　地|34,000,000|（貸）|土　地|10,000,000|
||現金預金|6,000,000||交換差益|30,000,000|
||譲渡経費|2,000,000||現金預金|2,000,000|
||土地圧縮損|23,800,000||土　地*|23,800,000|

＊ $34,000,000 − (10,000,000 + 2,000,000) \times \dfrac{34,000,000}{34,000,000 + 6,000,000} = 23,800,000$

　譲渡資産の時価と取得資産の時価が異なるため，譲渡資産とともに交付交換差金等（交付する金銭その他の資産）を譲渡した場合には，次の算式によって圧縮限度額を算定する（令92②二）。

$$圧縮限度額 = 取得資産の時価 - \begin{pmatrix} 譲渡資産の \\ 譲渡直前の \\ 帳簿価額 \end{pmatrix} + 譲渡経費 + 交換差金等 \end{pmatrix}$$

<設例>
土地を交換し，土地を譲渡するとともに交換差金も交付した。

(イ) 譲渡資産　帳簿価額　3,500万円　時価　8,500万円　譲渡経費　270万円
(ロ) 取得資産　　　　　　　　　　　時価　9,000万円
(ハ) 交付交換差金等　　　　　　　　　　500万円
　＊交換差金等500万円は，取得資産の時価と譲渡資産の時価のうち多い価額（9,000万円）の20％以内であるので，圧縮記帳が適用できる。

| (借) | 土　　地 | 90,000,000 | (貸) | 土　　地 | 35,000,000 |
| | | | | 現金預金 | 5,000,000 |
| | | | | 交換差益 | 50,000,000 |
| | 譲渡経費 | 2,700,000 | | 現金預金 | 2,700,000 |
| | 土地圧縮損 | 47,300,000 | | 土　　地 | 47,300,000 |

＊90,000,000 −（35,000,000 + 2,700,000 + 5,000,000）= 47,300,000円

## (5) 収用換地等による代替資産等の圧縮記帳

土地収用法，都市開発法，農地法等の法律によって，資産が収用，買収，換地処分または権利変換を受け，補償金（移転補償金，収益補償金，経費補償金等），対価，清算金をもって代替資産または交換資産を取得した場合，代替資産または交換資産の取得価額を譲渡資産の帳簿価額まで圧縮記帳することによって，圧縮額の損金算入が認められている（措法64①）。

原則として，譲渡資産と同種の代替資産を取得することを要件とするが，事業の用に供される減価償却資産，土地等でもよい。課税特例の対象となる資産には，棚卸資産は含まない。圧縮限度額は，下記算式によって計算される。

　　　圧縮限度額 ＝ 代替資産の取得価額 × 差益割合＊

$$＊差益割合 = \frac{（補償金等の額 − 譲渡経費）− 譲渡資産の帳簿価額}{補償金等の額 − 譲渡経費}$$

<設例>
土地収用法により，土地（帳簿価額1,000万円）が収用され，補償金5,000万円を取得し，代替資産として土地を5,000万円で購入した。

| （借） | 土地譲渡原価 | 10,000,000 | （貸） | 土　　　　地 | 10,000,000 |
| --- | --- | --- | --- | --- | --- |
| | 現　金　預　金 | 50,000,000 | | 土地譲渡収益 | 50,000,000 |
| | 土　　　　地 | 50,000,000 | | 現　金　預　金 | 50,000,000 |
| | 土地圧縮損 | 40,000,000 | | 土　　　　地 | 40,000,000 |

## 5　繰延資産の償却費

　法人税法上，**繰延資産**とは，法人が支出する費用のうち，支出の効果がその支出の日以後1年以上に及ぶもので，政令で定めるものをいう（法2二十五）。法人税法で認められる繰延資産は，会社法で限定列挙している繰延資産よりもその範囲が広く，次のとおりである（令14①）。

① 創　立　費
② 開　業　費
③ 開　発　費
④ 株式交付費
⑤ 社債等発行費
⑥ その他の繰延資産（次に掲げる費用で，支出の効果が支出の日以後1年以上に及ぶものであり，**6号繰延資産**という）
　(a) 自己が便益を受ける公共的施設または共同的施設の設置または改良のために支出する費用（たとえば，道路の舗装費，堤防・護岸等の建設費，法人が所属する協会・組合・商店街等が共同で設立するアーケード，会館，すずらん燈などの負担金）（基通8－1－3～4）
　(b) 資産を賃借し，または使用するために支出する権利金，立退料その他の費用（たとえば，建物等を賃借するために支出する権利金，立退料，手数料その他費用，電子計算機・一般事務機器類の賃借に伴って支出する引取運賃，関税，据付費その他の費用）（基通8－1－5）
　(c) 役務の提供を受けるために支出する権利金その他の費用（たとえば，ノーハウの頭金）（基通8－1－6）
　(d) 製品等の広告宣伝の用に供する資産を贈与したことにより生ずる費用（たとえば，特約店等に対する広告宣伝用の看板，ネオン・サイン）（基通8－1－8）

(e) 上記のほかに，自己が便益を受けるために支出する費用（基通8-1-9～12）
　(イ) スキー場のゲレンデ整備費用（スキー場に係る土地をゲレンデとして整備するために立木の除去，地均し，沢の埋立て，芝付け等の工事費用）
　(ロ) 出版権の設定の対価（たとえば，漫画の主人公を商品のマーク等として使用する等，他人の著作物の利用について著作権者等の許諾を得るために支出する一時金は，これに準じて取り扱う）
　(ハ) 同業者団体等（社交団体を除く）の加入金
　(ニ) 職業運動選手等の契約金等（なお，セールスマン・ホステス等の引抜料・仕度金等の額は，支出年度の損金の額に算入することができる）

繰延資産の**償却**は，減価償却資産の減価償却と同じように，法人が償却費として損金経理した金額のうち，税法上の「償却限度額」に達するまでの金額を損金の額に算入する（法32①）。この場合の償却限度額は，次のような繰延資産の区分に応じ，当該資産の支出の効果の及ぶ期間を基礎として計算する。

(a) 自由償却が認められる繰延資産

繰延資産のうち，創立費，開業費，開発費，株式交付費，社債等発行費については，その繰延資産の金額（未償却残高）がそのまま償却限度額となる（令64①一）。すなわち，会社法が限定列挙している繰延資産については，償却の時期と償却の額を法人の計算に任せる**自由償却**による。

(b) 均等償却すべき繰延資産

上記(a)以外の繰延資産の償却限度額は，その費用の支出の効果の及ぶ期間に応じて均等に計算した額である。すなわち，**6号繰延資産**については，その繰延資産の額を支出の効果の及ぶ期間の月数で除し，これにその事業年度の月数（端数切上げ）を乗じた金額が償却限度額となる（令64①二，令64②）。

$$償却限度額 = 繰延資産の額 \times \frac{当期の月数（支出年数から期末までの月数）}{その費用の支出の効果の及ぶ期間の月数}$$

＜設例＞
1月10日に商店街の共同アーケード建設に際して，負担金300万円（償却期限：5年）を現金で支払っていたが，3月31日の決算に際し，償却を行う。

**図表2-10　6号繰延資産の償却年数**

| 種類 | 細目 | 償却期間 |
|---|---|---|
| 公共的施設等の負担金 | 公共的施設の設置または改良のために支出した費用／負担者専用の場合 | その施設等の耐用年数の70% |
| | 公共的施設の設置または改良のために支出した費用／その他の場合 | その施設等の耐用年数の40% |
| | 共同的施設の設置または改良のために支出した費用／負担者等の共同的なもの | その施設等の耐用年数の70%（土地取得部分は45年） |
| | 共同的施設の設置または改良のために支出した費用／一般公衆も利用できる共用的なアーケード，日よけ等 | 5年（その施設等の耐用年数が5年未満の場合はその年数） |
| 資産を賃借するための権利金等 | 建物の新築に際し，その所有者に支払った権利金等 | その建物の耐用年数の70%／5年（その施設等の耐用年数が5年未満の場合はその年数） |
| | 賃借に際して支払った上記以外の権利金で，借家権として転売できるもの | その建物の耐用年数の70% |
| | その他の権利金等 | 5年（その賃借期間が5年未満の場合は，その年数） |
| | 電子計算機その他の機器の賃借に伴って支出する費用 | その機器の耐用年数の70%（その年数が賃借期間を超えるときはその賃借期間） |
| 役務提供の権利金等 | ノーハウの頭金 | 5年（有効期間が5年未満の場合はその期間） |
| 広告宣伝用資産 | 広告宣伝の用に供する資産を贈与したことにより生ずる費用 | その資産の耐用年数の70%（その年数が5年を超えるときは5年） |
| 自己が便益を受けるための費用 | スキー場のゲレンデ整備費用 | 12年 |
| | 出版権の設定の対価 | 設定契約に定める期間（定めがない場合は3年） |
| | 同業者団体等の加入金 | 5年 |
| | 職業運動選手等の契約金等 | 契約期間（契約期間がない場合は3年） |

＊償却年度数に1年未満の端数が生じた場合は，その端数を切り捨てる。

> （借）共同施設費用負担金償却　150,000　（貸）共同施設費用負担金　150,000*
>
> ＊$3,000,000 \times \frac{3}{60} = 150,000$ 円

## 6　資産の評価損

　資産の評価換えをして帳簿価額を減額した場合には，その減額した部分の金額は，損金の額に算入しない（法33①）。ただし，資産（預金，貯金，貸付金，売掛金その他の債権を除く）につき災害による著しい損傷その他の政令で定める特別な事実が生じた場合，**資産評価損**を損金の額に算入できる（法33②）。

① 棚卸資産の評価損
　(a)　災害により著しく損傷した場合
　(b)　著しく陳腐化した場合（たとえば，(イ)売れ残った季節商品で，既往の実績等から今後通常の価額では，明らかに販売できなくなった場合，(ロ)形式，性能，品質等が著しく異なる新製品が発売されたため，今後通常の方法によって販売できなくなった場合）
　(c)　その法人について，「会社更生法」または「金融機関等の更生手続の特例等に関する法律」の規定による更生計画認可の決定があったことにより，棚卸資産につき評価換えする必要が生じた場合
　(d)　上記(a)から(c)までに準ずる特別な事実が生じた場合（たとえば，(イ)破損・型崩れ・店晒し・品質変化等により通常の方法によっては販売できなくなった場合，(ロ)「民事再生法」の規定による再生手続開始の決定があったことにより，棚卸資産につき評価換えをする必要が生じた場合）
　　（基通9-1-5）

物価変動，過剰生産，建値の変更等による時価の低下による「評価損」は，損金算入は認められない（基通9-1-6）。

② 有価証券の評価損
　(e)　売買目的有価証券の価額が著しく低下した場合

(f) 売買目的有価証券以外の有価証券について，その有価証券の発行法人の資産状態が著しく悪化したため，その価額が著しく低下した場合
(g) その法人について，「会社更生法」または「金融機関等の更生手続の特例等に関する法律」の規定による更生計画認可の決定があったことにより，有価証券の評価換えをする必要が生じた場合
(h) 上記(e)または(g)に準ずる特別の事実が生じた場合

上記(e)・(f)における「価額の著しい低下」とは，当該有価証券の期末時における価額が帳簿価額のおおむね50%相当額を下回り，かつ，近い将来の価額の回復が見込まれないことをいう（基通9-1-7, 9-1-11）。

③ 固定資産の評価損
 (i) 災害により著しく損傷した場合
 (j) 1年以上にわたり遊休状態にある場合
 (k) 本来の用途に使用できないため，他の用途に使用された場合
 (l) 所在場所の状況が著しく変化した場合
 (m) その法人について，「会社更生法」または「金融機関等の更生手続の特例等に関する法律」の規定による更生計画認可の決定があったことにより，固定資産の評価換えをする必要が生じた場合
 (n) 上記(i)から(m)までに準ずる特別の事実が生じた場合

④ 繰延資産の評価損
 (o) 繰延資産のうち，他の者の有する固定資産を利用するために支出されたものについて次の事実が生じた場合
  (イ) その繰延資産となる費用の支出の対象となった固定資産につき，上記(i)から(l)までに掲げる事実が生じた場合
  (ロ) 法人について「会社更生法」または「金融機関等の更生手続の特例等に関する法律」の規定による更生計画認可の決定があったことにより，その繰延資産につき評価換えをする必要が生じた場合
  (ハ) 上記(イ)または(ロ)に準ずる特別な事実が生じた場合
 (p) 上記(o)に該当しない繰延資産の場合には，(o)に掲げる事実およびそれ

に準ずる特別の事実が生じた場合

## 7 貸倒損失

　売掛金，貸付金，その他これらに準ずる債権（**金銭債権**という）について，貸倒れが生じた場合，**貸倒損失**として損金の額に算入できる。「その他これらに準ずる債権」には，次のものが含まれる（基通11-2-16）。
① 未収の譲渡代金，未収加工料，未収請負金，未収手数料，未収保管料，未収地代家賃等または貸付金の未収利子で益金に算入されたもの
② 他人のための立替金
③ 未収の損害賠償金で益金算入のもの
④ 保証債務を履行した場合の求償権
⑤ 売掛金，貸付金等について取得した先日付(さきひづけ)小切手

　なお，売掛金，貸付金等の**売掛債権等**（既存債権）について取得した受取手形を裏書譲渡（割引を含む）した場合，当該既存債権を売掛債権等に該当するものとして取り扱う（基通11-2-17）。

　「貸倒損失」には「債務確定主義の原則」が採用され，次のような税務処理が行われる（基通9-6-1〜3）。
(1) 下記事実または法律により金銭債権の一部または全部が切り捨てられた場合には，金銭債権は，損金経理の有無に係らず，損金（**一部・全部貸倒損失**）に算入される。
　① 「会社更生法」または「金融機関等の更生手続の特例等に関する法律」による更生計画認可の決定または「民事再生法」による再生計画認可の決定があった場合，その切り捨てられることになった部分の金額
　② 会社法の規定による特別清算に係る協定の認可の決定があった場合，その切り捨てられることになった部分の金額
　③ 法令の規定による整理手続によらない関係者の協議決定に基づいて，次に掲げるものにより切り捨てられることになった部分の金額
　　(イ) 債権者集会の協議決定で合理的な基準により債務者の負債整理を定めているもの
　　(ロ) 行政機関または金融機関その他第三者の斡旋による当事者間の協議により締結された契約で，その内容がに準ずるもの

④ 債務者の債務超過の状態が相当期間継続し，その貸金等の弁済を受けることができないと認められる場合，その債務者に対し書面により明らかにされた債務免除額

(2) 金銭債権が全額回収不能の場合には，全額損金（**全額貸倒損失**）に算入される。

債務者の資産状況，支払能力等からみて金銭債権全額を回収できないと認められる場合には，損金経理により「全額貸倒れ」とすることができる。なお，担保物がある場合には，その担保物を処分した後に貸倒れとして損金経理しなければならない。

(3) **売掛債権**（売掛金，未収請負金，これらに準ずる債権をいい，貸付金等を含まない）について債務者に次に掲げる事実が発生した場合には，売掛債権から備忘価額（1円）を残し，それを控除した残額を損金経理（**備忘価額貸倒損失**）により貸倒れとすることができる。

① 債務者との取引を停止したとき以後1年以上を経過したこと（当該売掛債権について担保物のある場合を除く）
② 同一地域において有する売掛債権の総額が，その取立てのために要する旅費その他の費用に満たない場合に，支払いを督促しても弁済がないこと

## 8　引当金繰入額および準備金積立額

### (1)　貸倒引当金繰入額

平成24年4月1日以後における貸倒引当金の繰入適用法人は，①**中小法人等**（資本金1億以下の普通法人（資本金5億円以上の大法人による完全支配子会社を除く），資本・出資を有しない法人，公益法人等または協同組合等，人格のない社団等），②**銀行，保険会社等**，③**売買とみなされるリース資産の対価に係る金銭債権を有する法人等**に限定された（附則13）。**貸倒引当金**の繰入限度額については，①**個別評価金銭債権**に対する回収不能見込額の貸倒引当金繰入額，②**一般売掛債権等**に対する貸倒実績率による一括評価による貸倒引当金繰入額が認められている（法52）。

なお，繰入適用法人から除外された**大法人**（資本金が1億円を超える普通法人）に対する繰入限度額は，暫定措置として，平成24年4月1日から平成25年3月31日までに開始する事業年度には改正前の規定による繰入限度額の4分の3，平成25年4月1日から平成26年3月31日までに開始する事業年度については4分の2，平成26年4月1日から平成27年3月31日までに開始する事業年度には4分の1に縮小される（附則19）。すなわち，大法人に対する貸倒引当金制度は廃止されることとなった。

① **個別評価債権に対する回収不能見込額の貸倒引当金繰入額**
1) **長期棚上げ債権の貸倒引当金繰入額**

「会社更生法」または「金融機関の更生手続の特例等に関する法律」による更生計画認可の決定があった場合，「民事再生法」による再生計画認可の決定があった場合，「破産法」による強制和議の認可決定があった場合，「会社法」による特別清算に係る協定の認可の決定があった場合，債権者集会の協議決定で合理的な基準により債務者の負債整理を定めている場合，行政機関または金融機関その他の第三者の斡旋による当事者間の協議により締結された契約でその内容が合理的な基準により債務者の負債整理を定めている場合に生じる**長期棚上げ債権**に対しては，対象となる金銭債権から特定の事由が生じた事業年度終了の日の翌日から5年を経過する日までの弁済予定金額と担保権の実行により取立て等の見込みがある金額（質権・抵当権・所有権留保・信用保険等によって担保されている部分の金額）を控除した金額が**貸倒引当金繰入**の「繰入限度額」となる（法52，令96，規25の2，基通11-2-8）。

なお，貸倒引当金の対象となる**個別評価金銭債権**には，売掛金・貸付金その他これらに類する金銭債権のほか，保証金・前渡金等について返還請求を行った場合における返還請求権が含まれる（基通11-2-3）。

2) **金銭債権の一部の取立不能見込額**

債務者について債務超過の状態が相当期間継続し，かつ，事業好転の見通しがないこと，債務者が天災事故・経済事情の急変等により多大な損失を蒙ったこと，その他これらに準ずる事由が生じたため，当該金銭債権の一部の金額につき回収の見込みがないと認められる場合，当該取立不能見込額の繰入れが認

められる。

### 3) 形式基準（50％基準）による債権回収不能見込額

金銭債権の回収不能が確定していなくても，債務者について次の事実が生じたときは，当該金銭債権の額（債務者から受け入れた金額があるため実質的に債権とみられない金額，担保権の実行・保証債務の履行その他により取立て等の見込みがある金額を控除する）の50％に相当する金額を**貸倒引当金繰入**の「繰入限度額」とすることができる。

- (イ)「会社更生法」または「金融機関の更生手続の特例等に関する法律」の規定による更生手続の開始の申立てがあったこと
- (ロ)「民事再生法」による再生手続の開始の申立てがあったこと
- (ハ)「破産法」による破産の申立てがあったこと
- (ニ)「会社法」による特別清算の開始の申立てがあったこと
- (ホ) 手形交換所等において取引の停止処分を受けたこと

「実質的に債権とみられない金額」とは，たとえば次のような金額をいう（基通11-2-9）。

- ① 同一人に対する売掛金または受取手形のうち，その買掛金または支払手形の金額相当額，その買掛金の支払いのために他から取得した受取手形を裏書譲渡したときの裏書手形の金額相当額
- ② 同一人に対する売掛金のうち，その者から受け入れた借入金相当額または営業保証金相当額
- ③ 同一人に対する貸付金のうち，その者からの買掛金相当額
- ④ 同一人に対する完成工事未収金のうち，その者から受け入れた未成工事受入金相当額など

---

**＜設例＞**

A社（資本金：5億円）は，平成24年12月8日に得意先が手形交換所の取引停止処分を受けたので，同社に対する受取手形400万円に対して貸倒引当金を設けた。

$4,000,000 \times 50\% \times \dfrac{3}{4} = 1,500,000$ 円

| （借） | 貸倒引当金繰入 | 1,500,000 | （貸） | 貸倒引当金 | 1,500,000 |

### ② 一般売掛債権等に対する一括評価法に貸倒引当金繰入額

**一括評価金銭債権**とは，売掛金，貸付金その他これらに準ずる債権であり，前述の「個別評価金銭債権」を除く（法52）。「その他これらに準ずる債権」には，たとえば，①未収の譲渡代金，未収加工料，未収請負金，未収手数料，未収保管料，未収地代家賃等または貸付金の未収利子で益金に算入されたもの，②他人のための立替金，③未収の損害賠償金で益金に算入されたもの，④保証債務を履行した場合の求償権，⑤売掛債権等について取得した受取手形，⑥延払基準を適用している長期割賦販売等により生じた割賦未収金等などが含まれる（基通11-2-1）。

なお，次の債権は「一括評価金銭債権」には該当しない（基通11-2-18）。
① 預貯金およびその未収利子，公・社債の未収利子，未払配当，その他これらに類する債権
② 保証金，敷金（借地権，借家権等の取得等に関連して無利息または低利率で提供した協力金等を含む），預け金その他これらに類する債権
③ 手付金，前渡金等
④ 前払給与，概算払旅費，前渡交際費等の仮払金，立替金等
⑤ 証券会社等に対し借株の担保として差し入れた信用取引に係る株式の売却代金に相当する金額
⑥ 雇用保険法等に基づき交付を受ける給付金等の未収金
⑦ 仕入割戻しの未収金
⑧ 未決済デリバティブ取引における差金勘定等の金額
⑨ 特定目的会社を用いて売掛債権等の証券化を行った場合の発行証券の保有金額
⑩ 工事進行基準による場合に目的物の引渡前に計上した未収金

**貸倒引当金**の繰入率は「貸倒実績率」による。**貸倒実績率**（小数点以下4位未満の端数があるときは，これを切り上げる）とは，過去3年間における貸倒損失に基づいて算定される。

$$貸倒実績率 = \frac{当期前3年間の一般売掛金債権等の平均貸倒額 + 各事業年度の個別評価債権の引当金繰入額 - 各事業年度の個別評価債権の引当金戻入額}{当期前3年間の事業年度末の一般売掛債権等の平均簿価}$$

$$繰入限度額 = 事業年度末の一般評価金銭債権の簿価 \times 貸倒実績率 \left(\times \frac{3}{4}, \frac{2}{4} または \frac{1}{4}\right)$$

<設例>

B社(資本金50億円、1年決算法人)の当期(第60期)の事業年度末(平成25年3月31日)における一般売掛債権等の簿価は73,400,000円であり、当期前3年間の期末における一般売掛金債権等の簿価と貸倒損失額は次のとおりである。実績貸倒率による当期の繰入限度額を計算しなさい。

| (事業年度) | (一般売掛債権等の期末簿価) | (貸倒損失額) |
|---|---|---|
| 第57期 | 71,043,080 円 | 840,543 円 |
| 第58期 | 73,964,400 円 | 876,866 円 |
| 第59期 | 72,206,500 円 | 843,252 円 |

〔解答〕

実績貸倒率：$\dfrac{(840,543 + 876,866 + 843,252) \div 3}{(71,043,080 + 73,964,400 + 72,206,500) \div 3} \fallingdotseq 0.01178 \rightarrow 0.0118$

繰入限度額：$73,400,000 \times 0.0118 \times \dfrac{3}{4} = 649,590$

(借) 貸倒引当金繰入　649,590　　(貸) 貸倒引当金　649,590

なお、**中小法人等**は、一括評価金銭債権については、「法定繰入率」により計算できる。**法定繰入率**は事業の種類に応じて、次のように定められている(措法57の10①、措令33の9)。

- 卸・小売業(飲食店業・料理店を含み、割賦販売小売業を除く)……………1.0%
- 製造業(電気・ガス・熱供給・水道・修理業を含む)……………………………0.8%
- 金融・保険業………………………………………………………………………………0.3%
- 割賦販売小売業・割賦購入あっせん業…………………………………………………1.3%
- その他の事業………………………………………………………………………………0.6%

さらに、「公益法人等または協同組合等」は、これらの金額の12%増しの額を繰入限度額とすることができる(措法57の10③、附則51)。

$$繰越限度額 = \dfrac{事業年度末の}{一括評価金銭債権の簿価} \times 法定繰入率 \times \dfrac{112}{100}$$

**貸倒引当金**の繰入額は、その繰入れを行った事業年度の翌事業年度末において、その全額を益金として戻入れなければならない。すなわち、**全額洗替方式**が原則とされている。したがって、実際に貸倒損失が生じても、貸倒引当金で

補填する必要はない。

### (2) 返品調整引当金繰入

#### ① 対象事業と設定要件

　出版業等，特定の事業を営み，常時，当該事業年度に係る棚卸資産の大部分につき，買戻特約等を結んでいる法人が，当該特約等に基づく返品による損失の見込額として損金経理により**返品調整引当金**に繰り入れた金額のうち，「繰入限度額」に達するまでの金額は，当該事業年度の損金の額に算入される（法53①）。返品調整引当金を設定できる対象法人は，次の事業を営む法人に限られる（令99）。
- (a) 出版業
- (b) 出版に係る取次業
- (c) 医薬品（医薬部外品を含む），農薬，化粧品，既製服，蓄音機用レコード，磁気音声再生機用レコードまたはデジタル式の音声再生機用レコードの製造業
- (d) 上記(c)の卸売業

前掲事業に係る販売商品の大部分について，次の事項のいずれにも該当する場合に，**返品調整引当金**を設定することができる（令100）。
- (イ) 販売先からの求めに応じ，販売した商品を当初の販売価額によって無条件に返品を受け入れる特約，慣習があること
- (ロ) 販売先が，法人から商品の送付を受けた場合に，注文の有無にかかわらず，購入する特約，慣習があること

#### ② 返品調整引当金の繰入限度額

　損金経理による「返品調整引当金」を設定した場合，一定の限度額までの繰入額が損金に算入される（法53①）。**返品調整引当金**の「繰入限度額」は，特定事業の種類ごとに，次の「期末売掛金基準」または「売上高基準」のいずれかによって計算する（令101①）。基準の選択は法人の任意であり，毎期いずれかに有利選択できる。

　　期末売掛金基準：繰入限度額＝期末売掛金残高×返品率×売買利益率

売上高基準：繰入限度額＝期末前2ヵ月間の総売上高×返品率×売買利益率

期末売掛金残高には割賦売掛金は含まれないが，その売掛金について取得した受取手形，割引手形および裏書手形を含む（令101①一，基通11-3-2）。

なお，返品率・売買利益率（小数3位以下切捨て）は次のように求める（令101②，③）。

$$返品率 = \frac{当期および当期前1年間の返品高}{当期および当期前1年間の総売上高（返品控除前）}$$

$$売買利益率 = \frac{当期の純売上高 - (売上原価 + 販売手数料)}{当期の純売上高（返品控除後）}$$

返品調整引当金の繰入額は，貸倒引当金と同様に，繰入年度の翌事業年度に**全額洗替方式**により益金に算入する。

---

**〈設例〉**

C社（既製服の卸売業，1年決算法人）の次の資料により，返品調整引当金の繰入限度額を計算しなさい。

①期末売掛金　9,200,000円
②期末前2ヵ月間の総売上高　8,790,000円
③当期総売上高 48,380,000（この原価 38,855,000円）
　当期返品高　5,850,000（この原価 3,542,000円）
④前期総売上高 45,254,000（この原価 29,947,000円）
　前期返品高　5,494,000（この原価 3,687,000円）

〔解答〕

$$返品率：\frac{5,850,000 + 5,494,000}{48,380,000 + 45,254,000} = 12\%$$

$$売買利益率：\frac{(48,380,000 - 5,850,000) - (38,855,000 - 3,542,000)}{48,380,000 - 5,850,000} = 17\%$$

① 期末売掛金基準による繰入限度額
　9,200,000 × 12% × 17% = 187,680
② 売上高基準による繰入限度額
　8,790,000 × 12% × 17% = 179,316
　①②の有利な額を繰り入れることとする。

| | | | | |
|---|---|---|---|---|
| （借） | 返品調整引当金繰入　187,680 | （貸） | 返品調整引当金　　　187,680 | |

翌事業年度において，戻し入れる。

| （借） | 返品調整引当金 | 187,680 | （貸） | 返品調整引当金戻入 | 187,680 |

### (3) 租税特別措置法上の準備金積立額

　税法上の**準備金**は，将来において確実に発生するかどうか必ずしも明確でなく，当期の収益に対応するか否かも判然としないが，発生の可能性があると認めて，これに備えて設けるものであり，会計的には利益留保の要素が強い。したがって，すべて「租税特別措置法」によって規定されており，しかも，設定できる適用期間は，多くの場合，限定されている。

　「租税特別措置法」が認めている準備金としては，たとえば，海外投資等損失準備金（措法55），金属鉱業等鉱害防止準備金（措法55の5），特定災害防止準備金（措法55の6），新幹線鉄道大規模改修準備金（措法56），使用済核燃料再処理準備金（措法57の3），原子力発電施設解体準備金（措法57の4），保険会社等の異常危険準備金（措法57の5），原子力保険または地震保険に係る異常危険準備金（措法57の6），特別修繕準備金（措法57の8），社会・地域貢献準備金（措法57の9），探鉱準備金または海外探鉱準備金（措法58）等がある。

　引当金の設定は青色申告を要件としないが，租税特別措置法上の準備金については，「青色申告法人」に限り，その損金算入が認められる。ただし，準備金は利益留保の性格が強いため，「損金経理」だけではなく，「剰余金の処分」による積立て（「剰余金処分方式」）も認められる。「剰余金処分方式」による準備金の積立額は，申告調整によって所得金額から減算することとなる。

　これら租税特別措置法上の準備金のうち，「海外投資等損失準備金」について，概説する。

　資源開発事業等を営む「資源開発事業法人」または資源開発事業法人に投資を行う「資源開発投資法人」，資源探鉱を営む「資源探鉱事業法人」（内国法人も含まれる）または資源探鉱事業法人に投資を行う「資源探鉱投資法人」の株式（**特定株式等**という）を取得した場合，「特定株式等」の低落等に備えて，特定株式等の取得価額に図表2-11の積立割合を乗じた積立限度額以下の金額

を「損金経理」または「剰余金処分方式」により，**海外投資等損失準備金**として積み立てたときは，その積立等金額を損金の額に算入する（措法55①）。資源開発事業法人等における**資源**とは，石油，可燃性天然ガス，金属鉱物をいう。

**図表2-11　海外投資等損失準備金の積立率**

| 特定法人 | 特定株式等 | 積立率 |
|---|---|---|
| ① 資源開発事業法人 | 新増資資源株式等または購入資源株式等 | 30% |
| ② 資源開発投資法人 | 新増資資源株式等 | 30% |
| ③ 資源探鉱事業法人 | 新増資資源株式等または購入資源株式等 | 90% |
| ④ 資源探鉱投資法人 | 新増資資源株式等 | 90% |

「海外投資等損失準備金」は，その積立事業年度末の翌日から5年間据え置いて，以後5年間に均等額を取り崩し，益金の額に算入しなければならない。ただし，積立後5年以内のプロジェクト失敗・特定法人の解散等の場合には，一括取崩しとなる。

＜設例＞

A社（資本金8,000万円）は，チリのB鉱石採取（株）の増資に際して1,000万円（持株割合は20％）を払い込み，事業年度末に海外投資等損失準備金を積み立てた。

| （借） | 海外投資等損失準備金積立額 | 3,000,000 | （貸） | 海外投資等損失準備金 | 3,000,000＊ |

＊10,000,000×30％＝3,000,000

積立後6年後の事業年度末から5年間の事業年度末において

| （借） | 海外投資等損失準備金 | 600,000 | （貸） | 海外投資等損失準備金取崩額 | 600,000 |

## 9 給　　与

### (1) 法人税法上の役員と使用人の区分

　法人税法上，**給与**（債務の免除による利益，その他経済的利益を含む）は，「雇用契約」に基づく**使用人給与**と「委任に準ずる契約」に基づく**役員給与**に区分される。

　「使用人給与」は，原則として，全額損金の額に算入されるが，「役員給与」については，役員の地位の特殊性から損金算入に制限が加えられている。すなわち，「役員給与」については，一定の要件を満たしたものだけ「損金算入」が認められる（法34，35）。したがって，支給を受ける者が「役員」か「使用人」であるかによって，当該給与の税務上の取り扱いが異なる。

　法人税法上の**役員**とは，①法人の取締役，執行役，会計参与，監査役，理事，監事，清算人，②法人の経営に従事している（主要な業務執行の意思決定に参画し，たとえば資金・設備・人事・販売・製造計画などに自己の意思を表明・反映される）者で，(イ)使用人（職制上使用人としての地位のみを有する者に限る）以外の者，(ロ)同族会社の使用人のうち一定割合以上の持株を有する者をいう（法2二十五，令7）。上記(イ)・(ロ)に属する者は，**みなし役員**とよばれる。

　ここに，(イ)「使用人以外の者でその法人の経営に従事している者」とは，相談役，顧問その他これらに類する者で，その法人内における地位，その行う職務等からみて他の役員と同様に実質的に法人の経営に従事していると認められる者をいう（基通9-2-1）。

　(ロ)「同族会社の使用人のうち一定割合以上の持株を有する者」とは，下記の条件をすべて満たす者（**同族会社**の**特定役員**という）である（令7，71①五）。
① 使用人の持株（配偶者の持株を含む）の割合が5％を超える。
② 属する株主グループの持株（配偶者の持株も含む）の割合が10％を超える。
③ 属する株主グループの持株（配偶者の持株も含む）の割合が，次に掲げる割合の株主グループのいずれかに属する。
　(a) 第1順位の株主グループの持株割合が50％以上である場合における当該株

主グループ
(b) 第1順位と第2順位の株主グループの持株割合を合計した場合，その持株割合が50％以上になるときにおけるこれの株主グループ
(c) 第1順位から第3順位までの株主グループの持株割合を合計した場合，その持株割合が50％以上になるときにおけるこれらの株主グループ

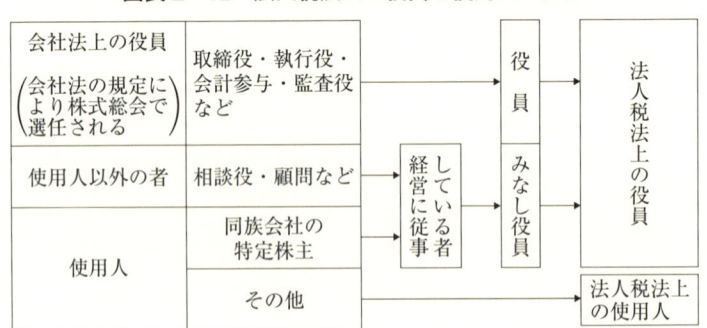

**図表2-12　法人税法上の役員と使用人の区分**

| 会社法上の役員<br>（会社法の規定により株式総会で選任される） | 取締役・執行役・会計参与・監査役など | → | 役員 | → | 法人税法上の役員 |
| --- | --- | --- | --- | --- | --- |
| 使用人以外の者 | 相談役・顧問など | 経営に従事している者 | みなし役員 | → | |
| 使用人 | 同族会社の特定株主 | → | | | |
| | その他 | → | | | 法人税法上の使用人 |

なお，役員のうちには，使用人の職制上の地位（部長，課長，支店長，工場長，営業所長，支配人，主任等，法人の機構上定められている使用人たる職務上の地位）を併せ持っている者で，常時使用人としての職務に従事している者が存在する。これを**使用人兼務役員**という（基通9-2-5）。したがって，下記に掲げる役員は，「使用人兼務役員」に該当しない（令71①）。
① 社長・理事長，代表取締役・代表執行役・代表理事・清算人，副社長・専務・常務その他これらに準ずる職制上の地位を有する役員
② 合名会社，合資会社および合同会社の業務執行社員
③ 委員会設置会社の取締役，会計参与および監査役ならびに監事
④ 同族会社の特定役員

取締役等で「総務担当」取締役，「経理担当」取締役というように使用人としての職制上の地位でなく，法人の特定の部門の職務を総括している者は，「使用人兼務役員」に該当しない（基通9-2-5）。また，**非常勤役員**は，常時使用人としての職務に従事していないので，「使用人兼務役員」とされない。

## (2) 役員給与

**役員給与**には，金銭や物による給与だけでなく，債務の免除による利益，「その他の経済的な利益」が含まれる（法34④）。

内国法人が事実を隠蔽または仮装して経理を行うことにより，役員に支給した給与の額は「損金の額」に算入されない（法34⑤）。

平成18年法人税法改正において，会社法・会計制度の改変に応じて役員給与の損金算入のあり方が見直された。従来の役員報酬に相当するもののほかに，事前の定めにより役員給与の支給時期・支給額に対する恣意性が排除されているものについては，損金算入が認められた。また，従来，課税上の弊害が最も大きいと考えられていた法人利益と連動する役員給与について，その適正性や透明性が担保されていることを条件に損金算入が認められた。一般的な役員給与として認められる形態として，①「定期同額給与」，②「事前確定届出給与」，③「利益連動給与」の3種類が規定された。

なお，上記3つの「一般的な役員給与」の形態のほかに，特殊形態の給与と

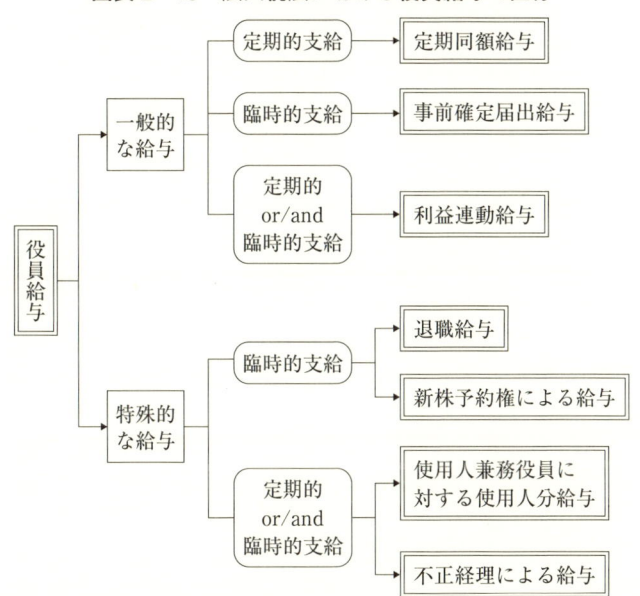

**図表2-13 法人税法における役員給与の区分**

| 役員給与 | 一般的な給与 | 定期的支給 | 定期同額給与 |
| | | 臨時的支給 | 事前確定届出給与 |
| | | 定期的or/and臨時的支給 | 利益連動給与 |
| | 特殊的な給与 | 臨時的支給 | 退職給与 |
| | | | 新株予約権による給与 |
| | | 定期的or/and臨時的支給 | 使用人兼務役員に対する使用人分給与 |
| | | | 不正経理による給与 |

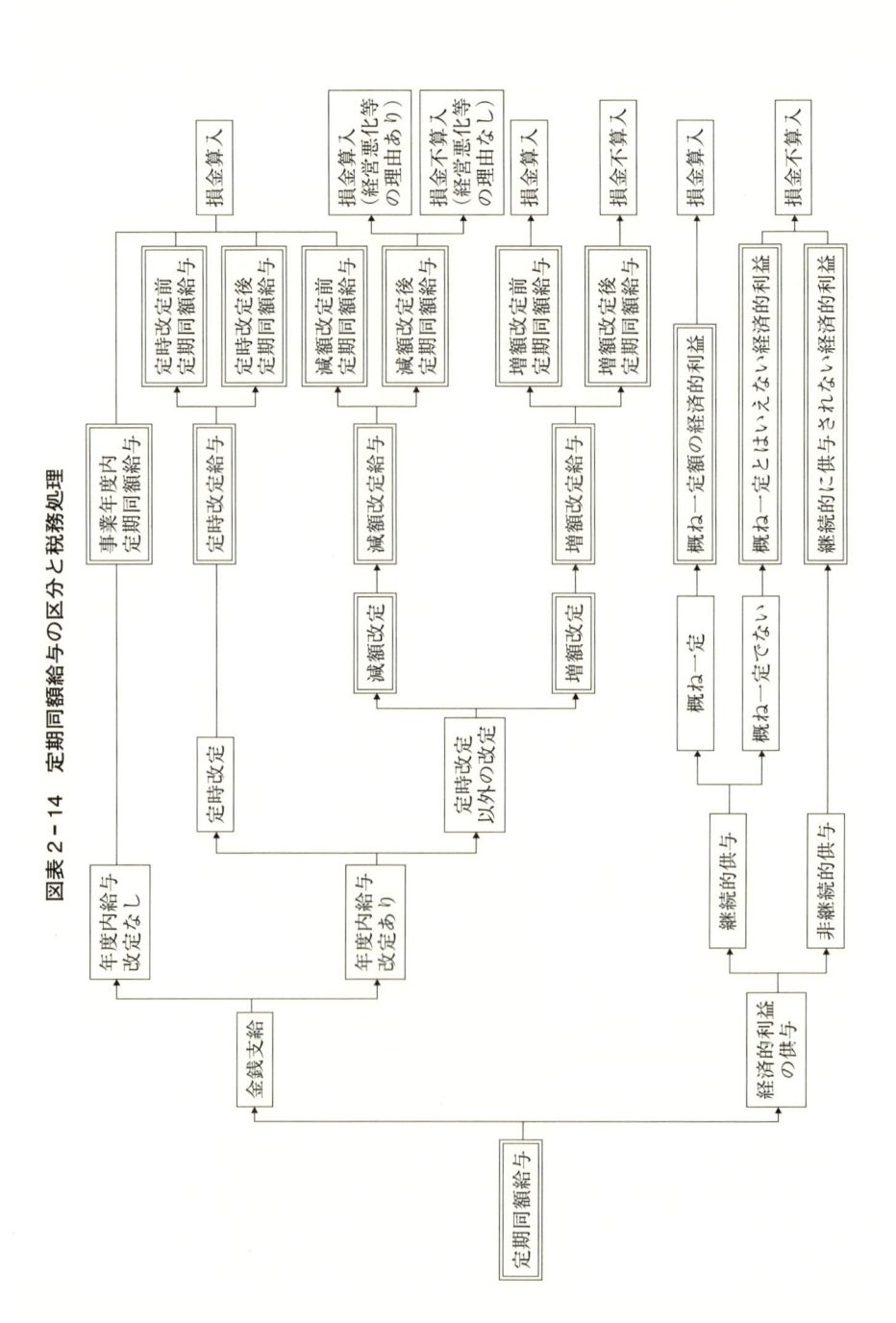

図表2-14 定期同額給与の区分と税務処理

```
定期同額給与
├─ 金銭支給
│   ├─ 年度内給与改定なし
│   │   └─ 事業年度内定期同額給与 → 損金算入
│   └─ 年度内給与改定あり
│       ├─ 定時改定
│       │   └─ 定時改定給与
│       │       ├─ 定時改定前定期同額給与 → 損金算入
│       │       └─ 定時改定後定期同額給与 → 損金算入
│       └─ 定時改定以外の改定
│           ├─ 減額改定
│           │   └─ 減額改定給与
│           │       ├─ 減額改定前定期同額給与 → 損金算入（経営悪化等の理由あり）／損金不算入（経営悪化等の理由なし）
│           │       └─ 減額改定後定期同額給与 → 損金算入
│           └─ 増額改定
│               └─ 増額改定給与
│                   ├─ 増額改定前定期同額給与 → 損金算入
│                   └─ 増額改定後定期同額給与 → 損金不算入
└─ 経済的利益の供与
    ├─ 継続的供与
    │   ├─ 概ね一定
    │   │   └─ 概ね一定の経済的利益 → 損金算入
    │   └─ 概ね一定でない
    │       └─ 概ね一定とはいえない経済的利益 → 損金不算入
    └─ 非継続的供与
        └─ 継続的に供与されない経済的利益 → 損金不算入
```

して,「退職給与」,「新株予約権による給与」,使用人兼務役員に対して支給する「使用人分給与」がある(法34①)。

① 定期同額給与

**定期同額給与**とは,支給時期が1月以下の一定の期間ごとに支給される給与(以下,**定期給与**という)で,かつ,当該事業年度の各支給時期における支給額が同額であるものその他これに準ずる給与をいう(法34①一)。

役員は,通常,定時株主総会において選任されるので,定時株主総会の翌月から役員給与が支給されることになる。この場合にも,事業年度中の各支給時期における支給額が同額であるので,支給期間が12月に満たなくとも「定期同額給与」に該当する。各支給時期における「支給額が同額である給与に準ずる給与」とは,次の3種類の給与をいう。

(a) 定時改定給与

**定時改定給与**とは,当該事業年度開始の日から3月を経過する日までに,その金額が改定された場合における次に掲げる「定期給与」をいう(令69①一)。

　(イ) その金額改定前の各支給時期(当該事業年度に属するものに限る)における支給額が同額である定期給与(**改定前定期同額給与**)

　(ロ) その金額改定以後の各支給時期における支給額が同額である定期給与(**改定後定期同額給与**)

「定期同額給与」の典型は,事業年度を通じて定期給与の支給額が同額である場合であるが,通常は,事業年度開始後3月以内に開催される定時株主総会において,役員給与の改定が行われる場合が多い。そこで,会計期間開始後3月(保険会社にあっては,4月)以内に改定された場合の改定前の同額給与と改定後の同額給与を合わせて「定期同額給与」とみなし,損金の額に算入することが認められた。

(b) 減額改定給与

**減額改定給与**とは,定期給与の額について,当該法人の経営の状況が著しく悪化したことその他これに類する理由により,減額改定がなされた場合,当該事業年度の改定前の各支給時期における支給額および改定以後の各支給時期における支給額がそれぞれ同額である定期給与をいう(令69①二)。

(c) 概ね一定額の経済的利益

**概ね一定額の経済的利益**とは，継続的に供与される経済的な利益のうち，その供与される利益の額が毎月おおむね一定であるものをいう（令69①三）。「経済的利益」には，金銭以外に広く経済的な価値を有するものが含まれる。法人が商品として販売する財貨・サービスを初め，法人が所有する資産の提供による利益等，さまざまな経済的利益が考えられる。

② 事前確定届出給与

**事前確定届出給与**とは，役員の職務につき所定時期に確定額を支給する旨の定めに基づいて支給する給与（ただし，定期同額給与・利益連動給与を除く）であり，しかも，その給与に係る職務執行開始日と会計期間開始後4月経過日とのいずれか早い日までに，納税地の所轄税務署長に確定額支給の内容に関する一定事項の届出をした給与をいう（法34①二，令69②）。

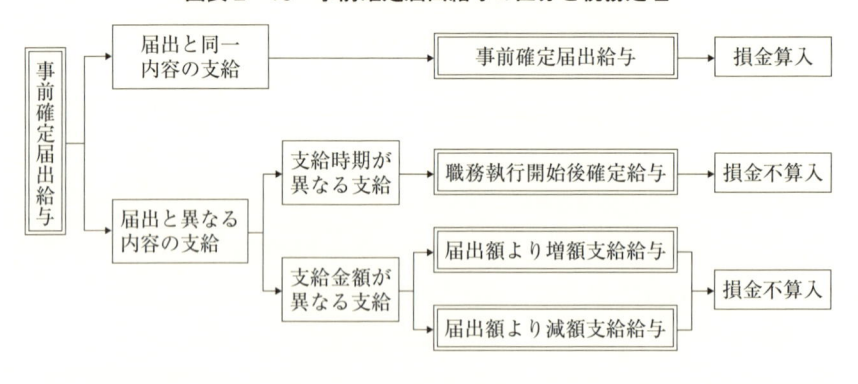

図表2-15 事前確定届出給与の区分と税務処理

| 事前確定届出給与 | 届出と同一内容の支給 | | 事前確定届出給与 | 損金算入 |
|---|---|---|---|---|
| | 届出と異なる内容の支給 | 支給時期が異なる支給 | 職務執行開始後確定給与 | 損金不算入 |
| | | 支給金額が異なる支給 | 届出額より増額支給給与 | 損金不算入 |
| | | | 届出額より減額支給給与 | |

③ 利益連動給与

**利益連動給与**とは，同族会社以外の法人が業務執行役員に対して利益に連動して支給する給与のうち，次の(a)から(c)の要件を満たすもの（業務執行役員のすべてに対してこれらの要件を満たす利益連動給与を支給する場合に限る。）をいう（法34①三，令69④〜⑧，規22の3②）。

(a) 算定方法要件（算定方法が当該事業年度の利益に関する指標（有価証券

報告書に記載されるものに限る。）を基礎とした客観的なものであり，以下の要件を満たすこと）
　　(イ)　確定額を限度としているものであり，かつ，他の業務執行役員に対して支給する利益連動給与に係る算定方法と同様のものであること
　　(ロ)　事業年度開始後3月を経過する日までに，報酬委員会が決定していること，その他これに準ずる一定の適正な手続を経ていること
　　(ハ)　算定方法が，前記報酬委員会の決定または手続の終了の日以後遅滞なく，有価証券報告書等により開示されていること
　(b)　支給期限要件（利益に関する指標の数値が確定した後，1月以内に支払われ，または支払われる見込みであること）
　(c)　損金経理要件（損金経理していること）

役員に対して支給する給与が，次の①実質基準と②形式基準による過大報酬に該当する場合には，いずれか多い金額は損金の額に算入できない（令70①）。
　①　実質基準
　　　給与の額が，職務の内容，収益の状況，使用人に対する給料の支給状況，同業・同規模法人の役員給与の支給状況等に照らして，その役員の職務に対して「不相当に高額」と認められる部分の金額
　②　形式基準
　　　定款の規定・株主総会等の決議により，給与として支給することができる限度額を超える場合，その限度額を超える金額

### (3)　使用人兼務役員給与

**使用人兼務役員**が受ける「給与」は，役員分と使用人分に区分できるが，このうち「役員分給与」については，前述の役員給与に対する取り扱いに服する。他方，「使用人分給与」については，原則として，全額が損金に算入される。しかし，この使用人給与はあくまで他の使用人と同様な条件の下で支給を受けたものでなければならない。他の使用人への賞与の支給時期と異なる時期に当該使用人に賞与が支給された場合には，当該賞与の金額は「不相当に高額な部分の金額」とされ，損金の額に算入されない（法36，令70③）。

### (4)　退職給与

退職した役員に対して支給した**退職給与**の額が，当該役員の法人の業務に従

事した期間，退職の事情，当該法人と同種の事業を営む法人でその事業規模が類似するものの役員に対する退職給与の支給の状況等に照らし，相当であると認められる金額を超える場合におけるその超える部分の金額は，「不相当に高額な部分の金額」として，損金の額に算入されない（令70②）。

### (5) 新株予約権を対価とする費用

内国法人が個人から役務の提供を受ける場合，当該役務の提供に係る費用の額につきその対価として**新株予約権**（役務提供の対価として当該個人に生ずる債権を新株予約権と引換えにする払込みに代えて相殺すべきものに限る。）を発行したときは，当該個人において当該役務の提供につき所得税法の規定により「給与所得」その他の政令で定める所得の金額に係る収入金額とすべき金額または総収入金額に算入すべき金額を生ずべき給与等，課税事由が生じた日に当該役務の提供を受けたものとして，この法律の規定を適用する（法54）。

## 10 寄 附 金

**寄附金**とは，寄附金，きょ出金，見舞金その他の名義を問わず，金銭等の資産または「経済的利益」を贈与または無償供与（たとえば，無償で建物を貸すこと）などをいう（法37⑦）。なお，時価より低い価額で資産を譲渡する低廉譲渡の場合にも，時価とその対価の差額は「寄附金」とみなされる。

企業会計上，寄附金は費用となるが，法人税法では，冗費節約，財政収入確保等の理由により，**普通法人等**（普通法人，協同組合，人格のない社団等）が支出した額のうち，**一般寄附金**については，一定の限度額を超える場合には，その超える金額は「損金不算入」となる（法37①，令73①一）。

ただし，①国または地方公共団体に対する寄附金，②公益事業を行う法人に対する寄附金で，広く一般に募集され，教育または科学の振興，文化の向上，社会福祉への貢献等公益の増進に寄与するための支出で緊急を要するものに充てられることが確実であるものとして財務大臣が指定したもの（**指定寄附金**という）は，その全額を損金の額に算入する（法37③一）。

また，教育または科学の振興，文化の向上，社会福祉への貢献その他公益の

増進に著しく寄与する法人等で，法令で定める**特定公益増進法人等**（たとえば，日本赤十字社，日本学術振興会）または**認定 NPO**（国税庁長官の認定を受けた特定非営利活動法人をいう）に対する寄附金は，損金算入限度額を超える場合には，その損金算入限度額に相当する金額を損金に算入する（法37④，令77の2）。

したがって，寄附金の損金算入限度額は次のとおりである。

(A) 一般寄付金の損金算入限度額
 (a) 普通法人等（普通法人，協同組合等，人格のない社団等）

$$\left. \begin{array}{l} \text{所得金額} \times \dfrac{2.5}{100} \\[4pt] \text{資本金等の額} \times \dfrac{\text{月数}}{12} \times \dfrac{2.5}{1{,}000} \end{array} \right\} \text{合計} \times \dfrac{1}{4}$$

 (b) 資本・出資を有しない法人等，一般社団法人・一般財団法人等

$$\text{所得金額} \times \dfrac{1.25}{100}$$

(B) 特定公益増進法人等または認定 NPO に対する損金算入限度額
 特定公益増進法人等に対する損金算入限度額

$$\left. \begin{array}{l} \text{所得金額} \times \dfrac{6.25}{100} \\[4pt] \text{資本金等の額} \times \dfrac{\text{月数}}{12} \times \dfrac{3.75}{1{,}000} \end{array} \right\} \text{合計} \times \dfrac{1}{2}$$

(C) 国または地方公共団体への寄附金および指定寄附金の全額

---

**＜設例＞**

G 社（資本金等の額2億8,000万円，1年決算法人）が，次のように寄附を行った場合，寄附金（損金経理）の損金算入限度額を計算しなさい。なお，所得金額（寄附金の損金経理後）は580万円である。

 一般寄附金：　　　　　　　50万円
 日本学術振興会への寄附金：100万円
 D 市への寄附金：　　　　　50万円　　　　計 200万円

〔解答〕
 (A) 一般寄附金の損金限度額：

$$(5{,}800{,}000\,\text{円} + 2{,}000{,}000\,\text{円}) \times \dfrac{2.5}{100} = 195{,}000\,\text{円}$$

$$280{,}000{,}000\,\text{円} \times \dfrac{12}{12} \times \dfrac{2.5}{1{,}000} = 700{,}000\,\text{円}$$

$$(195{,}000\,\text{円} + 700{,}000\,\text{円}) \times \dfrac{1}{4} = 223{,}750\,\text{円}$$

(B) 特定公益増進法人等に対する損金限度額

$$(5{,}800{,}000 \text{円} + 2{,}000{,}000 \text{円}) \times \frac{6.25}{100} = 487{,}500 \text{円}$$

$$280{,}000{,}000 \times \frac{12}{12} \times \frac{3.75}{1{,}000} = 1{,}050{,}000 \text{円}$$

$$(487{,}500 \text{円} + 1{,}050{,}000 \text{円}) \times \frac{1}{2} = 768{,}750 \text{円}$$

(C) 地方公共団体に対する寄附金：500,000 円
　　損金算入限度額：223,750 円 + 768,750 円 + 500,000 円 = 1,492,500 円

「未払寄附金」は、その支払いが行われるまでは、寄附金として取り扱われない（令78）。法人が支出した寄附金で、確定決算において剰余金の処分による経理を行ったときは、損金に算入しない（法37①）。

## 11　交　際　費　等

### (1) 交通費の意義および範囲

**交際費等**とは、販売拡張・促進に支出される交際費、接待費、機密費等の費用で、得意先、仕入先その他事業に関する者等に対する接待、慰安、贈答、きょう応、その他これらに類似する行為のために支出される費用をいう（措法61の4③）。接待等の相手方は、直接的にその法人の営む事業に取引関係のある者に限らず、間接的にその法人の利害に関係ある者およびその法人の役員、従業員、株主等も含まれる（措通61の4-22）。

「交際費等」には、たとえば、次のような費用がある（措通61の4-15）。

① 法人の社屋新築記念・何周年記念における宴会費・記念品代・交通費、新船建造・土木建築等における進水式・起工式・落成式等における費用（ただし、進水式等の式典の祭事のために通常要する費用を除く）
② 下請工場・特約店・代理店等になるため、または、するための「運動費等」（相手方に対して金銭・事業用資産を交付する費用を除く）
③ 得意先・仕入先等、社外者の慶弔・禍福に支出する金品等の費用
④ 得意先・仕入先等を旅行・観劇等に招待する費用等
⑤ 製造業者・卸売業者がその製品・商品の卸売業者に対し、当該卸売業者が小売業者等を旅行・観劇等に招待する費用の全部または一部を負担した場合のそ

の負担額
⑥ 「総会対策等の費用」で総会屋等に対し会費，賛助金，寄附金，広告料，購読料等の名目で支出する金品に係るもの
⑦ 建設業者等が高層ビル・マンション等を建設するに当たり，周辺住民等に対する旅行・観劇等の招待または酒食の提供に要した費用（日照妨害，風害，電波障害等の損害補償のために交付する金品を除く）
⑧ スーパーマーケット業・百貨店業等を営む法人が既存の商店街等に進出するに当たり，周辺の商店等の同意を得るために支出する「運動費等」（地方公共団体に対する寄附金または公共的・共同的施設の負担金を除く）
⑨ 得意先・仕入先等の従業員に対し取引の謝礼等として支出する金品の費用
⑩ 建設業者等が工場の入札に際して支出するいわゆる「談合金」その他これに類する費用
⑪ その他，得意先・仕入先その他事業に関係のある者に対する接待・供応に要した費用で，寄附金，値引き・割戻し，広告宣伝費，福利厚生費，給与等に該当しない費用

ただし，①もっぱら従業員の慰安のために行われる運動会，演芸会，旅行等のために通常要する費用（**福利厚生費**），②飲食その他これに類する行為のために要する費用（もっぱら法人の役員・従業員またはこれらの親族に対する接待等のために支出するものを除く）で，飲食の参加者1人当たりの金額が5,000円以下である飲食費（**少額社外飲食費**），③カレンダー，手帳，扇子，うちわ等の物品を贈与するために通常要する費用（**少額広告宣伝費**），④会議に関連して茶菓子，弁当等の飲食物を供与するため通常要する費用（**会議費**），⑤出版物等の記事の収集，または放送のための取材に通常要する費用（**取材費**）などは，交際費等の範囲から除外される（措法61の4③，措令37の5二）。

## (2) 隣接費用との区分

### ① 寄附金との区分

事業に直接関係のない者に対して金銭・物品等を贈与した場合，それが寄附金であるか交際費であるかは個々の実態により判定すべきであるが，金銭でした贈与は原則として**寄附金**とされる。ただし，①社会事業団体，政治団体に対

する拠金，②神社の祭礼等の寄贈金は「交際費等」には含まれない（措通61の4(1)-2）。

### ② 売上割戻し等との区分
法人がその得意先である事業者に対し，売上高もしくは売掛金の回収高に比例して，または売上高の一定額ごとに金銭で支出する**売上割戻し**の費用およびこれらの基準のほかに得意先の営業地域の特殊事情，協力度合等を勘案して金銭で支出する費用は，「交際費等」に該当しない（措通61の4(1)-3）。

### ③ 販売費等との区分
販売促進の目的で特定地域の得意先である事業者に対して販売奨励金等として金銭または事業用資産を交付する場合の**販売費等**は，「交際費等」に該当しない。ただし，販売奨励金等として交付する金銭の全部または一部が旅行・観劇等の招待費用の負担額として交付される場合には，その負担額相当額は「交際費等」に該当する（措通61の4(1)-7）。

### ④ 広告宣伝費との区分
不特定多数の者に対する宣伝効果を意図する金品の交付等は，**広告宣伝費**として扱われ，特定の者に対する接待・贈答・供応・謝礼等を意図する金品の交付等は，「交際費等」とされる。したがって，次に掲げる費用は，「広告宣伝費」に該当する（措通62(1)-9）。
- (イ) 製造業者または卸売業者が，抽選等により一般消費者を旅行・観劇等に招待する費用または金品を交付する費用
- (ロ) 製造業者または卸売業者が，金品引換券付販売に伴い，一般消費者に対し金品を交付する費用
- (ハ) 一般の工場見学者等に製品を試飲・試食させる費用
- (ニ) 見本品・試用品の供与に通常要する費用

### ⑤ 福利厚生費との区分
社内の行事に際して支出される金品等で，次に掲げる費用は**福利厚生費**として扱われる（措通61の4(1)-10）。

(イ)　創立記念日，国民祝日，新社屋落成式等の祝賀会に際して，従業員におおむね一律に社内で供与する通常の飲食に要する費用
　(ロ)　従業員（退職者を含む）およびその親族の慶弔・禍福に際して，従業員等に一定の基準に従って支給する金品に要する費用

⑥　給与等との区分

従業員等に対して支給する次のものは，**給与**の性質を有するので「交際費等」に含めない（措通 61 の 4(1)-12）。
　(イ)　常時給与される昼食等の費用
　(ロ)　自社の製品，商品等を原価以下で従業員等に販売した場合の原価に達するまでの費用
　(ハ)　機密費，接待費，交際費，旅費等の名義で支給したもののうち，その法人の業務のために使用したことが明らかでないもの

⑦　売上手数料との区分

製造業者または卸売業者が自己またはその特約店等に専属するセールスマン（その報酬が事業所得として源泉徴収の対象となる者に限る。）のために支出する次の費用（**売上手数料**）は交際費に該当しない（措通 61 の 4(1)-12）。
　(イ)　セールスマンに対し，その取扱数量または取扱金額に応じてあらかじめ定められているところにより交付する金品の費用
　(ロ)　セールスマンの慰安のために行われる運動会，演芸会，旅行等のために通常要する費用
　(ハ)　セールスマンまたはその親族等の慶弔・禍福に際し，一定の基準に従って交付する金品の費用

⑧　情報提供料等との区分

法人が情報提供等（取引に関する情報の提供または取引の媒介，代理，あっせん等の役務の提供）を行うことを業としていない者に対して情報提供等の対価として金品を交付した場合であっても，①その金品があらかじめ締結された契約に基づき，②提供を受ける役務の内容が当該契約において具体的に明らかにされ，かつ，これに基づいて実際に役務の提供を受けており，③その交付した金品の価額が提供を受けた役務の内容に照らし相当と認められる等，その金品の交付が正当な対価の支払であると認められるときは，交付に要した**情報提**

**供料**は交際費等には該当しない（措通61の4⑴-8）。

### (3) 交際費等の損金算入限度額

「交際費等」の支出は，企業会計上，費用として計上するが，税法では，冗費節約，財政収入確保等の理由により，原則として，損金の額に算入されない（措法61の4，68の66）。

ただし，資本金が1億円以下の**中小法人**については，一定額を損金として算入することができる（措令61の4①）。

(ⅰ) 交際費等が年間600万円未満の場合　　交際費等×90％
(ⅱ) 交際費等が年間600万円以上の場合　　600万円×90％

―＜設例＞――――――――――――――――――――――――――
(1) 交際費を年間300万円使った場合，資本金が(a)2億円，(b)5,000万円である法人について，交際費等の損金不算入額をそれぞれ算定しなさい。

(a) 300万円

| （借）　交際費等の損金不算入額　3,000,000 | （貸）　交際費　3,000,000 |

(b) 300万円－300万円×90％＝30万円
(2) 上記(1)の法人につき，交際費を年間800万円使った場合，交際費等の損金不算入額をそれぞれ算定しなさい。
(a) 800万円
(b) 800万円－600万円×90％＝260万円

## 12　海外渡航費

役員または使用人の海外渡航に支給する旅費や仕度金は，その海外渡航が法人の業務上必要であると認められる場合に限り，通常必要と認められる金額を**海外渡航費**（旅費）として損金の額に算入する。ただし，法人の業務遂行上必要であると認められない「海外渡航費」の額および法人の業務遂行上必要であると認められる金額を超える部分の金額は，原則として，当該役員または使用人の**給与**として扱われる（基通9-7-6）。

法人の役員または使用人の海外渡航が法人の業務遂行上必要であるかどうかは，その旅行の目的，旅行期間等を斟酌して判定するが，次の旅行は，原則として，法人の業務遂行上必要な海外渡航に該当しない（基通9-7-7，9-7-8）。
(イ) 観光渡航の許可を得て行う旅行
(ロ) 旅行斡旋業者が行う団体旅行に応募する旅行
(ハ) 同業者団体その他これに準ずる団体が主催して行う団体旅行で，主として観光目的と認められる旅行
(ニ) 役員の親族または業務に常時従事していない同伴者に係るもの

「同伴者」に係るものであっても，次のように明らかに海外渡航目的を達成するために必要な同伴と認められるときは，その旅行について通常必要と認められる費用の額は「海外渡航費」として扱われる（基通9-7-8ただし書）。
(イ) 役員が常時補佐を必要とする身体障害者であるため補佐人を同伴する場合
(ロ) 国際会議出席等のために配偶者を同伴する必要がある場合
(ハ) 外国語に堪能な者または高度な専門的知識を有する者を必要とする場合

## 13　入会金等の費用

「**法人会員**」として支出する**ゴルフクラブ入会金**は，「非償却資産」として計上し，償却されない。ただし，記名式の法人会員で名義人たる特定の役員または使用人が，もっぱら法人の業務に関係なく利用するものと認められるときは，これらの者に対する**給与**とする。脱退してもその返還を受けることができないものは，脱退時に損金の額に算入する（基通9-7-12）。年会費，年決めロッカー料，その他の費用については，「資産」に計上した場合には「交際費」とし，「給与」とされる場合には当該役員または使用人の給与とする（基通9-7-13）。

「**個人会員**」として支出するゴルフクラブ入会金は，個人会員たる特定の役員または使用人に対する「給与」とする（基通9-7-11）。ただし，無記名式の法人会員制度がないため，個人会員として入会し，法人の業務遂行上必要であると認められるときは，「資産」として計上する。年会費，年決めロッカー料等の費用は，当該役員または使用人の「給与」とする（基通9-7-13）。

ゴルフクラブ以外の入会金で，宿泊施設，体育施設，遊技施設，その他レジ

ャー施設に対して支出した入会金については，前記ゴルフクラブ入会金の取扱いに準用する。ただし，会員としての有効期間が定められ，脱退時に入会金相当額の返還を受けることができない場合には，「繰延資産」として償却することができる。年会費その他の費用は，使途に応じて「交際費等」，「福利厚生費」または「給与」とする（基通9-7-13の2）。

社交団体（ゴルフクラブおよびレジャークラブを除く）に「法人会員」として入会する場合，入会金・経常会費は「交際費等」として扱われる。経常会費以外の費用については，業務遂行上必要なものは「交際費等」とし，会員個人の負担すべきものは「給与」とする。「個人会員」として入会する場合には，入会金，経常会費および経常会費以外の費用は「給与」として取り扱う（基通9-7-14）。ただし，法人会員制度がないため「個人会員」として入会した場合，その入会が業務遂行上必要であると認められるときは，入会金は「交際費等」とする（基通9-7-15）。

## 14 景品費用

商品等を不特定多数の消費者に販売する場合，購入者に抽選券を交付し，当選者に金銭・景品を引き渡したり，旅行・観劇等に招待する場合，**景品費用**として，当選者から抽選券の引換請求があった日，または旅行・観劇等が実施された日の損金の額に算入する（基通9-7-1）。

商品等を販売するときに点数等を表示した金銭・物品の金品引換券を交付して，後日，その購入者から金品引換券の呈示を受けた場合，その引換日に損金の額に算入する（基通9-7-2）。ただし，金品引換券の1枚の呈示でも金品引換えを行う場合には，決算日の未引換分について次の金額を「未払金」として損金経理できる（基通9-7-3）。

$$未払金 = \begin{pmatrix} 1枚または1点当たり \\ の交付金額 \end{pmatrix} \times \begin{pmatrix} 当期に発行した \\ 引換券の枚(点)数 \end{pmatrix} - \begin{pmatrix} 金品引換済み \\ の枚(点)数 \end{pmatrix}$$

## 15　租税公課

　法人が納付する**租税公課等**は，企業会計上，費用として処理されるが，法人税法では，損金に算入しないものと損金に算入するものに区別される。

　損金の額に算入されない「租税公課等」には，法人税（本税），道府県民税および市町村民税（法38），第二次納税義務に基づき納付すべき国税・地方税（法39），法人税額から控除する所得税額（法40）および外国税額（法41），などがある。したがって，これらの金額は所得金額の計算に当たって当期利益に加算する。

　法人税（本税），住民税は，剰余金の処分であり，税額を決定するに当たり適用税率を税込みで決められているので，損金不算入となる（法38①）。

　損金の額に算入される「租税公課等」には，事業税，固定資産税，自動車税，法人税の利子税などがある。**事業税**は，申告事業年度の翌事業年度に損金算入されるが，中間申告分については，期中に納付し，損金経理していれば，当該事業年度に損金算入できる。**固定資産税，自動車税**は，賦課決定（道府県知事または市町村長が税額を決め，通知すること）のあった日または納付した日の属する事業年度に損金算入される。**利子税**は，借入金の利息が経費として損金算入されるように，納付した事業年度に損金の額に算入される。

## 16　不正行為等に係る費用

### （1）　隠蔽仮装行為に係る費用・損失

　内国法人が，その所得の金額または税額計算の基礎となるべき事実の全部または一部を**隠蔽仮装行為**によりその法人税の負担を減少させ，または減少させようとする場合には，当該隠蔽仮装行為に要する費用の額または当該隠蔽仮装行為により生ずる損失の額は，損金の額に算入されない（法55①）。この規定は，内国法人が隠蔽仮装行為によりその納付すべき法人税以外の租税の負担を減少させ，または減少させようとする場合について準用される（法55②）。

## (2) 延滞税・加算税等

内国法人が納付する次に掲げる**延滞税・加算税等**の額は，各事業年度の所得の金額の計算上，損金の額に算入しない（法55③）。

① 国税に係る延滞税・過少申告加算税・無申告加算税・不納付加算税・重加算税および印紙税法の規定による過怠税
② 地方税法の規定による延滞金・過少申告加算金・不申告加算金・重加算金

## (3) 罰科金等

内国法人が納付する次に掲げる**罰科金等**の額は，各事業年度の所得の金額の計算上，損金の額に算入しない（法55④）。

① 罰金・科料（通告処分による罰金または科料に相当するものおよび外国またはこれに準ずる者として政令で定めるものが課する罰金または科料に相当するものを含む。）および過料
② 国民生活安定緊急措置法の規定による課徴金・延滞金
③ 独占禁止法の規定による課徴金・延滞金
④ 金融商品取引法の規定による課徴金・延滞金

## (4) 賄　賂　等

内国法人が供与をする刑法に規定する**賄賂**または不正競争防止法に規定する外国公務員等に対する不正に供与する金銭等の利益の額に相当する費用・損失の額は，その内国法人の各事業年度の所得の金額の計算上，損金の額に算入しない（法55⑤）。

## 17　借地権に係る費用

### (1) 借地権利金の認定課税と相当の地代

　**借地権**（建物・構築物等の地上権または土地の賃借権をいう）あるいは**地役権**（通行地役権・用水地役権等をいう）の設定によって土地を使用させ，または借地権の転貸その他他人に借地権に係る土地を使用させた場合，使用対価として通常収受する権利金その他の一時金（**権利金等**という）は，土地所有者側

では,「益金の額」に算入する。借地人側では,借地権利金は**借地権**として「**無形固定資産**」(非減価償却資産)に計上する。

なお,**借地権の設定等**とは下記に掲げる行為をいう(令137, 138, 基通13-1-1)。
① 借地権の設定により土地を使用させる行為(何らかの施設を設けないで物品置場,駐車場として更地のまま使用するものも含む)
② 地役権の設定により土地を使用させる行為(特別高圧架空電線の架設,特別高圧地中電線・高圧ガス導管の敷設,飛行場の設置,砂防設備である導流堤等のために設定された地役権で,建造物の設置を制限するものなども含む)
③ 借地権の転貸により借地権に係る土地を使用させる行為
④ その他他人に借地権に係る土地を使用させる行為(借地権に係る土地の地下に地下鉄等の構築物を建設させるためその土地の地下を使用させる行為,特別高圧架空電線の架設等をさせるためその土地の上の空間を使用させる行為なども含む)

「**権利金等**」の収受に代えて,当該土地(借地権者にあっては借地権)の価額に照らし,その使用対価として**相当の地代**を収受している場合,正常な取引条件で行われたものとして,各事業年度の所得の金額を計算する(令137)。借地権の設定等により他人に土地を使用させた場合において,これにより収受する地代の額が当該土地の**更地価額**(公示価額または相続税評価額もしくは相続税評価額の過去3年間の平均額)に対しておおむね8%(平成元年3月31日以後行われる借地権等の設定等には6%)程度のものであるときは,その地代は「相当の地代」に該当する(基通13-1-2)。

借地権の設定等により土地を使用させた場合において,これにより収受する地代が「相当の地代」の額に満たないときは,原則として,次の計算式により計算した金額から実際に収受している権利金の額および特別の経済的な利益の額を控除した金額を借地人等に対して贈与したものとみなされる(当該借地人等が当該法人の役員または使用人である場合には,給与の支給とする)(基通13-1-3)。すなわち,権利金等の**認定課税**が行われ,借地権対価の収受があったものとして,借地権者に**受贈益**,土地所有者に**寄附金**が生じたものとされる。

$$権利金等の認定額 = 土地の更地価額 \times \left(1 - \frac{実際に収受している地代の年額}{相当の地代の年額}\right)$$

>  ＜設例＞
>
> 次の場合における相当の地代および権利金の認定が行われる場合には権利金認定額を算定しなさい。
>
> 　　土地の更地価額　　　4,500万円
> 　　土地の相続税評価額　3,000万円
> 　　収受している地代（年額）　1,200,000円
>
> 〔解答〕
> 　相当の地代：30,000,000円×6％＝1,800,000円
> 　　実際に収受している地代（年額）1,200,000円は，通常の地代1,800,000に満たないので，権利金の認定が行われる。
>
> 　権利金認定額：$45,000,000円 \times \left(1 - \frac{1,200,000円}{1,800,000円}\right) = 15,000,000円$

なお，通常権利金の授受を伴う土地の使用に権利金を収受しない場合であっても，「相当の地代」の額を収受する場合，「土地の無償返還に関する届出書」を提出した場合には，認定課税は行われない。次の条件のすべてを満たしている場合には，土地の**無償返還**が認められることになり，権利金の認定課税を見合わせることにしている（基通13-1-7）。

① 権利金または特別な経済的利益の授受が行われていない。
② 借地権の設定等に係る契約書において，将来，借地人等がその土地を無償で返還することが定められている。
③ 借地人等との連名で，上記②の旨を記載した「土地の無償返還に関する届出書」を遅滞なく当該法人の納税地の所轄税務署長（国税局の調査課所管法人にあっては所轄国税局長）に届け出る。

借地権等を設定しても収受すべき権利金等および相当の地代も収受しない取引は，同族会社や関係会社とその役員との間で行われる場合が多い。このような場合には，一定の要件のもとに権利金認定を見合わせ，「実際地代」と「相当の地代」との差額に対して「認定課税」が行われるのである。

### (2) 土地等の帳簿価額の一部損金算入および借地権の更新料

借地権・地役権の設定により他人に土地等を使用させたが，当該土地等の価額が低下し，その下落が50％以上になるときは，土地等の一部が譲渡された

ものとして，次の算式により計算された金額を損金に算入する（令138①）。

$$損金算入額 = 認定直前の土地（借地権）の簿価 \times \frac{借地権（転貸のときはその使用の権利）または地役権の価額}{設定直前の土地（借地権）の価額}$$

　借地権，地役権の存続期間を更新する場合，通常，その更新の対価として**更新料**を支払う。更新料を支払ったときは，下記算式によって計算した金額を損金の額に算入するとともに，「更新料の額」は借地権（無形固定資産）の帳簿価額に加算する（令139）。

$$損金算入額 = 更新直前の帳簿価額 \times \frac{更新料}{更新時の借地権等の価額}$$

―<設例>―――――――――――――――――――――――――――――――

　下記資料により，借地権の存続期間を更新するために更新料を払ったときに損金に算入される金額および更新後の借地権の帳簿価額を算定しなさい。

　更新料の支払金額：　　　　　　600万円
　更新直前の借地権の帳簿価額　1,350万円
　更新時の借地権価額　　　　　1,800万円

〔解答〕

　損金算入額：$13,500,000 円 \times \dfrac{6,000,000 円}{18,000,000 円} = 4,500,000 円$

　更新後の借地権の帳簿価額：
　　$13,500,000 円 - 4,500,000 円 + 6,000,000 円 = 15,000,000 円$

―――――――――――――――――――――――――――――――――――

### (3) 借地権の譲渡と返還

　借地上に存する自己の建物等を借地権相当額を含めないで譲渡した場合，または借地の返還に当たり通常借地権の価額に相当する立退料その他これに類する一時金（**立退料等**という）を収受する慣行がありながら，その金額の全部または一部を収受しなかった場合には，原則として，通常収受すべき「借地権の対価の額」または「立退料等の額」と実際に収受した「借地権の対価の額」または「立退料等の額」との差額は，相手方に贈与したものとして取り扱う。ただし，その収受しなかったことが，次の理由による場合には，これを認める（基通13-1-14）。

① 借地権の設定等に係る契約書に，将来，借地を無償で返還する定め，または土地使用貸借契約がある。
② 土地の使用目的が単に物品置場，駐車場等として土地を更地のまま使用し，または仮営業所，仮店舗等の簡易な建物の敷地として使用している。
③ 借地上の建物が著しく老朽化したことその他これに類する事由により，借地権が消滅し，またはこれを存続させることが困難であると認められる事情が生じた。

なお，地主たる法人が貸地の返還を受けたときには，下記の場合に応じて，次の金額を当該土地の帳簿価額に加算しなければならない（基通13-1-16）。
① 無償で返還を受けた場合
　借地権の設定等により地価が著しく低下する場合に土地等の帳簿価額の一部を損金算入した金額があるときは，その損金の額に算入した金額（以下(A)という）
② 立退料等（その他立ち退きに要する費用を含む）だけを支払った場合
　立退料等
　上記(A) 　　いずれか多い額
③ 立退料を支払うとともに土地上に存する建物等を買った場合
　立退料＋建物の買取価額－建物の時価
　上記(A) 　　いずれか多い額

# 18　欠　損　金

## (1)　欠損金の繰越控除

　法人税の課税対象は，各事業年度ごとに独立して各事業年度の課税所得としている。原則として，過去の事業年度からの「繰越利益金」や「繰越欠損金」は，当該事業年度の所得計算には関係させない。これを**事業年度独立の原則**という。

　しかし，「事業年度」は人為的に期間区画されたものであり，法人は事業年度を超えて存在する「継続企業」を前提とするので，この原則に対する例外も規定されている。

　「青色申告」である確定申告書を提出し，その後も連続して確定申告書を提出している内国法人は，欠損金が生じた**青色申告事業年度**において当該欠損金

額の「9年間繰越控除」ができる。すなわち，欠損金計上後9年以内の事業年度に，当該欠損金が損金の額に算入できる。ただし，各事業年度の所得の金額の80％相当額（**中小法人等**には全額）を限度とする（法57，附則14）。この特例措置を**欠損金の繰越控除**という。なお，「欠損金の繰越控除」（損金算入）は，古い事業年度において生じたものから順次行わなければならない（基通12-1-1）。

青色申告しなかった事業年度（**白色申告事業年度**）においても，棚卸資産，固定資産または政令で定める繰延資産（他の者の有する固定資産を利用するために支出されたもの）について，震災，風水害，火災その他政令で定める災害（冷害，雪害，爆発，虫害等）による損失の欠損金は，9年間の繰越控除ができる（法58①，令114）。ただし，保険金，損害賠償金その他これらに類するものにより補填されるものを除き，1年以内に行う原状回復のために支出する修繕費等を含む（令116）。

### (2) 欠損金の繰戻し還付

青色申告事業年度において欠損金が生じた場合，確定申告書の提出と同時に，納税地の所轄税務署長に対し，当該欠損金に係る事業年度（**欠損事業年度**）開始の日前1年以内に開始した事業年度（**還付所得事業年度**）の所得に対する法人税額のうち，下記算式により欠損金額に対応する税額の還付を請求することができる（法81①）。これを**欠損金の繰戻し還付**という。

$$還付金額 = 還付所得事業年度の法人税額 \times \frac{欠損金額^*}{還付所得事業年度の所得金額}$$

*分母の金額を限度とする。

<設例>

前事業年度の所得金額は390万円，法人税額は117万円であり，当該事業年度の欠損金額が260万円であった場合，欠損金の繰戻しによる還付金額を計算しなさい。

〔解答〕

還付金額：$1,170,000 円 \times \dfrac{2,600,000 円}{3,900,000 円} = 780,000 円$

「欠損金の9年間繰越控除」が，欠損金を翌期以降9年間の所得と通算するのに対し，「欠損金の繰戻し還付」は，欠損金を翌期に繰り越さないで前年度の所得と通算し，前年度に納めた法人税を還付してもらうことである。繰戻し還付を受けたが，欠損金額の全額を還付できなかったときは，還付金額の計算の基礎となった金額を除いた欠損金額について，「欠損金の9年間繰越控除」の適用を受けることができる（法57①）。なお，欠損金の繰戻しによる還付金は，法人税が損金不算入であるため，益金の額に算入しない。欠損金の繰戻し還付を受ける場合には，下記の要件のすべてを満たさなければならない（法81③，⑤）。
　① 還付所得事業年度から欠損事業年度の前事業年度までの各事業年度について，連続して青色申告書である確定申告書を提出している。
　② 欠損事業年度の確定申告書を青色申告書により提出期限までに提出している。
　③ 還付を受けようとする法人税の額，その計算の基礎，その他財務省令で定める事項を記載した「還付請求書」を納税地の所轄税務署長に提出している。

「欠損金の繰戻し還付制度」は，平成4年4月1日から平成26年3月31日までの間に終了する事業年度については，適用できない。ただし，**中小法人**（資本金1億円以下の普通法人），公益法人等または協同組合等，人格のない社団等に該当する場合には，「欠損金の繰戻し還付制度」を受けることができる（措法66の13，68の98）。

# §5　法人税の計算

## 1　所得金額の計算

　**各事業年度の所得金額**は，原則として，「益金の額」から「損金の額」を控除して算定される。前述したように，企業会計上の費用・収益と法人税法上の損金・益金は相違するので，法人の確定決算に表示される「当期純利益」と課税標準となる「所得金額」は一致しない場合が多い。したがって，決算で確定

した当期純利益を基礎として**税務調整**を行い，所得金額を計算しなければならない。確定決算の当期純利益に**益金算入額**と**損金不算入額**を加算し，**損金算入額**と**益金不算入額**を控除して，**所得金額**が算定される。

決算利益（当期純利益）に税務調整を施した所得から，さらに一定の所得控除を行うことができる。税額は，「所得の特別控除」を行って得られた所得金額に対し，所定の法人税率を適用して算出される。**所得控除**として，たとえば，次のようなものがある。

① **新鉱床探鉱費または海外新鉱床探鉱費の特別控除**

資源の乏しいわが国において，鉱業の資源開発のために，探鉱または海外探鉱のための地質調査・ボーリング・坑道の掘さくに要する**新鉱床探鉱費**または**海外新鉱床探鉱費**に対し，一定金額の所得控除が認められている（措法59）。

探鉱準備金（または海外探鉱準備金）を有する法人が，新鉱床探鉱費（または海外新鉱床探鉱費）の支出を行ったり，探鉱用機械設備（海外探鉱用設備）の減価償却を行った場合，次の3つの基準で計算される金額のうち最も少ない金額に相当する金額が損金に算入される（措法59①，②）。

① 準備金益金算入基準額

前期から繰り越された探鉱準備金のうち，3年経過した場合および任意取崩しの場合の益金算入額

② 探鉱費基準額

新鉱床探鉱費および探鉱用機械設備の償却費の合計額から，上記①の探鉱準備金益金算入額が国内新鉱床探鉱費を超える金額を控除した残額

③ 所得基準額

新鉱床探鉱費に関する規定を適用しないで計算した当該事業年度の所得金額

<設例>

探鉱準備金の前期からの繰越残高を有しているA法人において，次の条件のもとで，新鉱床探鉱費の特別控除額を算定しなさい。

(イ) 探鉱準備金の前期からの繰越残高：3,900万円
(ロ) 探鉱準備金の当期取崩高：　　　　1,040万円
(ハ) 当期に支出した新鉱床探鉱費：　　　390万円
(ニ) 当期の探鉱用機械設備の償却額：　　520万円

㋭　新鉱床探鉱費の規定を適用しないで計算した当期の所得金額：1,300万円
〔解答〕
① 準備金益金算入基準額：10,400,000円
② 探鉱費基準額：3,900,000円＋5,200,000円－(10,400,000円－3,900,000円)
　　　　　　　　＝2,600,000円
③ 所得基準額：13,000,000円
　　新鉱床探鉱費の特別控除額：2,600,000円

② 収用換地等の場合の所得の特別控除

**収用換地等**による譲渡益については，一定の条件（たとえば，公共事業施行者から資産の買取等の申出のあった日から6ヵ月以内に譲渡された場合等）を満たせば，「圧縮記帳」の適用を受けず，5,000万円の特別控除額を限度として損金の額に算入することができる（措法65の2①）。すなわち，譲渡益と5,000万円のうち少ないほうが損金算入できる。

③ 特定事業の用地買収等の場合の所得の特別控除

公共的な用途のために用地を譲渡した場合，「特定事業」の**用地買収等**による所得の特別控除額は，次のとおりである。すなわち，譲渡益と下記の金額のうち少ない金額が損金算入額となる（措法65の3～65の5）。
　㋑　特定土地区画整理事業等のために土地等を譲渡した場合：2,000万円
　㋺　特定住宅地造成事業等のために土地等を譲渡した場合：1,500万円
　㋩　農地保有の合理化のために農地等を譲渡した場合：800万円

## 2　法人税額の計算

### (1)　法人税額の計算構造

各事業年度の所得金額に「法人税率」を適用して，**法人税額**が算出される。税率は，法人の形態・規模や所得の種類によって異なる。なお，同族会社の課税留保金額，使途秘匿金の支出額に対しては，特別税率が適用される。

このようにして計算された**算出税額**がただちに「納付税額」となるのではな

第2章　法人税法　157

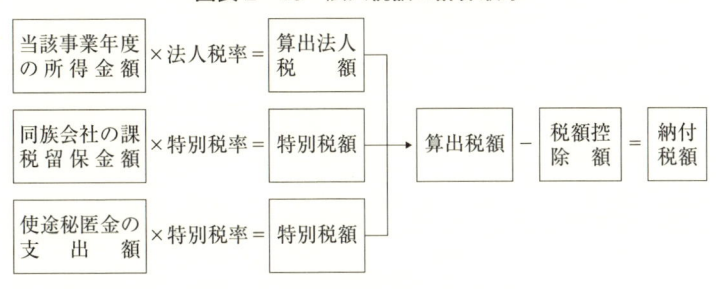

図表2-16　法人税額の計算順序

```
当該事業年度    ×法人税率＝  算出法人
の所得金額                    税　額

同族会社の課    ×特別税率＝  特別税額    →  算出税額  －  税額控  ＝  納付
税留保金額                                              除　額      税額

使途秘匿金の    ×特別税率＝  特別税額
支　出　額
```

く，各種の**税額控除**を差し引いて最終の**法人税額**となる。

　中間申告による「中間納付税額」があれば，確定申告に際して，その中間納付税額を控除した金額を納税することになる。

　租税特別措置法が認めている「法人税額の特別控除」には，試験研究を行った場合の税額控除，エネルギー需要構造改革推進設備を取得した場合の税額控除，事業基盤強化設備を取得した場合等の税額控除，情報基盤強化設備等を取得した場合等の税額控除，沖縄の特定地域または特定中小企業に対する税額控除等がある。

図表2-17　当期法人税額の計算構造

| 法人税額<br>(課税標準<br>×税率) | 租税特別措置法<br>による税額控除 | | | |
|---|---|---|---|---|
| | 差引法人税額 | 法人税<br>額　計 | 税額控除<br>法人税法に<br>よる | 仮装経理に係<br>る更正に伴う<br>控除法人税額 |
| | | | | 外国税額控除<br>および所得税<br>額控除 |
| | 使途秘匿金に対<br>する特別税額 | | 差引所得に対する法<br>人税額（当期法人税<br>額） | 中間法人税額 |
| | 同族会社に対す<br>る特別税額 | | | 差引確定法人<br>税額 |

法人税法が認めている「税額控除」として，「仮装経理の過大申告の更正に伴う法人税額の控除」，「所得税額控除」および「外国税額控除」がある。

### (2) 各事業年度の所得に対する法人税率

**各事業年度の所得金額**に対して，法人の形態に応じて税率が異なる。さらに，資本金1億円以下の普通法人（**中小法人**），**一般社団法人等**（別表第二に掲げる一般社団法人，一般財団法人，公益社団法人および公益財団法人）および人格のない社団等においては，年800万円以下の所得金額から成る部分の金額には**軽減税率**が適用される。各事業年度の所得金額に対する「税率」は，次のように区分されている（法66，81の12①，措法42の3の2，68の8①，附則10）。

① 普通法人，一般社団法人等および人格のない社団等
　(イ) 中小法人，一般社団法人等および人格のない社団等：
　　　a) 所得金額が年800万円以下の金額に対して19％（平成24年4月1日から平成27年3月31日までの間に開始する事業年度：15％）
　　　b) 所得金額が年800万円を超える金額に対して25.5％
　(ロ) 期末資本金が1億円を超える大法人：25.5％
② 協同組合等・特定の医療法人および公益法人等（上記①の一般社団法人を除く）：19％（平成24年4月1日から平成27年3月31日までの間に開始する事業年度の所得金額が800万円以下の金額には15％）

　協同組合等に対する税率について，物品供給事業に係る収入金額の総収入金額に占める割合が50％を超え，組合員数が50万人以上，物品供給事業に係る収入金額が1,000億円以上である事業年度につき，所得金額のうち10億円を超える部分に係る税率を22％とする（措法68①）。

「税額」を計算する場合，「所得金額」の1,000円未満は切り捨て，「納付税額」の100円未満の端数は切り捨てる。

---

**＜設例＞**

普通法人（資本金5,000万円，決算年1回）の当該事業年度（平成24年4月1日～平成25年3月31日）の所得金額が18,684,980円であったとき，法人税額を計算しなさい。

〔解答〕
① 当期の課税標準
18,684,980円→18,684,000円（1,000円未満の端数切捨て）
② 所得金額年800万円以下の金額に対する税額
8,000,000円×15％＝1,200,000円
③ 所得金額が年800万円を超える金額に対する税額
（18,684,000円－8,000,000円）×25.5％＝2,724,420円
④ 納付すべき法人税額
②＋③＝3,924,420円→3,924,400年（100円未満の端数切捨て）

平成23年12月2日に施行された「東日本大震災復興措置法」の規定による「課税事業年度」（指定期間（平成24年4月1日から平成27年3月31日までの期間）内に最初に開始する事業年度開始の日から同日以後3年を経過する日までの期間内の日に属する事業年度）においては，法人税額に10％を乗じた金額が**復興特別法人税**として課税される（復興措法48）。したがって，資本金が1億円を超える大法人に対する復興特別法人税適用期間の税率は28.05％（＝25.5％＋25.5％×10％）となる。なお，復興特別法人税適用期間における中小法人に対する税率は次のとおりである。

a）所得金額が800万円以下の金額：16.5％（＝15％＋15％×10％）
b）所得金額が800万円を超える金額：28.05％（＝25.5％＋25.5×10％）

―＜設例＞――
前記設例において復興特別法人税期間の税額を計算しなさい。
〔解答〕
8,000,000円×16.5％＋10,684,000円×28.05％＝4,316,862円→4,316,800円

### (3) 同族会社の留保金額に対する特別税率

**同族会社**とは，個人経営の色彩が強い会社であり，法人税法上，株主等の1人以下およびこれらの同族関係者が有する株式等の合計額が当該会社の発行済株式総数等の50％以上に相当する会社をいう（法67②）。**同族関係者**とは，株主の配偶者・6親等内の血族・3親等内の姻族，株主個人の使用人，これらの同族関係者と関係の深い会社などをいう。同族会社とみなされた場合には，利益金のうち一定の限度額（留保控除額）を超えて社内留保した超過額（**課税留**

保金額という）に，次のような特別な税率を適用して算出した法人税額が所得金額に加算される（法67）。

「課税留保金額」に対する特別税率：
年3,000万円以下の金額……10％
年3,000万円を超え1億円以下の金額……15％
年1億円を超える金額……20％
課税留保金額＝当期留保金額－留保控除額

**図表2-18　課税留保金額の計算構造**

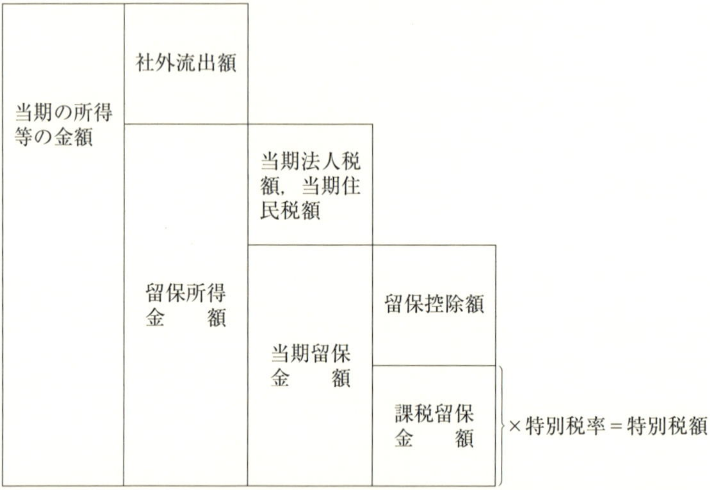

```
┌─────────┬─────────┐
│         │ 社外流出額 │
│ 当期の所得 ├─────────┼─────────┐
│ 等の金額  │         │ 当期法人税 │
│         │         │ 額，当期住 │
│         │         │ 民税額    │
│         │ 留保所得 ├─────────┬─────────┐
│         │ 金   額 │         │ 留保控除額 │
│         │         │ 当期留保  ├─────────┤
│         │         │ 金   額 │ 課税留保  │ ×特別税率＝特別税額
│         │         │         │ 金   額 │
└─────────┴─────────┴─────────┴─────────┘
```

**当期留保金額**は，その事業年度の所得金額のうち留保された金額から，当該事業年度の所得に対する法人税額と道府県民税および市町村民税を差し引いた金額である。住民税は算出法人税額（所得税額控除前等）に20.7％を乗じて計算する。

**留保控除額**とは，次の算式で計算した金額（(イ)所得基準額，(ロ)定額基準額および(ハ)積立金基準額）のうち，最も多い金額である。

(イ)　当該事業年度の所得等の金額×40％
　　＊所得金額は，受取配当等の益金不算入額を加えた改訂所得金額である。
(ロ)　20,000,000円（半年決算法人の場合，10,000,000万円）
(ハ)　期末資本金額×25％－（期末利益積立金額－当期に積み立てた利益積立金額）

<設例>

同族会社Ｂ法人（年１回決算・期末資本金額：５億円）の下記資料により，留保金額に対する税額を計算しなさい。

(イ) 当期の所得金額　345,720,000 円
(ロ) 期首の利益積立金額　54,580,000 円（当期中に増減しない）
(ハ) 受取配当等の益金不算入額　4,500,000 円
(ニ) 法人税額　103,716,000 円

〔解答〕
(1) 当期留保金額
　345,720,000 − 103,716,000 − 103,716,000 × 20.7％ ＝ 220,534,788 円
(2) 留保控除額
　① (345,720,000 ＋ 4,500,000) × 40％ ＝ 140,088,000 円
　② 20,000,000 円
　③ 500,000,000 × 25％ − 54,580,000 ＝ 70,420,000 円
　・①の 140,088,000 円の最も多い金額が，留保控除額となる。
(3) 課税留保金額
　220,534,788 − 140,088,000 ＝ 80,446,788 → 80,446,000 円（1,000 円未満の端数切捨て）
(4) 特別税額
　(イ) 30,000,000 × 10％ ＝ 3,000,000 円
　(ロ) 50,446,000 × 15％ ＝ 7,566,900 円
　　　　　　　　　　　　　 10,566,900 円

なお，平成 19 年 4 月 1 日以後開始する事業年度から中小法人については，「同族会社の留保金課税制度」は適用されない。

## (4) 使途秘匿金に対する特別税率

**使途秘匿金**（通常，**使途不明金**といわれている）の支出を行った場合，その使途秘匿金の支出額について，40％の特別税率による法人税が追加課税される。

「使途秘匿金」とは，法人が支出した金額の支出（贈与，供与その他これらに類する目的のためにする金銭以外の資産の引渡しを含む。）のうち，相当の理由がなく，その相手方の氏名または名称および住所または所在地ならびにその事由をその法人の帳簿書類に記載していないものをいう。

## 3 税額控除

### (1) 税額控除の控除順位

当該事業年度の所得金額に法人税率を乗じた法人税額，それに同族会社とみなされた場合，使途秘匿金の支払いが行われた場合にそれぞれの特別税率を乗じた特別税額を加算して法人税額を算出し，その算出税額から種々の**税額控除**を差し引いて納付税額が計算される。税額控除の順序は，次のとおりである。
① 租税特別措置法による法人税額の特別控除（この中での順序は任意）
　(a) 試験研究を行った場合の特別控除（措法42の4）
　(b) エネルギー需要構造改革推進設備等の特別控除（措法42の5）
　(c) 中小企業者等が機械等を取得した場合の特別控除（措法42の6）
　(d) 事業基盤強化設備の特別控除（措法42の7）
　(e) 沖縄の特定地域または特定中小企業に対する特別控除（措法42の9，42の10）
　(f) 情報基盤強化設備等の特別控除（措法42の11）
　(g) 教育訓練費が増加した場合の特別控除（措法42の12）
② 仮装経理に基づく過大申告の更正に伴う控除法人税額（法70）
③ 二重課税回避のための特別控除
　(a) 所得税額控除（法68）
　(b) 外国税額控除（法69）

なお，税額控除により控除不足があるときに還付されるのは③の税額控除についてであり，①と②については控除不足が生じても還付されない。

### (2) 租税特別措置法による税額控除

#### ① 試験研究を行った場合の税額控除

当該事業年度において，損金の額に算入される**試験研究費**の額がある場合には，当該試験研究費の額の10％相当額を法人税額から控除する。ただし，その特別控除額は，法人税額の20％相当額を限度とする。

<設例>

A法人の当期における試験研究費の額は，1,600万円であった。当期の法人税額が2,000万円である場合の税額控除の限度額を算定しなさい。

〔解答〕
　税額控除限度額：16,000,000×10％＝1,600,000円（＜4,000,000＝20,000,000×20％）

## ② エネルギー需給構造改革推進設備等の特別控除

中小法人または農業協同組合等が取得した**エネルギー需給構造改革推進設備等**について，取得価額の7％相当額を特別税額控除として控除できる。ただし，法人税額の20％相当額を限度とする。控除限度超過額については，1年間の繰越しを認める。なお，7％の税額控除は，特別償却を行った場合には，適用できない（措法42の7）。

<設例>

中小企業法人に該当するB法人が，エネルギー需給構造改革推進設備4,000万円を取得した。当期の法人税額が1,000万円の場合，エネルギー需給構造改革推進設備等の税額控除の限度額を算定しなさい。

〔解答〕
　税額控除限度額：10,000,000×20％＝2,000,000円（＜2,800,000円＝40,000,000×7％）

## ③ 事業基盤強化設備の特別控除

**事業基盤強化設備**の拡大等を図るために，①卸売業または小売業を営む中小企業者（資本金3,000万円以下の法人に限る），②飲食店業（風俗営業を除く）を営む法人，③サービス業を営む法人，④労働力の確保・持続性の高い農業生産・経営革新・事業再構築等に該当する法人が取得した特定の機械（280万円以上），装置（120万円以上）等について，取得価額の7％相当額を特別税額控除として控除できる。ただし，法人税額の20％相当額を限度とする。控除限度超過額については，1年間の繰越しを認める。

### (3) 法人税法による税額控除

#### ① 仮装経理に基づく過大申告の更正に伴う法人税額の控除

**仮装経理**（いわゆる**粉飾決算**）に基づき過大な所得金額による確定申告に対して，税務署長が減額更正した場合，法人税額として納付した金額のうち，この更正により減額した部分の税額は，当該更正日に属する事業年度前1年間の各事業年度の法人税額相当額だけを還付し，残額は，その後5年以内の各事業年度の所得に対する法人税の額から順次控除する。

#### ② 所得税額控除

法人が受け取る利子・配当等について所得税法の規定により源泉徴収された「所得税額」は，法人税額から控除される（法68）。これを**所得税額控除**という。

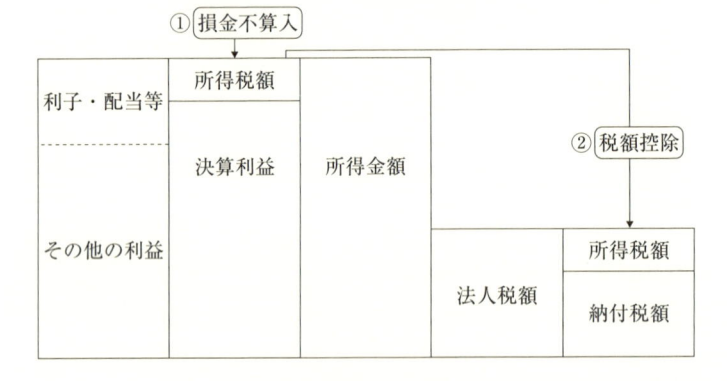

図表2-19　所得税額控除のしくみ

預・貯金の利息に係る**源泉所得税額**は全額控除できるが，公社債の利息，受取配当もしくは剰余金の分配，証券投資信託の収益の分配に対する所得税額は，その元本を所有していた期間に対応する金額が法人税額から控除される。「控除所得税額」は，次の算式により計算される（令140の2②）。

$$控除所得税額 = \frac{利子・配当等に対する所得税の額}{} \times \frac{元本の所有期間の月数}{利子・配当等の計算期間の月数}$$

前記の原則計算法に代えて，その銘柄ごとに次の「簡便法」も認められる

（令140の2③）。

$$控除所得税額 = 利子・配当等に対する所得税の額 \times \frac{計算期首所有元本数等(B) + (A)+(B) \times \frac{1}{2}または\frac{1}{12}}{利子・配当等の計算期末所有元本数(A)}$$

＊利子・配当等の計算期間が1年を超えるものについては$\frac{1}{12}$とする。

---

<設例>

H法人が当期に受け取った利子・配当等について源泉徴収された所得税額は次のとおりである。法人税額から控除される所得税額を算定しなさい。

① A銀行預金　受取利息　200,000円　源泉徴収税額　30,000円
② B株式　　　受取配当　100,000円　源泉徴収税額　15,000円

なお，B株式については，前期から保有している3万株のほかに，期中で1万株取得している。期中取得の1万株の計算期間は6ヵ月，所有期間は4ヵ月とする。

〔解答〕

控除所得税額：30,000円＋（2,500円＋11,250円）＝43,750円
　　　　　A銀行預金：30,000円
　　　　　B株式：増加分1万株に対する所得税額

$$15,000円 \times \frac{10,000株}{40,000株} \times \frac{4月}{6月} = 2,500円$$

　　　　　　　期首所有2万株に対する所得税額

$$15,000円 \times \frac{30,000株}{40,000株} = 11,250円$$

---

### ③ 外国税額控除

内国法人が「外国法人税」を納付する場合，一定額を控除限度額として，当該事業年度の法人税の額から控除する。**外国税額控除**の適用を受けるかどうかは法人の選択によるが，外国税額控除を選択しない場合には，納付した外国法人税額は損金の額に算入する（法69）。

外国税額控除の適用を受けるときの控除限度額は，**一括限度額方式**による下記算式によって計算される（令142①）。

$$控除限度額 = 当該事業年度の法人税額 \times \frac{当該事業年度の国外所得金額}{当該事業年度の全世界所得金額}$$

ただし，平成24年4月1日以後に外国法人税については，国外所得金額から除外される非課税所得の全額（経過措置で2年間は6分5）を除外し，全世

界所得金額に占める国外所得金額の割合は,原則として,90%を限度とする。35%を超える率で課される外国税のうち,35%を超える率に対応する高率負担部分の外国税額については,控除対象外国税額としない(令142の2①,142③,附則9②,10)。

> **＜設例＞**
>
> A法人の当期における法人税額が3,000万円,全世界所得金額が9,000万円,国外所得金額が2,100万円の場合,外国税額控除の限度額を算定しなさい。
>
> 〔解答〕
>
> $$控除限度額 = 30,000,000 \times \frac{21,000,000}{90,000,000} = 7,000,000 円$$

# §6 法人税の申告,納付,還付および更正・決定

## 1 申 告

### (1) 確定申告

納税義務のある内国法人は,各事業年度終了日の翌日から2ヵ月以内に,「確定決算」に基づいて作成した「確定申告書」を所轄税務署長に提出しなければならない(法74①)。これを**確定申告**という。

**確定申告書**には,①法人名,②納税地,③代表者名,④事業年度,⑤所得金額(または欠損金額),⑥法人税額,⑦所得税額等の還付金額,⑧中間納付額の控除金額,⑨中間納付額の還付金額,⑩その他参考となるべき事項が記載される。このほかに,(a)貸借対照表,(b)損益計算書,(c)株主資本等変動計算書等,(d)上記(a)・(b)に係る勘定科目内訳明細書(電磁的記録によることもできる)および事業等の概況に関する書類を添付しなければならない(法74,規34,35)。

災害その他やむを得ない理由(風水害,地震,火災,法令違反の嫌疑等による帳簿書類の押収およびこれらに準ずるもの)により決算を確定していないた

め，2ヵ月以内に確定申告書を提出ができない場合には，その事業年度終了日後45日以内に申請書を提出し，確定申告書の提出期限を指定された日まで延期することができる（法75①，②）。延長期間の日数に応じ，年7.3％の利子税を納付しなければならない（法75⑦）。税務署長に当初の事業年度終了日までに「申告期限の延長申請書」を提出して申請すれば，確定申告書の提出期限を原則として1ヵ月間延長することができる（法75の2）。

### (2) 中間申告

事業年度が6ヵ月を超える法人については，当該事業年度開始の日以後6ヵ月を経過した日から2ヵ月以内に，中間納付のために中間申告書を税務署長に提出しなければならない（法76）。**中間申告**には，次の二つの方法がある。

(a) 前事業年度の税額を基準とする中間申告

前事業年度の法人税額を6ヵ月分に換算した全額が中間納付税額となる。「前年度実績」による中間納付税額は，次の算式によって求める（法71①）。

$$中間納付税額 = (前事業年度の法人税額) \times \frac{6}{(前事業年度の月数)}$$

ただし，納付税額が10万円以下である場合，またはその金額がない場合には，申告書を提出する必要はない。

(b) 仮決算による中間申告

中間申告書を提出すべき法人が，当該事業年度開始の日から6ヵ月の期間を1事業年度とみなして，当該期間の所得金額または欠損金額を計算・申告することができる（法72①）。ただし，上記(a)の金額が10万円以下でない場合，(b)仮決算による中間税額が上記(a)の金額を超える場合，(b)による中間申告書を提出することができない（法72①ただし書）。

中間申告により納付した法人税額は，「確定申告」のときに控除される。なお，中間申告書の提出期限内に提出しなかった場合には，(a)の「前事業実績」による中間申告書の提出があったものとみなされる（法73）。

### (3) 修正申告

確定申告書を提出した法人は，申告もれ等により所得金額または税額などに

不足額がある場合，欠損金額が過大である場合，または還付金が多すぎた場合には，その申告について税務署長の更正があるまでに，**修正申告書**を提出することができる（通法19①）。

反対に，間違って所得金額または税額を過大に申告した場合，欠損金額が過少である場合，または還付金が少なかった場合には，確定申告書の提出期限から5年以内に限って，正しい所得金額または税額に更正するように税務署長に請求することができる（通法23①）。これを**更正の請求**という。

## 2 納付と還付

### (1) 納　付

法定納期限までに法人税を納付しなかった場合，「延滞税」が課せられる。**延滞税**とは，法定納期限までに国税を完納しない場合に，その未納税額および完納までの期間に応じて課される金銭的負担をいう（通法60①）。「延滞税」は，法定納期限の翌日から2ヵ月以内の期間には年利7.3％，2ヵ月を超える期間には14.6％の割合で計算される（通法60②）。ただし，平成12年1月1日以降は，**特例基準割合**（公定歩合に4％を加算した割合）が7.3％に満たない場合には，上記割合は特例基準割合とされる（措法94）。

法定納期限までに**延納届出書**を提出したときは，延納期間中は年利7.3％の割合で「利子税」が課される。**利子税**とは，延納または納税申告書の提出期限の延長（法75）が認められた場合に，当該国税にあわせて納付すべきもので，納期限内の納付との負担の均衡を図るための金銭的負担である（通法64①）。

### (2) 還　付

**還付金**とは，適法に納付または徴収が行われたが，結果的に過大な納付となったため，納税者に返還されるべき税額をいう。法人税法は，還付金としてつぎの三つの場合を認めている。

① 利子および配当等に係る所得税額（源泉徴収税額）が法人税額を超えるときは，その超える金額に相当する税額が還付される（法79①）。

② 中間申告書を提出した場合，中間納付税額が確定申告による法人税額を超えるときは，その超える金額に相当する中間納付税額が還付される（法80①）。
③ 青色申告法人に欠損金があるときは，その欠損金が生じた事業年度開始日前の1年以内に開始した事業年度の法人税額について還付される（法81①）。前述したように，欠損金には1年繰戻しと9年繰越控除の選択ができる。

還付金が還付される場合には，法定納期限の翌日から，還付のための支払決定日までの期間の日数に応じ，その金額に年7.3％の割合で計算した**還付加算金**が付加される（通法58）。なお，特例基準割合が7.3％に満たない場合には，特例基準割合で計算する（措法95）。

還付金に係る国に対する請求権は，その請求をすることができる日から5年間行使しないことによって，時効により消滅する（通法74）。

「還付加算金」の基礎税額に1万円未満，還付加算金の確定金額に千円未満の端数があるときは，その端数金額は切り捨てる。

---

〈設例〉

法人税につき857,200円の還付を受けることになり，その支払決定日が6月15日であった場合の還付加算金を計算しなさい。なお，当社の決算日は3月31日であり，会社法上の大会社ではない。

〔解答〕

還付加算金：$850,000 \times 7.3\% \times \dfrac{15}{365} = 2,550$ 円 → 2,000 円

＊還付加算金が2,000円付くので，859,200円が返納される。

---

## 3　更正および決定

**申告納税制度**の下では，納付税額は納税者の納税申告により確定する。ただし，法定申告期限内に納税申告が行われないとき，または行われた納税申告の内容が正しくなかったときには，税務署長は，補充的に自ら納付税額の確定または納付税額の確定の変更を行うことになる。この処分を**課税処分**という。課税処分には，「更正」，「決定」および「再更正」がある。

**更正**とは，税務署長が納税申告書に記載された課税標準・税額等を調査したところと異なるときに，これを正当な金額に変更する処分をいう。更正には，

「増額更正」と「減額更正」がある。**決定**とは，納税申告書の提出義務がある者が当該納税申告書を提出しなかった場合に，税務署長が調査により課税標準・税額等を確定する処分をいう。**再更正**とは，税務署長が，更正・決定を行使した後，その更正・決定をした課税標準・税額等が過大または過少である場合に，調査によりこれを変更する処分をいう（通法24～26）。

更正または決定の手続きは，「更正通知書」または「決定通知書」を送付して行い，当該通知書の到達によりその効力が生ずる。

更正の「再更正」や「決定」ができる期間は，原則として，申告期限から3年を経過した日の前日までである。ただし，①納付税額を減少させる更正・再更正，②偽りその他の不正行為により租税逋脱の意図が存するときの更正・再更正，③申告期限内に申告がないときの決定，および決定後に行う更正・再更正の場合には5年とされる（通法70①）。

## 4　加算税

**加算税**とは，正当な理由なく，適正な納税申告義務の履行または源泉徴収による国税の納付義務の履行を怠った場合に課される附帯税であり，「過少申告加算税」，「無申告加算税」，「不納付加算税」および「重加算税」がある。

**過少申告加算税**は，期限内申告書が提出された後に，修正申告書の提出または更正がなされた場合に，新たに納付すべき税額の10％の金額（一定の場合には，さらに5％の金額が加算される）を課するものである（通法65①～②）。

**無申告加算税**は，期限内申告書が提出されないままに期限後申告書の提出または決定があった場合，あるいは期限後申告書の提出または決定があった後に修正申告書の提出または更正があった場合に，期限後申告書の提出，決定，修正申告書の提出または更正に基づいて納付すべき税額の15％の金額を課すものである（通法66①）。

**不納付加算税**は，源泉徴収税が法定納期限までに完納されなかった場合に，納税の告知にかかる税額または法定納期限後に告知を受けることなく納付された税額の10％の金額を，源泉徴収義務者に課すものである（通法67①）。

**重加算税**は，前記の過少申告加算税・無申告加算税・不納付加算税が課され

る場合において，納税者が課税標準等または税額等の計算の基礎となるべき事実の全部または一部を隠蔽しまたは仮装し，その隠蔽しまたは仮装したところに基づき納税申告書を提出したとき等に，これら前記の加算税に代えて課すものである。過少申告加算税・不納付加算税に代わる「重加算税」は，当該基礎となるべき税額の35％の金額であり，無申告加算税に代わる「重加算税」は，当該基礎となるべき税額の40％の金額である（通法68①〜③）。

## 5 不服審査および租税訴訟

### (1) 不服審査

　課税庁による租税の確定・徴収行為に違法がある場合には，納税者は違法な処分を争い，納税者の権利を保護する手段として行政庁（課税庁）に対して不服申し立てできる。この不服申立を**不服審査**といい，これには「異議申立」と「審査請求」がある。

　**異議申立**とは，処分行政庁に対する不服申立をいい，**審査請求**とは，処分行政庁以外の行政庁に対する不服申立をいう（行政不服審査法第3条第2項）。

　「審査請求」は，原則として「異議申立」に対する決定を経た後に申し立てることができる（通法75③）。ただし，「青色申告法人」の場合には，任意選択によって異議申立に対する決定を経ずに，直接に審査請求をすることが認められる（通法75④一）。「審査請求」は，「国税不服審判所長」に対して申し立てることとされる（通法78）。「異議申立」および「審査請求」は，処分があったことを知った日の翌日から起算して2ヵ月以内に不服申立を行わなければならない（通法77①）。異議申立に対する**決定**は，次のような「却下」，「棄却」および「取消し・変更」に三分類される（通法83①〜③）。

① 異議申立が法定期間の経過後に行われた場合，その他異議申立が不適法である場合には，決定により異議申立が却下される。
② 異議申立の理由がない場合には，決定により異議申立が棄却される。
③ 異議申立の理由がある場合には，決定により異議申立に係る処分の全部もしくは一部が取り消され，または変更される。

　「異議申立」に対してもなお「決定」に不服であるときは，国税不服審判所

長に「審査請求」を行うことができる。**審査請求**は，「異議決定書」の謄本が送付された日の翌日から起算して1ヵ月以内に行わなければならない。

**国税不服審判所**は，国税庁の付属機関であるが，争訟裁断機関として租税の確定・徴収を担当する執行機関とは分離され，国税庁長官が発遣する「通達」に拘束されることなく，審査請求に対する**裁決**を行うことができる（通法78①，98）。審査請求に対する国税不服審判所の処分である「裁決」は，①審査請求に理由がない場合には，棄却され，②審査請求に理由がある場合には，審査請求に係る処分の全部または一部が取り消され，または変更される。

## (2) 訴　　訟

国税不服審判所の「裁決」になお不服である場合には，裁判所に訴訟することができる（通法115①）。行政庁（税務署等）に対する不服申立を「不服審査」というのに対し，裁判所に対する不服申立を**訴訟**という。

裁判所に対する租税訴訟として最も問題となるのは，「取消訴訟」である。**取消訴訟**とは，処分が違法であることを理由として，当該処分の取消しを求める訴訟である（行政事件訴訟法第3条第2項）。不服申立に対する「取消訴訟」を提起するには，その前提として，①異議申立に対する処分には異議申立に関する「決定」，②審査請求に対する処分には審査請求に関する「裁決」をそれぞれ経なければならない（通法115①）。これを**不服申立前置主義**という。

「租税訴訟」については，「不服申立前置主義」が採用されているが，例外として，次の場合には，「決定」または「裁決」を経ることなく，直ちに取消訴訟を提起することができる（通法115①一～三）。

(イ) 異議申立（国税庁長官にされたものに限る）または審査請求がされた日の翌日から起算して三ヵ月を経過しても決定または裁決がない場合

(ロ) 更正・決定等の取消訴訟を提起した者が，当該訴訟の係属中に当該更正・決定等に係る国税の課税標準等または税額等についてされた他の更正・決定等の取消しを求めようとする場合

(ハ) 異議申立の決定または審査請求の裁決を経ることにより生ずる著しい損害を避けるため緊急必要があるとき，その他決定または裁決を経ないことにつき正当な理由がある場合

# 第3章 所得税法

## 1 所得税法の概要

　**所得税法**（昭和40年法律第33号）の対象となる**所得**とは、ある人に帰属する収入の一切を総合的に捉えて課税するものの中で、個人の所得に課せられるものである。原則として、個人の所得を課税対象とするが、源泉徴収の便宜上、法人が得る特定の所得についても課税対象となる。

　所得税法第1条は、「所得税について、納税義務者、課税所得の範囲、税額の計算の方法、申告、納付及び還付の手続、源泉徴収に関する事項並びにその納税義務の適正な履行を確保するため必要な事項を定めるものとする」と規定している。所得税は、法人税とともに「直接税」の代表的なものである。

　所得税法では、所得の源泉・性質、担税力の相違、徴税便宜等の理由により、**所得**は、利子所得、配当所得、不動産所得、事業所得、給与所得、退職所得、山林所得、譲渡所得、一時所得および雑所得の10種類に分けられている（所法21①一）。会社に勤務して給与を受給したり（給与所得）、事業活動により利益を稼得したり（事業所得）、あるいは、不動産などを売却して得た利益があったとき（譲渡所得）には、所得税を納めなければならない。所得の種類に応じて所得金額の計算に区別を設け、所得間の担税力の程度の違いを調整するとともに、特定の所得を源泉徴収にするなど計算および執行の簡便化を図っている。所得税は、このように担税力を直接に表す所得を課税の対象とするとともに、所得の増加に応じて税率が高くなる**超過累進税率**が採用されている（所法89）。この点でわが国の**所得税**は、所得が多い人ほど税を負担する能力があり、所得が多い人ほど税を負担すべきであるという**応能負担の原則**に沿った税金である。

**所得税**は，個人が1年間に稼得した所得に課税される。具体的には，毎年1月1日から12月31日までの暦年の1年間に生じた所得に課税される暦年課税が適用されている（通法15②一）。1年間に得た所得を総合して，翌年の2月16日から3月15日までの**確定申告期間**に所轄の税務署へ申告納税することになっている（所法120）。

　しかし，給与，配当などの所得については，給与・配当などの支払者が支払いの際に所得税を源泉徴収して政府に納めることとされている（所法181,183）。これを**源泉徴収制度**という。特に，給与所得者の場合は，その所得が給与所得だけのときには，原則として年末調整で課税関係が終了することとなり，申告納税が不要である（所法190）。ただ，給与収入の金額が2,000万円超の場合および給与所得以外の所得が存在する場合には，確定申告をする必要がある。なお，給与所得以外の所得の金額が20万円以下のときには，確定申告を要しない（所法121①）。

## 2　納税義務者

　第二次世界大戦は，わが国の社会に大きな変化をもたらし，その結果，租税制度も大きく変革した。戦前の所得税は，政府が国民一人一人の年間の所得を決定し，その所得に対して税金を賦課し徴収することを建前としていたが，戦後は，納税者が自ら所得金額と納税額を計算し，これを政府に対して確定申告により税金を自発的に納付する所得税制度に変わった。このような戦前の所得税の課税方法が**賦課課税制度**とよばれるのに対して，戦後の制度は，**申告納税制度**とよばれている。

　申告納税制度とは，納税者（納税義務者）自身が納付すべき税金の対象となる所得金額を算出して納税額を計算し，それに基づいて自主的に納税する制度をいう。すなわち，原則として納付すべき税額が納税者の申告により確定する方法である。この制度を採用している税金には所得税，法人税，相続税等がある。

　賦課課税制度とは，税務官庁等の行政処分により，納付すべき税金の額が決定される制度をいう。この制度では，納税者（納税義務者）自身が納付すべき

税金の金額を確定できず，国および地方公共団体（都道府県・市町村）がその金額を確定することになる。この制度を採用している税金には，地方税の住民税，個人事業税，固定資産税，不動産取得税，自動車税等がある。

所得税の**納税義務者**は，次のとおりとなる（所法5, 2①三〜七）。

① **居住者**（国内に住所を有し，または現在まで引き続いて1年以上居所を有する個人）
② **非永住者**（居住者のうち，日本国籍がなく，かつ，過去10年以内に5年以下の期間，国内に住所または居所がある個人）
③ 国内源泉所得を有する**非居住者**（居住者以外の個人）
④ 国内において利子等の支払を受ける**内国法人**（国内に本店または主たる事務所を有する法人）
⑤ 国内源泉所得のうち一定の支払いを受ける**外国法人**（内国法人以外の法人）

　個人たる納税義務者は，課税所得の範囲の相違により，「居住者」と「非居住者」に分けられ，さらに居住者は，「非永住者以外の居住者」と「非永住者」に，また，非居住者は，国内に恒久的施設等を有する非居住者とその他の非居住者に区分される。法人たる納税義務者は，内国法人と外国法人に区分され，さらに，人格のない社団または財団が納税義務者として列挙されている（所法4）。

**図表3-1　納税義務者の範囲**

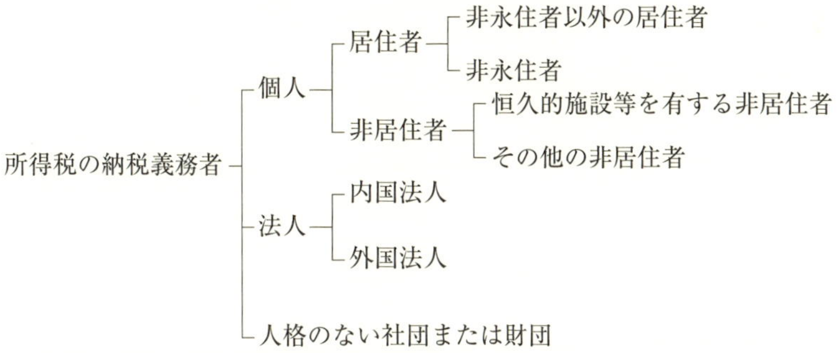

```
                    ┌─居住者──┬─非永住者以外の居住者
           ┌─個人──┤         └─非永住者
           │        └─非居住者─┬─恒久的施設等を有する非居住者
所得税の納税義務者─┤                   └─その他の非居住者
           ├─法人──┬─内国法人
           │        └─外国法人
           └─人格のない社団または財団
```

　所得税は，個人納税義務者の区分に応じ，非課税所得に該当するものを除き，それぞれ，図表3-2に掲げる所得に課されることになる（所法5）。

**図表3-2 個人納税義務者の課税所得の範囲**

| 非永住者以外の居住者 | 非永住者 | 非居住者 |
|---|---|---|
| 国内源泉所得（課税所得） | 国内源泉所得（課税所得） | 国内源泉所得（課税所得） |
| 国外源泉所得（課税所得） | 国外源泉所得（課税所得）／（非課税所得） | 国外源泉所得（非課税所得） |

・ アミ掛け部分は課税される所得，空白部分は非課税所得
・ 非永住者の国外源泉所得のうち，国内で支払われたもの，国外に送金されたものは課税される所得となる。

＊国内源泉所得……国内で生じる所得，国外源泉所得……国外で生じる所得

## 3 所得の種類

　所得は，さまざまな観点から分類可能であるが，たとえば，所得源泉や所得形成の期間の観点から次のように分類することができる。

(1) 所得源泉から分類すると，①資産を運用または処分することによって生ずる所得（**資産所得**），②勤労から生ずる所得（**勤労所得**），③資産と勤労との共同によって生ずる所得（**資産勤労結合所得**），④無償で財産の贈与を受けるなどの理由によって臨時的あるいは一時的に生ずる所得（**臨時的所得**）に区分できる。

(2) 所得形成の時間的な要因によって区分すると，①毎年繰り返して発生する所得（**経常的所得**），②長年月にわたって形成される所得（**長期性所得**）に分類される。

　社会一般の通念からの実体的な区分と所得の種類による担税力の差異その他の所得税の課税上の要請からくる区分とを組み合わせて，所得税法は課税所得を10種類に区分している。すなわち，所得税法は，1暦年間に得た所得の性質，源泉，課税目的または担税力の差異等から次のように分類している（所法23～35）。

① **利子所得**（公社債や預貯金の利子，貸付信託や公社債投資信託の収益の分配に係る所得）

② **配当所得**（株式に係る剰余金の配当，その他法人から受ける剰余金の分配，

## 図表3-3 各所得の内容と計算方法

| 所得の種類 | 内容 | 計算方法 | 課税方法 総合課税 | 課税方法 分離課税 |
|---|---|---|---|---|
| 利子所得 | 預貯金，国債などの利子の所得 | 収入金額＝利子所得の金額 | | ○ |
| 配当所得 | 株式，出資の配当などの所得 | 収入金額＝配当所得の金額 ただし，負債利子がある場合 収入金額－株式などを取得するための借入金の利子 | | 分離課税を選択した株式の配当等 ○ |
| | | | | 確定申告しないことを選択した場合 ○ |
| | | | 上記以外 ○ | |
| 不動産所得 | 土地，建物などを貸している場合の所得 | 総収入金額－必要経費＝不動産所得の金額 | ○ | |
| 事業所得 | 商工業，農漁業など事業をしている場合の所得 | 総収入金額－必要経費＝事業所得の金額 | | 土地の譲渡等 ○ |
| | | | 上記以外 ○ | |
| 給与所得 | 給与，賃金，ボーナスなどの所得 | 収入金額－給与所得控除＝給与所得の金額 | ○ | |
| 退職所得 | 退職手当，一時恩給などの所得 | (収入金額－退職所得控除)×$\frac{1}{2}$＝退職所得の金額 | | ○ |
| 山林所得 | 山林の立木を売った場合の所得 | 総収入金額－必要経費－特別控除額(50万円)＝山林所得の金額 | | ○ |
| 譲渡所得 | 土地，建物，車などを売った場合の所得（不動産と不動産以外に区分する） | 総収入金額－(土地建物などの取得費＋譲渡費用)－特別控除額＝譲渡所得の金額 | | 土地建物等 ○ |
| | | | 上記以外 ○ | |
| 一時所得 | 懸賞金，福引の当せん金品をもらった場合など一時的な所得 | 総収入金額－収入を得るために支出した費用－特別控除額(50万円)＝一時所得の金額 | ただし，その$\frac{1}{2}$が課税対象 ○ | |
| 雑所得 | 営業でない学校債，組合債権の利子など，上記の種類の所得にあてはまらない所得 | 総収入金額－必要経費＝雑所得の金額 | ○ | 割引債の償還差益の分離課税 ○ |
| | 公的年金，恩給などの所得 | 収入金額－公的年金等控除額＝雑所得の金額 | | |

基金利息および投資信託の収益の分配に係る所得）
③ **不動産所得**（不動産，不動産の上に存する権利および船舶，航空機の貸付けによって受ける賃貸料や権利金などによる所得）
④ **事業所得**（商工業，農業，水産業，自由職業などいわゆる事業から生ずる所得）
⑤ **給与所得**（給与や賃金，賞与などに係る所得）
⑥ **退職所得**（退職金や一時恩給などに係る所得）
⑦ **山林所得**（5年を超える期間所有していた山林を伐採して譲渡し，または立木のまま譲渡することによって生ずる所得）
⑧ **譲渡所得**（事業用の固定資産や家庭用の資産などを譲渡することによって生ずる所得）
⑨ **一時所得**（①から⑧以外の所得で偶発的に生ずる懸賞金などのような一時の所得）
⑩ **雑所得**（①から⑨までに掲げる所得以外の所得および恩給，厚生年金などの公的年金等に係る所得）

これらの所得を**各種所得**といい，それぞれの所得ごとに一定の規則に従って所得の計算を行う。この種類ごとに所得金額と税額の計算方法が異なっている。その計算方法と課税方法は，図表3-3で示すとおりである。

---

＜設例＞

各所得の計算方式を完成させなさい。

1. 利子所得の金額 ① ＝所得
2. 配当所得の金額 収入金額－ ② ＝所得
3. 不動産所得および事業所得の金額 ③ －必要経費＝所得
4. 給与所得の金額 ④ － ⑤ ＝所得
5. 譲渡所得の金額
   ⑥ － ⑦ － ⑧ ＝所得
6. 一時所得 ⑨ － ⑩ － ⑪ ＝所得
7. 雑所得　公的年金以外 ⑫ － ⑬ ＝所得
          公的年金 ⑭ － ⑮ ＝所得
8. 山林所得金額 （ ⑯ －必要経費）－ ⑰ ＝所得
9. 退職所得金額 （ ⑱ － ⑲ ）×$\frac{1}{2}$＝所得

〔解答〕
① 収入金額　② 負債利子　③ 総収入金額
④ 収入金額　⑤ 給与所得控除　⑥ 総収入金額

⑦ 取得費＋譲渡費用 ⑧ 特別控除額 ⑨ 総収入金額
⑩ 収入を得るために支出した費用 ⑪ 特別控除額
⑫ 総収入金額 ⑬ 必要経費 ⑭ 収入金額
⑮ 公的年金等控除額 ⑯ 総収入金額
⑰ 特別控除額 ⑱ 収入金額 ⑲ 退職所得控除額

## 4　所得金額の計算

　所得税法で，まず，それぞれの所得ごとに「所得の金額」を計算する。**所得の金額**は原則として，**収入金額**から**必要経費**などを差し引いて求める。

　これらの所得の金額は，「総所得金額」，「退職所得金額」，「山林所得金額」に区分される。**総所得金額**は，退職所得・山林所得等以外の所得の金額の合計

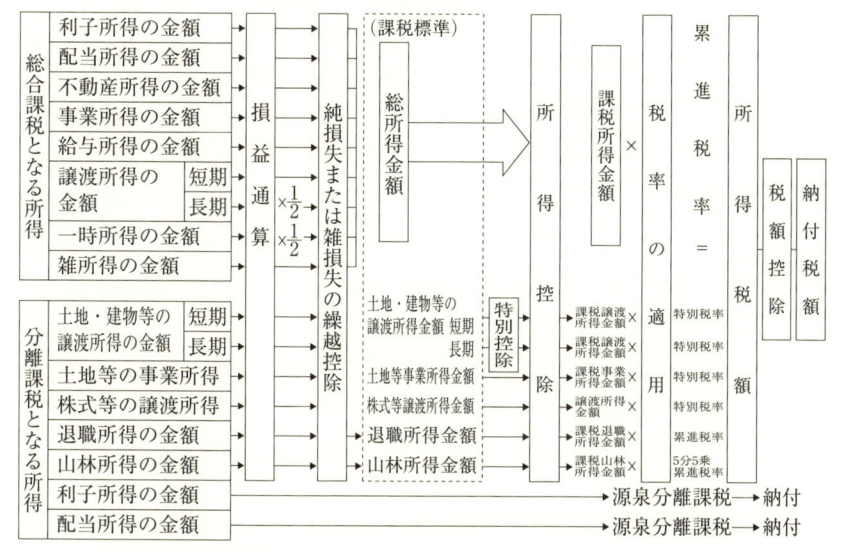

**図表3-4　所得税算出のしくみ**

① 収入金額から必要経費を差し引き，各所得金額を算出する。
② 各所得金額の間で損益を通算し，さらに純損失・雑損失を差し引いて課税標準を算出する。
③ 課税標準から各種の所得控除を差し引き，課税所得金額を算出する。
④ 課税所得金額に税率を適用し，所得税額を算出する。
⑤ 税額控除額や源泉徴収税額を控除して納税額を算出する。

額をいう。これらの総所得金額，退職所得金額，山林所得金額から各種の**所得控除額**を差し引き，課税所得金額，課税退職所得金額，課税山林所得金額を求める。この金額に税率を適用して所得税額を求める。これを「**算出税額**」という。この算出税額から「税額控除額」や「源泉徴収税額」を差し引いて申告納税額を算出する。一応の所得税の計算の過程を図で示すと，図表3-4のとおりになる。

---

＜設例＞

次の所得の帰属について，「実質所得者課税の原則」について答えなさい。

〔解答〕

資産又は事業から生ずる収益の法律上帰属するとみられる者が単なる名義人であり，その収益を享受せず，その者以外の者が収益を享受している場合は，その収益を実質的に享受する者に帰属するものとする。(所法12)

ⓐ 利子所得，配当所得，不動産所得又は譲渡所得の実質的な帰属者が明確でない場合には，財産権の名義人の所得となる。

ⓑ 事業所得の帰属は，実質的にその事業を経営していると認められるものが誰であるかにより判定することになる。

---

### (1) 各種所得金額の計算

所得税法では，1) 利子所得，2) 配当所得，3) 不動産所得，4) 事業所得，5) 給与所得，6) 退職所得，7) 山林所得，8) 譲渡所得，9) 一時所得，10) 雑所得，の計算方法が次のように定められている。

#### ① 利子所得

**利子所得**とは，①公社債，預貯金の利子，②合同運用信託（貸付信託や金銭信託）の収益の分配，③公社債投資信託の収益の分配，④公募公社債等運用投資信託の収益の分配による所得をいう（所法23①）。

次の算式のように，収入金額の全部が利子所得の金額となる。

収入金額＝利子所得の金額

利子所得は，経費の控除が認められていない。また，老人等に対する非課税となるものを除き，15％の税率による所得税の源泉徴収だけで納税が完了する**源泉分離課税方式**になっている。この適用を受ける利子等は，総合課税制度が

適用されず，確定申告の必要もない（措法23）。

> **＜設例＞**
>
> 利子所得の計算に当たり，次の収入について「利子所得」となるものを選び，その他の所得となるものはその所得を記入しなさい。
>
> ① 公社債の利子　② 預貯金の利子　③ 定期積金又は相互掛金の利子
> ④ 学校債,組合債等の利子　⑤ 従業員の社内預金の利子　⑥ 役員の社内預金の利子
> ⑦ 金融業者の貸付金の利子　⑧ 事業所得を生ずるべき事業の取引先または使用人
> 　　　　　　　　　　　　　　　　への貸付金の利子
> ⑨ 割引債の償還差益　⑩ 友人への貸付金の利子
>
> 〔解答〕
> 利子所得となるものの番号
> ①　②　③　⑤
> ④は雑所得，⑥は雑所得，⑨は雑所得，⑩は雑所得，⑦は事業所得，⑧は事業所得

### ② 配当所得

**配当所得**とは，①株式会社等から受け取る剰余金の分配，②特定目的会社等から受ける利益の配当，③保険会社等から受け取る基金利息，④証券投資信託の収益の分配による所得をいう（所法24）。

次の算式のように，収入金額からその元本の取得に要した負債の利子を差し引いた金額が配当所得の金額になる。

　　収入金額 − 元本の取得に要した負債の利子 ＝ 配当所得の金額

> **＜設例＞**
>
> 次の資料により，居住者M氏は①から⑤による配当収入があった。本年度分の配当所得金額を計算しなさい。
>
> ① 割引債の償還差益　　　　　　　　　　　90,000円
> ② 特定株式投資の収益の分配　　　　　　 120,000円
> ③ 利息の配当　　　　　　　　　　　　　 180,000円
> ④ 上記③の元本取得のためにかかった負債の利子　100,000円
> ⑤ 人格のない社団等からの収益の分配　　　 60,000円
>
> 〔解答〕
> （120,000円 ＋ 180,000円）− 100,000円 ＝ 200,000円
> 　　　　　　　　　　　　　　　　　（配当所得金額）
> 　＊①は雑所得（分離課税），⑤も雑所得（総合課税）となる。

### ③ 不動産所得

不動産所得は，①土地や建物等の不動産の貸付，②地上権や永小作権等の不動産の上に存する権利の貸付，③船舶や航空機の貸付から生ずる所得をいう。

下記算式のように，総収入金額から必要経費を差し引いた金額が不動産所得の金額となる。

総収入金額 － 必要経費 ＝ 不動産所得の金額

---

**＜設例＞**

① M氏は，平成24年に次のような不動産（貸家）の収入があった。M氏の平成24年分の不動産所得の金額を計算しなさい。

| 収入の種類 | 収入金額 | 必要経費 | 説明添付事項 |
|---|---|---|---|
| 貸家の家賃 | 3,600,000円 | 720,000円 | 平成24年中の支払期日到来を含む |
| 貸家の保証金 | 1,000,000円 | | 解約時に40％の返還契約 |

② 貸家1棟を貸付けている居住者S氏からの不動産所得を計算しなさい。

| 平成24年分の収入金額 | 必要経費 | 説明添付事項 |
|---|---|---|
| 賃貸料月額200,000円 | 50,000円（月額） | 水漏れ補修費 30,000円を支出している |

③ 青色申告者であるO氏は所有するマンション（10室）を貸付けている。1室の家賃は月額60,000円であり，12月分のうち，120,000円が未納である。その他のマンションの必要経費等は次のとおりである。
  ⓐ マンションの固定資産税　　　　　　　　　　　280,000円
  ⓑ マンションに係る必要経費（減価償却費を含む）　231,000円
  ⓒ マンションの家賃収入　　　　　　　　　　　7,080,000円
  ⓓ マンション貸付時に受け取った敷金（預り金）　　60,000円

〔解答〕
① 貸家の家賃　　　3,600,000円 － 720,000円 ＝ 2,880,000円
　 貸家の保証金　　1,000,000円 × 60%　　　 ＝ 　600,000円
　　　　　　　　　　　　　　　　　　　　　　　　3,480,000円

② 貸家の家賃　　2,400,000円 －（600,000円＋30,000円）＝ 1,770,000円

③ (1) 総収入金額：　7,080,000 ＋ 120,000 ＝ 7,200,000
　　(2) 必要経費：　　280,000 ＋ 231,000 ＝ 　511,000
　　(3) 不動産所得の金額：7,200,000 － 511,000 － 650,000* ＝ 6,039,000

　　＊青色申告特別控除額650,000円の申告書への添付は，正規の簿記により記録している者。

④ 事業所得

**事業所得**は，①卸・小売業に飲食業，製造業，建設業，運輸業，サービス業等の営業を行う人，②医師，弁護士，税理士等のような自由業を行う人，③農業，漁業等を行う人のその営業から生じる所得をいう。より具体的には，次のような事業（不動産の貸付，船舶・航空機の貸付業を除く）を列挙することができる(所令63)。

(a) 農　業
(b) 林業および狩猟業
(c) 漁業および水産業
(d) 鉱業（土石採取業を含む）
(e) 建設業
(f) 製造業
(g) 卸売業および小売業（飲食店業および料理店業を含む）
(h) 金融業および保険業
(i) 不動産業
(j) 運輸通信業（倉庫業を含む）
(k) 医療保険業，著述業その他のサービス業
(l) 上記のほか，対価を得て継続的に行う事業

これらの事業から生ずる所得は，大きく「営業所得」，「農業所得」，「その他の事業所得」に分類される。

**営業所得**とは，小売業，卸売業，製造業，修理業，サービス業，旅館業，クリーニング業，理髪業，美容業，浴場業，建設業，金融業，不動産業，道路運送業等の「収益事業」から生ずる所得をいう。

**農業所得**とは，①米，麦その他の穀物，馬鈴薯（ばれいしょ），甘藷（かんしょ），たばこ，野菜，花，種苗，その他の圃場（いば）作物，果樹，樹園の生産物または温室その他特殊施設を用いてする園芸作物の栽培を行う事業，②繭（まゆ）または蚕種（さんしゅ）の生産を行う事業，③前記または②の物の栽培または生産をする者が兼営する藁（わら）工品その他これに類する物の生産，家畜，毛皮獣または蜂の育成，肥育，採卵またははちみつの採取，あるいは酪農品の生産を行う事業から生ずる所得をいう(所令12)。

**その他の事業所得**とは，自由職業（医師，歯科医師，弁護士，司法書士，税理士，公認会計士，建築士，作家，作曲家，画家，写真家，映画・演劇・テレ

ビの監督,俳優,音楽家,講談・落語・漫才その他の芸人,職業野球の選手,外交員,ホステス,茶道・生け花・踊りの師匠等),畜産業・漁業などで営業・農業以外の事業から生ずる所得をいう。

なお,**自由職業**に関しては,「給与所得」と「事業所得」を判別することが難しいケースもある。たとえば,医師,弁護士,税理士が会社等から受ける顧問料,手当等は,その支払いを受ける時期・金額があらかじめ一定している「固定給」である等,「給与所得」であることが明らかであるものを除き,「事業所得」とされる。また,職業野球の選手,力士,舞台俳優,映画俳優等の所得についても,「固定給」である等,「給与所得」であることが明らかであるものを除き,「事業所得」とされる。

事業所得を大きく分けて,確定申告書では,それぞれに当てはまる業種を「種目」の欄に記入する。事業所得の業種を分類表示すると,図表3-5のようになる。

**図表3-5　事業所得の業種と範囲**

| 事　業 | 種　　　　　目 |
|---|---|
| 営　業 | 製造業,卸売業,小売業,金融業,保険業,運輸業,倉庫業,建設業,鉱業,受託加工業,修理業,サービス業,(旅館・クリーニング・染物・理髪・美容・浴場・遊戯場など)など。 |
| 農　業 | 米・麦・野菜・花・果樹などの栽培,まゆなどの生産,農家が兼営する家畜・家禽などの育成・肥育・採卵または酪農品の生産など。 |
| その他の事業 | 自由職業(医師・弁護士・税理士・建築士・作家・画家・音楽家・芸能人・職業野球選手・外交員・ホステス・私立学校の経営者など),漁業,畜産業など。 |

次の算式のように,総収入金額から必要経費を差し引いた金額が事業所得の金額となる。

　　総収入金額－必要経費＝事業所得の金額

事業所得の金額の計算における「総収入金額」と「必要経費」は,次のように計算される。

(a) 収入金額の計算

**総収入金額**は，現実に収入した金額ではなく，その暦年において収入すべきことが確定した金額によって計算する（所法36）。この「確定した金額」とは，「権利確定主義」に基づいて算入される。民法上，**権利確定主義**は，「売買契約の効力の発生日」をもって権利の成立時点（権利の確定時点）とする。

① 所得税法では，暦年課税となっているので，事業所得についても1月1日から12月31日までの収入が単位となる。その年分の総収入金額は，その年中に収入すべきことが確定した金額による。「権利の確定」に関する明文規定はないが，「売買契約の効力の発生日」以降に，「資産の所有権の移転」（あるいは「役務の提供の完了」それに伴う「代金請求権の確定」）が生じた「引渡し」（あるいは「役務完了」）の時点に「権利の確定」が成立したとみなされる。

② 総収入金額に算入する時期は，「別段の定め」がある場合を除き，次に掲げる日とする。
　(イ) 棚卸資産の販売……その物品の引き渡しがあった日
　(ロ) 試用販売……相手方が購入の意思を表示した日
　(ハ) 委託販売……受託者がその委託品を販売した日
　(ニ) 請　負……　i）　物の引渡しを要する請負契約にあっては，その目的物の全部を完成して相手方に引渡した日
　　　　　　　　　ii）　物の引渡しを要しない請負契約にあっては，その約した役務の提供を完了した日
　(ホ) 人的役務の提供……その人的役務の提供を完了した日
　(ヘ) 資産の貸付けによる賃貸料でその年に対応するもの……その年の末日
　(ト) 金銭の貸付けによる利息または手形の割引料でその年に対応するもの
　　　……その年の末日

③ 特殊な収入金額の計算
　(イ) 物や経済的利益などによる収入
　　　i）　売上代金を物品で受け取ったり，リベートを商品で受け取ったような場合には，その受け取ったときの価額で総収入金額に算入する。また，事業に関連して物品を時価よりも低い価額で譲り受けた場合も，その時価との差額を総収入金額に算入する。
　　　ii）　買掛金や未払金などの支払を免除してもらったり，他人に肩代わりしてもらったような場合は，その免除や肩代わりしてもらった金額を総収入金額に算入する。

ⅲ) 建築業者が,自分の従業員を使って自宅を新増築したような場合,材料費を総収入金額に算入する。
(ロ) 棚卸資産の自家消費や贈与などによる収入
　商品や製品を自家消費したり,親族や知人に無償や低廉な価額で販売した場合,原則として通常の販売価額を総収入金額に算入する。特例として,仕入価額または製作価額と通常の販売価額の70％のいずれか多い方の金額が総収入金額に算入される。
(ハ) 雑収入・リベートによる収入
　空箱・作業屑の売却による雑収入,仕入割引,リベートなども総収入金額に算入する。
(ニ) 広告宣伝用資産の受贈益による収入
　特約店などの販売業者等が製造業者等から製品の広告宣伝のための資産を無償または低廉な価額で譲り受けたときの収入金額に算入する受贈益は,次のように取り扱う。
　　ⅰ) 広告宣伝用の看板,ネオンサイン,どん帳のようにもっぱら広告宣伝用の資産には課税されない。
　　ⅱ) 製造業者等の取得価額×2／3－販売業者等が取得に支出した金額＝受贈益（30万円以下となった場合には課税されない。）
(ホ) 事業遂行上生じた付随収入
　　ⅰ) 従業員などに対する貸金の利息,ⅱ) 事業用資産の購入に伴って景品としてうけた金品,ⅲ) 新聞販売店の折込広告収入,ⅳ) 浴場や飲食店などの広告収入,ⅴ) 従業員から受ける従業員寮の家賃,ⅵ) 医師・歯科医師が休日,祭日または夜間に診療等に伴って地方公共団体から支払を受ける委託料,ⅶ) 事業用固定資産の固定資産税の報奨金等は,総収入金額に算入する。
(ヘ) 損害賠償金・補償金などの収入
　火災保険,補償金,損害賠償金,収益補償金,保険金等は総収入金額に算入する。

―――＜設例＞―――
次のケースで,事業所得の総収入金額に算入すべき金額を計算しなさい。

① 事業経営者S氏が自家消費した場合,事業用の商品（仕入価額300,000円）を仕入価額で売上に計上している。この商品の販売価額は500,000円である。
② 事業用のスクラップ,空箱等の容器類を30,000円で売却した。

③ 乳製品の製造業者から社名入りの陳列用冷蔵庫（取得価額 1,800,000 円）を，販売業者である個人が 500,000 円で購入した。それを店舗内で営業用に使用している場合の総収入金額に算入すべき「経済的利益」の金額を計算しなさい。
④ 従業員に対する貸付金の利子　65,000 円
⑤ 卸売業者が，Sマーケットへ売価 800,000 円の商品を委託販売として委託しており，委託先のSマーケットから売上計算書が届いている。委託手数料は 160,000 円である。

〔解答〕
① 500,000 円（通常の販売価額）×0.7 = 350,000 円が総収入計上金額となる。
② 業務の性質上，基本的に重要でないものの売却代金は「総収入金額」となる。よって，30,000 円を総収入金額とする。
③ $1,800,000 \times \dfrac{2}{3} - 500,000 = 700,000$ 円

＊製造業者がその取得のために支出した金額の3分の2相当額が購入代金よりも上回る金額を「経済的な利益」として，「総収入金額」に算入する。
∴ 700,000 円が「総収入金額」となる。
④ 総収入金額算入額は 65,000 円となる。収入内容により，雑所得や不動産所得と区分することが必要である。
⑤ 800,000 − 160,000 = 640,000 円　委託手数料は必要経費として控除する。

(b) 必要経費の計算の通則

**必要経費**とは，総収入金額に対応する「売上原価」またはその収入を得るために要する費用やその年に生じた「販売費」，「一般管理費」その他業務に関して生じた費用である。

**販売費**には，販売員の給料・賞与，販売手数料，荷造運賃，販売員旅費，広告宣伝費，交通費，見本費などがあり，**一般管理費**には，従業員給料・賃金・賞与，福利厚生費，旅費交通費，支払保険料，減価償却費，不動産賃借料，修繕費，通信費，利子割引料，租税公課，消耗品費などがある。その他，事業業務について生じた費用であり，総収入金額を得るために必要なものであれば「必要経費」となる。

「必要経費」は，実際に支払った金額ではなく，その年において支払うべき債務の確定した金額による。このことを**債務確定主義**といい，「債務が確定したもの」とは，確定していない経費を必要経費に含めると正確な所得計算ができなくなるので，これを防ぐために設けられた要件である。「債務確定」には，次の3要件が必要である。

① 年末までにその費用に関する債務が成立していること（債務の成立）
② 年末までに，その債務に基づいて具体的な給付をすべき原因となる事実が発生していること（具体的給付原因事実の発生）
③ 年末までにその金額を合理的に算定できること（金額の合理的算定可能性）

したがって，不動産所得・事業所得・雑所得の必要経費は，下記のような項目に限定される（所法37①）。
(イ) これらの所得の総収入金額に係る売上原価その他その収入金額を得るために直接要した費用
(ロ) その年における販売費，一般管理費，その他これらの所得を生ずべき業務について生じた費用でその年において債務が確定したもの
(ハ) これらの所得を生ずべき業務についてその年に生じた償却費

代表的な「必要経費」には，1)売上原価，2)租税公課，3)荷造運賃，4)水道光熱費，5)旅費交通費，6)通信費，7)広告宣伝費，8)接待交際費，9)損害保険料，10)修繕費，11)福利厚生費，12)給与・賃金，13)利子割引料，14)地代家賃，15)減価償却費，16)事業用固定資産の損失，17)貸倒金，18)損害賠償金，19)引当金・準備金，20)青色事業専従者給与などがある。以下，各経費について解説する。

### 1) 売上原価

期首棚卸高＋当期仕入高－期末棚卸高＝売上原価

---

**＜設例＞**

C商店では，X商品の評価方法を最終仕入原価法で行っている。X商品の本年中の取引についての資料は，次のとおりである。その期末棚卸高を計算し，売上原価を計算しなさい。

(1) 年初のX商品棚卸高　　400,000円
(2) その年の仕入高　　　5,720,000円
(3) 年末のX商品棚卸高　数量　1,560個
　　　　　　　　　　　最終仕入単価　980円

〔解答〕
(イ) 期末棚卸高
1,560×980＝1,528,800 円
(ロ) 売上原価の計算
400,000＋5,720,000－1,528,800＝4,591,200 円

2) 租税公課

業務に関して納付すべきことになった租税等で，原則として，必要経費に算入できる。ただし，**租税公課**を必要経費となるものと，必要経費にならないものを分類すれば，図表3-6のとおりになる。

図表3-6　租税公課の分類

| 必要経費となるもの | 必要経費とならないもの |
| --- | --- |
| 固定資産税，鉱区税，自動車税，自動車取得税，自動車重量税，登録免許税，不動産取得税，特別土地保有税，印紙税，事業税，鉱産税，事業所税，各種の組合費など。 | 所得税，住民税，相続税，所得税の加算税，延滞税，地方税の加算金，罰金，科料，過料など。 |

3) 荷造運賃

販売商品の梱包材料費，荷造人夫賃，鉄道，船，自動車等の運賃などが**荷造運賃**として必要経費に算入できる。

4) 水道光熱費

事業のために支出した水道料，電気料，ガス代，石油代等が**水道光熱費**として必要経費に算入できる。

5) 旅費交通費

事業用のために支出した車代，電車賃，バス代，宿泊代等が**旅費交通費**として必要経費に算入できる。

6) 通信費

事業のために支出した切手，ハガキ代，電話，インターネット使用料等が**通信費**として必要経費に算入できる。

7) 広告宣伝費

新聞・テレビ・ラジオ・雑誌等の宣伝広告費用，マッチ・ライター・カレンダー・うちわ・手帳等が**広告宣伝費**として必要経費に算入できる。

8) 接待交際費

交際費，接待費，機密費，その他の費用で，得意先，仕入れ先その他事業に関係ある者等に対する接待，供応，慰安，贈答その他これらに類する行為のために支出するものを**接待交際費**として必要経費に算入できる。

9) 損害保険料

商品などの棚卸資産や事業用減価償却資産に対する火災保険料，火災共済掛金，自動車保険料などが**損害保険料**として必要経費に算入される。なお，店舗併用住宅に係る火災保険料などは，店舗部分のみが必要経費に算入できる。

10) 修繕費

事業用の家屋，自動車，機械，装置，器具等その他の固定資産の**修繕費**である。通常の修理の金額を超え，そのことにより資産の価格が増加したり，耐用年数が延長するような支出については，**資本的支出**として資産の取得価額に加算されることになる。修繕費と資本的支出は，原則として，次のように区分できる。

　修繕費：(イ) 建物の移転または解体移築の費用，機械装置の移転費用
　　　　(ロ) 地盤沈下した土地の地盛り費用や建物等の床上げ費用
　　　　(ハ) 土地の水はけの砂利，砕石等の補充費用
　資本的支出：(イ) 建物の避難階段等を付加した費用
　　　　　　(ロ) 用途変更の模様替え，改造・改装費用
　　　　　　(ハ) 機械等の部品の高品質，高性能への取り替え費用

11) 福利厚生費

従業員に運営する福利厚生施設・食堂・病院等の維持管理費用，従業員・社員の慰安・慶弔費等のために支出する費用，事業主が負担した健康保険料，雇用保険料等の掛金は**福利厚生費**として必要経費に算入できる。

12) 給料・賃金（賞与を含む）

従業員に支払った**給料・賃金・賞与**は必要経費となる。ただし，商品を無償にて従業員に提供した場合は，現物給与として必要経費に算入し，商品の販売価額を総収入金額に加算する。

13) 利子割引料

事業資金等の借入金に対する支払利息，受取手形の割引料などは**利子割引料**として必要経費に算入できる。

14) 地代・家賃

店舗，駐車場，倉庫，資材置場等の事業用の土地や建物等を賃借している場合に支払った**地代**や**家賃**は必要経費に算入される。なお，建物の権利金は，支払った金額が20万円未満であれば，家賃に含めて支払った年の必要経費に算入できる。

15) 減価償却費

減価償却資産は，図表3-7のように分類される。

図表3-7　減価償却資産の分類

| 区　分 | 具体的な減価償却資産 |
| --- | --- |
| 有形固定資産 | 建物，建物附属設備，構築物，機械装置，航空機，船舶，車両および運搬具，工具，器具および備品 |
| 無形固定資産 | 鉱業権，漁業権，水利権，特許権，意匠権，商標権，営業権，専用側線利用権，電気通信施設利用権などの権利 |
| 生　物 | 牛，馬，豚，果樹，茶樹，アスパラガスなど |

注：使用可能期間が1年未満で取得価額が10万円未満については，その年の業務に供した年分の必要経費に算入する。

減価償却の計算要素は，下記のとおりである。

取得価額：その取得の態様に応じて異なるが，購入の場合には，購入代価の他，買入手数料，周旋料，関税，搬入料，据付費等を合計した金額

耐用年数：普通に使用した場合のその効用が持続する期間

**減価償却費**の計算方法には，次のような4つの方法がある。

① **定額法**：減価償却費の額が毎期均等になるように割り振る償却方法である。

　　取得価額×耐用年数に応じた償却率＝各年の償却費

② **定率法**：初期に償却額が多く，償却費が毎期一定の割合で逓減していく方法である。

(取得価額 － 前年末までの償却費合計額) × 耐用年数に応じた定率の償却率
＝ 各年の償却費

③ **生産高比例法**：鉱業用減価償却資産について，その埋蔵量や採掘量の比によって償却費を計算する方法である。

$$(取得価額 － 残存価額) \times \frac{各年の採掘量}{総採掘予定数量} ＝ 各年の償却費の額$$

④ その他の方法：漁網，活字用地金，なつ染用銅ロール，映画フイルムなどに用いる**減量率償却法**などがある。

<設例>

次の減価償却に関する問題について，☐の中に適切な用語を入れ完成させなさい。

① 定額法による減価償却費 ＝ ☐ × 償却率
② 定率法による減価償却費
　ⓐ 調整前償却額≧償却保証額の場合は，
　　減価償却費の額 ＝ (☐ － ☐) × 定率法の償却率
　ⓑ 調整前償却額＜償却保証額の場合は，
　　減価償却費の額 ＝ ☐ × ☐
③ 年の途中に事業用に供した資産の減価償却費
　　＝ 1年分の減価償却費 × $\frac{\fbox{\phantom{XX}}}{12}$
④ 耐用年数の一部を経過した減価償却資産を取得したときの簡便法による見積耐用年数
　　＝ ☐ － ☐ ＋ ☐ × 0.2
　(☐年未満の端数は切捨て)

〔解答〕
① 取得価額
② ⓐ (取得価額 － 前年末までの償却費の累計額) × 償却率
　 ⓑ 改定取得価額 × 改定償却率
③ $\frac{使用期間の月数}{12}$
④ 法定耐用年数 － 経過年数 ＋ 経過年数 × 0.2
　 1年未満…。

第3章 所得税法　193

　減価償却制度については，平成19年税制改正によって大幅に見直された。前述したように，減価償却とは，時の経過やその使用等に伴って発生する固定資産の価値の減少分（**減価償却費**）を毎期一定のルールに基づき算出する手続きである。その算出額を固定資産の帳簿価額から減少させる手続きである。固定資産の取得価額を耐用年数（有効使用可能期間）に適正に配分し，収益との対応を正確に計算することにその目的がある。減価償却制度の改正により，具体的に選定できる償却方法を区分すると図表3-8のとおりになる。

**図表3-8　減価償却方法および法定償却**

| 資産の種類 | | 平成19年3月31日以前の取得資産 | | 平成19年4月1日以後の取得資産 | |
|---|---|---|---|---|---|
| | | 選定できる償却方法 | 法定償却方法 | 選定できる償却方法 | 法定償却方法 |
| ① 建物（③を除く。） | 平成10年3月31日以前に取得されたもの | 旧定額法<br>旧定率法 | 旧定額法 | | |
| | 平成10年4月1日以後に取得されたもの | ー | 旧定額法 | ー | 定額法 |
| ② 建物附属設備，構築物，機械装置，船舶，航空機，車輌運搬具，工具，器具備品（③を除く。） | | 旧定額法<br>旧定率法 | 旧定額法 | 定額法<br>定率法 | 定額法 |
| ③ 鉱業用減価償却資産（⑤を除く。） | | 旧定額法<br>旧定率法<br>旧生産高比例法 | 旧生産高比例法 | 定額法定率法<br>生産高比例法 | 生産高比例法 |
| ④ 無形固定資産（⑤を除く。）および生物 | | ー | 旧定額法 | ー | 定額法 |
| ⑤ 鉱業権（租鉱権・採掘権を含む。） | | 旧定額法<br>旧生産高比例法 | 旧生産高比例法 | 定額法<br>生産高比例法 | 生産高比例法 |

| 資産の種類 | 平成20年3月31日以前契約分 | 平成20年4月1日後契約分 |
|---|---|---|
| 国外リース資産 | 旧国外リース期間定額法 | |
| リース資産 | | リース期間定額法 |

普通償却のほか，経済政策上の特別な措置として，エネルギー需給構造改革推進設備とか電子機器利用設備等を取得した場合の**特別償却**がある。

なお，繰延資産の償却と計算方法は次のようになっている。すなわち，開業費，開発費，その他税法上の繰延資産は，本来費用であるのに，収入と費用の期間配分の意味から一定期間に分割して費用配分するための擬制資産である。開業費及び開発費は5年均等償却で，税法上の繰延資産はその支出の効果が及ぶ期間を基礎として償却を行う。

---

**＜設例＞**

取得価額1,000,000円，耐用年数10年の減価償却資産の各年の償却に係る計算をしなさい。

① 定額法の償却率：0.100
② 250％定率法の償却率：0.250，保証率：0.0448，改定償却率：0.334

〔解答〕
① 各年度の償却限度額は100,000円（＝1,000,000×0.100）となる。

| 年数 | 1 | 2 | 3 | 4 | 5 | 6 | 7 | 8 | 9 | 10 |
|---|---|---|---|---|---|---|---|---|---|---|
| 期首帳簿価額 | 1,000,000 | 900,000 | 800,000 | 700,000 | 600,000 | 500,000 | 400,000 | 300,000 | 200,000 | 100,000 |
| 償却限度額 | 100,000 | 100,000 | 100,000 | 100,000 | 100,000 | 100,000 | 100,000 | 100,000 | 100,000 | 99,999 |
| 期末帳簿価額 | 900,000 | 800,000 | 700,000 | 600,000 | 500,000 | 400,000 | 300,000 | 200,000 | 100,000 | 1 |

（注）耐用年数経過時点において，備忘価額1円まで償却する。
10年目は結果として99,999円となる。

② 250％定率法の場合について，次のように表にまとめる。

| 年数 | 1 | 2 | 3 | 4 | 5 | 6 | 7 | 8 | 9 | 10 |
|---|---|---|---|---|---|---|---|---|---|---|
| 期首帳簿価額 | 1,000,000 | 750,000 | 562,500 | 421,875 | 316,407 | 237,306 | 177,980 | 133,485 | 88,902 | 44,319 |
| 調整前償却額 | 250,000 | 187,500 | 140,625 | 105,468 | 79,101 | 59,326 | 44,495 | 33,371 | 22,225 | 11,079 |
| 償却保証額 | 44,480 | 44,480 | 44,480 | 44,480 | 44,480 | 44,480 | 44,480 | 44,480 | 44,480 | 44,480 |
| 改定取得価額×改定償却率 | | | | | | | | 44,583 | 44,583 | 44,583 |
| 償却限度額 | 250,000 | 187,500 | 140,625 | 105,468 | 79,101 | 59,326 | 44,495 | 44,583 | 44,583 | 44,318 |
| 期末帳簿価額 | 750,000 | 562,500 | 421,875 | 316,407 | 237,306 | 177,980 | 133,485 | 88,902 | 44,319 | 1 |

---

16) **事業用固定資産の損失**

建物・構築物・機械・備品等の事業用資産および繰延資産の対象となった固定資産を除却した場合や廃棄処分をした場合，この固定資産の減失・損壊

した場合の**資産損失**は，損害保険金と減価償却累計額を控除して必要経費に算入する。青色申告者だけが引当金・準備金を設定できる。

17) **貸倒金**（売掛金・貸付金・前払金等の貸金等に対する貸倒れ）

貸金等の貸倒れが生じた場合，**貸倒損失**として必要経費に算入する。

18) **損害賠償金**

業務遂行上，他の者に与えた損害の賠償金・慰謝料等は，**損害賠償金**として必要経費に算入できる。

19) **引当金・準備金**

業務遂行上の一般的な経費とは異なり，その事業に特有の経費や臨時に生ずる経費をあらかじめ**引当金**や**準備金**の形で見越計上するものがある。現行制度としては，**貸倒引当金・返品調整引当金・退職給与引当金**の3種の引当金が認められているだけである。準備金には，**特別修繕準備金**などがある。

20) **青色事業専従者給与**

青色申告者と生計を一にする配偶者，その他の親族でその青色申告者の営む事業にもっぱら従事する人に支払う給与は，その金額が適正であれば，**青色事業専従者給与**としてその全額を必要経費に算入できる。

21) **事業専従者控除**

事業所得等を有する者と生計を一にする配偶者，15歳以上の親族が，その年を通じて6ヵ月を超える期間にわたり事業に従事している場合には，一定の金額が**事業専従者控除**として必要経費に算入できる。青色申告者でない人（**白色申告者**）の場合は，生計を一にする配偶者その他の親族のうちで，1年のうち6ヵ月を超える期間をその営む事業にもっぱら従事している人があれば，原則として，その専従者1人につき50万円（その専従者が事業主の配偶者である場合は86万円）を取得金額から控除することができる。下記(イ)(ロ)のいずれか少ない金額が事業専従者控除額となる。

(イ) 50万円（配偶者は86万円）

(ロ) 事業専従者控除額控除前の所得金額÷（事業専従者の数＋1）

＜設例＞

事業専従者控除額控除前の事業所得，不動産所得，山林所得の合計額が160万円で，事業専従者が配偶者1人の場合の事業専従者控除額を計算しなさい。

〔解答〕

$$\frac{1,600,000 円}{1+1} = 800,000 円 < 860,000 円$$

　事業専従者控除額：800,000 円

## ⑤ 給 与 所 得

**給与所得**とは，①俸給，給料，賃金，歳費，賞与等，②これらの性質を有する給与などの受取りによって得た所得をいう（所法28①）。給与所得は，「収入金額」から必要経費に相当する「給与所得控除額」を差し引いた金額が所得の金額になる。

　収入金額－給与所得控除額＝給与所得の金額

**給与所得控除額**は図表3-9に示されている。

図表3-9　収入金額に対応する給与所得控除額

| 給与所得の収入金額 | 給与所得控除額 |
|---|---|
| 180万円以下 | 収入金額×0.4（最低65万円） |
| 180万円超 360万円以下 | 72万円＋（収入金額－180万円）×0.3 |
| 360万円超 660万円以下 | 126万円＋（収入金額－360万円）×0.2 |
| 660万円超 1,000万円以下 | 186万円＋（収入金額－660万円）×0.1 |
| 1,000万円超 | 220万円＋（収入金額－1,000万円）×0.05 |

─〈設例〉─────────────────

　M氏のO社からの給料賞与の支払総額は平成24年度で7,856,776円（ただし，源泉所得税，社会保険料等984,756円を控除された額）である。M氏の給与所得総額を計算しなさい。

〔解答〕
7,856,776＋984,756＝8,841,532円
1,860,000＋(8,841,532－6,600,000)×0.1＝2,678,153円
8,841,532－2,678,153＝6,163,379円（給与所得の金額）

## ⑥ 退職所得

**退職所得**とは，退職に際し，勤務先から受け取る退職金，一時恩給などの所得をいう（所法30）。退職所得は，収入金額から「退職所得控除額」を差し引いた金額の2分の1が所得金額となる。

$$（収入金額 - 退職所得控除額） \times \frac{1}{2} = 退職所得の金額$$

**退職所得控除額**は，次のように勤続年数（1年未満端数切上げ）に応じて異なる（所法30③，④二）。

① 勤続年数が20年以下である場合
　40万円×勤続年数（80万円未満の場合には80万円）
② 勤続年数が20年を超える場合
　800万円＋70万円×（勤続年数－20年）

なお，障害者になったことに直接基因して退職した場合には，さらに100万円を加算した金額が「退職所得控除額」となる（所法30④三）。

<設例>

(1) 業務遂行中に事故で障害者となり退職したが，4,500万円の退職金の支給を受けた。勤続年数は，28年5ヵ月である。この場合における退職所得控除額と退職所得金額を計算しなさい。

〔解答〕

退職所得控除額：
　800万円（＝40万円×20年）＋70万円×（29年－20年）＋100万円＝1,530万円

退職所得金額：
　$(4,500万円 - 1,530万円) \times \frac{1}{2} = 1,485万円$

(2) 次の退職者の各人の退職所得金額を計算しなさい。

① A氏の退職金 9,600,000円　勤続期間　平成5年4月1日～平成24年2月29日
② B氏の退職金 4,200,000円　勤続期間　平成15年4月1日～平成23年5月31日
③ C氏の退職金 23,000,000円　勤続期間　昭和55年4月1日～平成23年9月30日

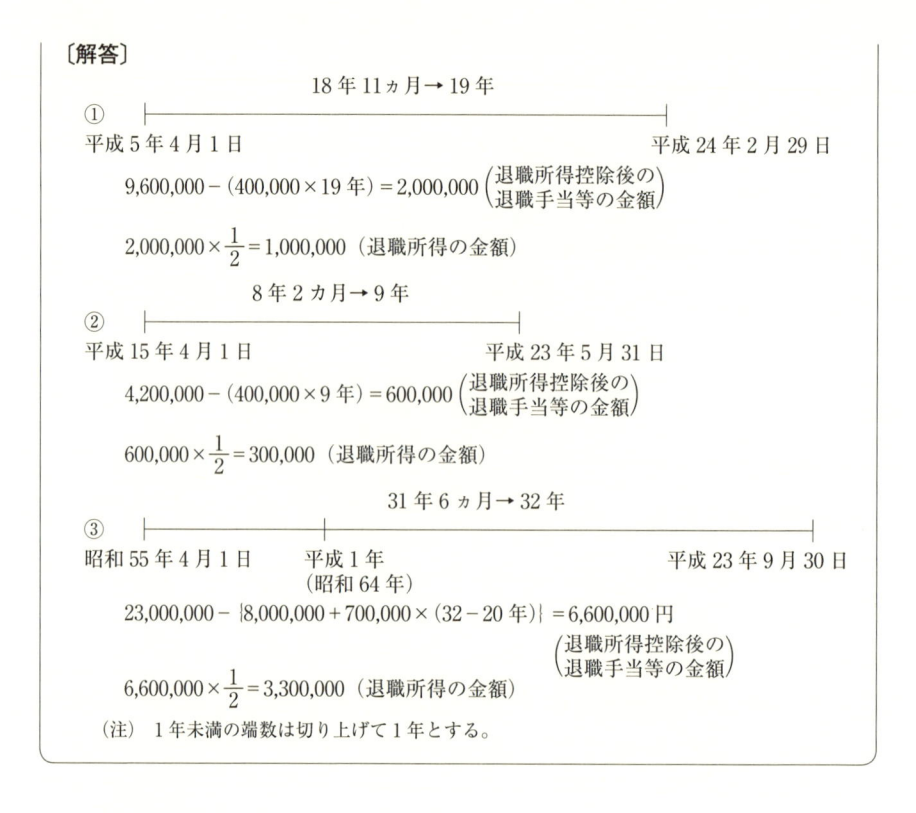

〔解答〕

① 平成5年4月1日 ——18年11ヵ月→19年—— 平成24年2月29日

$9,600,000 - (400,000 \times 19 \text{年}) = 2,000,000$ （退職所得控除後の退職手当等の金額）

$2,000,000 \times \dfrac{1}{2} = 1,000,000$ （退職所得の金額）

② 平成15年4月1日 ——8年2ヵ月→9年—— 平成23年5月31日

$4,200,000 - (400,000 \times 9 \text{年}) = 600,000$ （退職所得控除後の退職手当等の金額）

$600,000 \times \dfrac{1}{2} = 300,000$ （退職所得の金額）

③ 昭和55年4月1日　平成1年（昭和64年）——31年6ヵ月→32年—— 平成23年9月30日

$23,000,000 - \{8,000,000 + 700,000 \times (32 - 20 \text{年})\} = 6,600,000 \text{円}$ （退職所得控除後の退職手当等の金額）

$6,600,000 \times \dfrac{1}{2} = 3,300,000$ （退職所得の金額）

(注) 1年未満の端数は切り上げて1年とする。

⑦ 山林所得

**山林所得**とは，山林を伐採して譲渡したり，譲渡による所得をいう（所法32①）。山林所得は，総収入金額から必要経費（植林費・取得費・管理費・伐採費など）を差し引いた金額から，さらに山林所得の特別控除（50万円）を差し引いた金額が所得となる。

　　総収入金額－必要経費－特別控除額＝山林所得の金額

⑧ 譲渡所得

**譲渡所得**とは，土地，借地権，家屋，車両など資産の譲渡による所得をいう（所法33①）。資産の譲渡には，下記の場合も含まれる。
(a) 資産を代物弁済した場合
(b) 資産を交換した場合

(c) 資産が競売または公売に付された場合
(d) 土地，建物などが収用された場合
(e) 資産を法人に現物出資した場合
(f) 建物もしくは構築物の所有を目的とする地上権もしくは賃借権または地役権・借地権の転貸し等によって，その対価として支払を受ける金額が一定の金額を超える場合（所令79）
(g) 契約または資産の消滅を伴う事業で補償金を受ける場合（所令95）

譲渡所得は，総収入金額から譲渡資産の取得費および譲渡に要した費用を差し引いて**譲渡益**を求める。この譲渡益から譲渡所得の特別控除額を差し引いた金額が所得金額である。

総収入金額－（譲渡資産の取得費＋譲渡費用）＝譲渡益
譲渡益－特別控除金額＝譲渡所得の金額

土地・建物等以外の資産，たとえば車両，機械，備品などの資産を譲渡して得た譲渡所得は総合課税されるが，その担税力の強弱，不用不急の買換需要の抑制等のために「短期譲渡所得」と「長期譲渡所得」に分けられる。**短期譲渡所得**とは，その資産の取得の日から5年以内に譲渡して得た所得であり，**長期譲渡所得**とは，その資産の取得の日から5年を超えて譲渡した場合の所得をいう（所法33③）。

総合課税される場合の**譲渡所得の特別控除額**は，短期・長期譲渡所得の全体に対して50万円（譲渡益が50万円未満であるときは，その譲渡益の金額）である（所法33④）。「特別控除額」は，まず短期譲渡所得から控除し，その残額を長期譲渡所得から控除する（所法33⑤）。ただし，長期譲渡所得の課税対象となる金額は，長期譲渡所得金額の2分の1相当額である（所法22②二）。これを**2分の1課税**という。

> ＜設例＞
> (1) 短期譲渡所得となる譲渡益が40万円，長期譲渡所得となる譲渡益が300万円である場合，課税される譲渡所得金額を計算しなさい。
> 〔解答〕
> 40万円（短期・譲渡益）－50万円（特別控除額）＝△10万円（特別控除額の残額）
> 300万円（長期・譲渡益）－10万円（特別控除額の残額）＝290万円

課税譲渡所得金額：290万円×$\frac{1}{2}$＝145万円

(2) 短期譲渡所得となる譲渡益が300万円，長期譲渡所得となる譲渡益が40万円である場合，課税される譲渡所得金額を計算しなさい。

〔解答〕
300万円（短期・譲渡益）－50万円（特別控除額）＝250万円
40万円（長期・譲渡益）－0円（特別控除額の残額）＝40万円

課税譲渡所得金額：250万円＋40万円×$\frac{1}{2}$＝270万円

土地・建物等の譲渡所得は分離課税され，「短期譲渡所得」と「長期譲渡所得」に区分される（措法31①，32①）。**短期譲渡所得**とは，譲渡した日の属する1月1日現在で所有期間が5年以内である土地建物等を譲渡して得た譲渡所得であり，それ以外のものを**長期譲渡所得**という（措法31②，32②，措令20①，21①）。

分離課税の場合における**譲渡所得の特別控除額**（および**特別税率**）は，所有目的・譲渡理由の相違によってそれぞれ異なる。たとえば，収用交換等のための土地等の譲渡の場合には5,000万円，居住用財産譲渡の場合には3,000万円が特別控除額として控除される（措法33の4①一，35①）。

⑨ 一時所得

**一時所得**とは，営利を目的とする継続的行為から生じた所得以外の一時の所得で，労務その他の役務または資産の譲渡の対価としての性質を有しないものをいう（所法34）。一時所得の金額は，総収入金額からその収入を得るために支出した金額を差し引き，さらに，一時所得の特別控除額（50万円）を差し引いた金額である。なお，一時所得については，所得金額の2分の1が総所得金額に算入される。

総収入金額－収入を得るために支出した金額－特別控除額＝一時所得の金額

⑩ 雑所得

**雑所得**とは，上述の①から⑨までのいずれにも該当しない所得をいう（所法35）。雑所得には，「公的年金等にかかる雑所得」と「その他の雑所得」がある。「公的年金等にかかる雑所得」は，公的年金等にかかる収入金額から公的年

金等控除額を差し引いた金額が所得となる。

　　公的年金等にかかる収入金額 − 公的年金等控除額
　　　　　　　　＝公的年金にかかる雑所得の金額

その他の雑所得は、総収入金額から必要経費を差し引いた金額である。

　　総収入金額 − 必要経費 ＝ その他の雑所得の金額

＜設例＞
(1) 生命保険の満期になり、満期返戻金 800 万円を受領した。この収入を得るために掛金保険料を 500 万円支払っている場合の一時所得を計算しなさい。
(2) 生命保険契約の年金額 100 万円（10 年間、年額均一）、同時に剰余金 20 万円の受取りがある。これに係る保険料額は 80 万円である。

〔解答〕
総収入金額 − 収入を得るための支出金額 − 特別控除額となる。
(1) 800 万円 − 500 万円 − 50 万円 ＝ 250 万円
　＊一時所得の特別控除額は 50 万円である。ただし、当該残額が 50 万円に満たない場合には、当該の残額となる。
(2) 雑所得の金額
　1) 総収入金額 100 万円 ＋ 20 万円 ＝ 120 万円
　2) 必要経費　100 万円 × $\dfrac{800\text{万円}}{100\text{万円} \times 10\text{年}}$ ＝ 80 万円
　3) 120 万円 − 80 万円 ＝ 40 万円
　　源泉所得税　100 万 − 80 万円 ＝ 20 万円
　　20 万円 ＜ 25 万円　∴　0 円となる。

## (2) 損益の通算

　各種所得金額のうち、不動産所得金額、事業所得金額、山林所得金額または譲渡所得金額が赤字の金額を一定の方法で他の黒字の金額から控除し、その控除後の所得（黒字）の各種所得金額に基づいて課税標準を計算する。このように、4 種類の損失（赤字）の金額を他の所得（黒字）の金額から一定の順序で差し引くことができる。これを**損益通算**という（所法 69 ①）。
① 順序 1：第 1 次通算
　(a) 不動産所得金額または事業所得金額の計算上生じた損失の金額は、他の経

### 図表 3-10 損益通算の順序

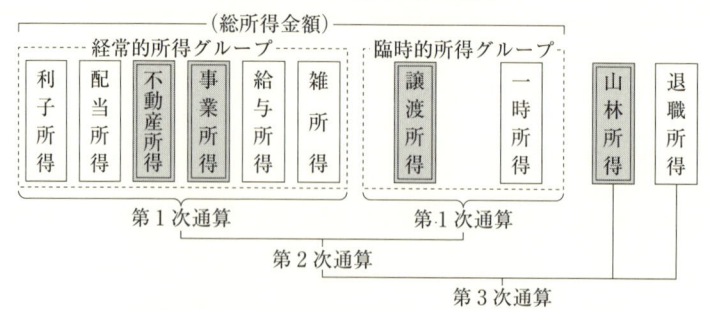

```
┌─────────────(総所得金額)─────────────┐
┌──経常的所得グループ──┐ ┌臨時的所得グループ┐
┌──┬──┬──┬──┬──┐ ┌──┬──┐ ┌──┐ ┌──┐
│利 │配 │不 │事 │給 │雑 │ │譲 │一 │ │山 │ │退 │
│子 │当 │動 │業 │与 │所 │ │渡 │時 │ │林 │ │職 │
│所 │所 │産 │所 │所 │得 │ │所 │所 │ │所 │ │所 │
│得 │得 │所 │得 │得 │  │ │得 │得 │ │得 │ │得 │
│  │  │得 │  │  │  │ │  │  │ │  │ │  │
└──┴──┴──┴──┴──┘ └──┴──┘ └──┘ └──┘
      第1次通算              第1次通算
            第2次通算
                  第3次通算
```

(注): □で囲んだ所得（赤字）は、他の所得（黒字）と損益通算できる所得である。

常的な所得（第1グループ：利子所得・配当所得・不動産所得・事業所得・給与所得・雑所得）から控除する。この場合，他の所得金額のうちに，分離される事業所得金額または雑所得金額があるときは，まずその分離課税される金額から控除する。

(b) 譲渡所得金額の計算上生じた損失の金額は，他の一時的な所得（第2グループ：譲渡所得・一時所得）から控除する。

② 順序2：第2次通算

順序1による控除をしてもなお控除しきれない損失の金額は，譲渡所得金額および一時所得金額から順次控除する。つまり，第1グループと第2グループの間で損益通算を行う。

　第1グループ＞第2グループの場合：第2グループの損失を第1グループから控除する。

　第2グループ＞第1グループの場合：譲渡所得の中に短期譲渡所得と長期譲渡所得があるときは，短期（分離→総合），次に長期（分離→総合），最後に一時所得の順序で控除する。

③ 順序3：第3次通算

順序1の第1次通算，順序2の第2次通算に従って控除してもなお損失の金額を控除しきれない損失金額がある場合は，山林所得金額，退職所得金額から順次控除する。

④ 順序4：山林所得金額の計算上損失の金額（赤字）は，まず第1グループと通算し，なお損失金額がある場合は，第2グループの金額，退職所得の金額の

順位に通算し控除を行う。総所得金額と山林所得がともに損失金額（赤字）の場合は、退職所得から総所得金額、山林所得金額の順位で通算し控除する。

**図表3-11　損益通算をできる所得とできない所得**

| 区　　分 | 内　　　　容 |
|---|---|
| 損失を他の所得から差し引くことができる所得 | 不動産所得（土地等の取得に係る借入金利子を除く）<br>事業所得（株式等に係る事業所得を除く）<br>譲渡所得（株式等に係る譲渡所得を除く）<br>山林所得 |
| 損失が生じても損益通算ができない所得 | 配当所得<br>給与所得<br>一時所得<br>雑所得 |
| | 競走馬（事業用を除く）、別荘、貴金属など<br>生活に必要でない資産についての所得<br>非課税所得<br>株式等に係わる事業所得および譲渡所得 |

＜設例＞

下記の各種所得の所得金額に基づいて損益通算を行い、総所得金額を計算しなさい。

| | |
|---|---|
| 不動産所得金額 | △6,000,000円 |
| 事業所得金額 | 15,000,000円 |
| 総合課税の長期譲渡所得金額 | △1,350,000円 |
| 分離課税の長期譲渡所得金額 | 600,000円 |
| 一時所得金額 | 300,000円 |
| 雑所得金額 | 360,000円 |
| 山林所得金額 | △1,500,000円 |

〔解答〕
第一次通算：
　(a)経常的所得グループ
　　15,000,000円＋360,000円－6,000,000円＝9,360,000円
　(b)臨時的所得グループ
　　300,000円－1,350,000円＝△1,050,000円
第二次通算：
　9,360,000円－1,050,000円＝8,310,000円
第三次通算：
　総所得金額
　　8,310,000円－1,500,000円＝6,810,000円

### (3) 損失金額の繰越しまたは繰戻し

損益通算の結果，なお損失金額が残っているとき（これを**純損失**という），または「雑損控除」（所得控除の一つ）で控除しきれなかった金額があるとき（**雑損失**という）は，一定の要件を満たす場合に限り，その金額を翌年度以降3年間にわたって繰越し，所得金額から控除することができる。これを**純損失・雑損失の繰越控除**という（所法70，71）。

また，青色申告者に限り，純損失の金額を前年に繰り戻して所得税額を計算し直し，その差額について税額の還付を請求することもできる。これを**純損失の繰戻し**という。

図表3-12 純損失・雑損失の繰越控除の要件

| 区分 | 差し引くことのできる損失の金額 | 差し引くための要件 |
| --- | --- | --- |
| 青色申告者 | ①雑損失の金額<br>②純損失の金額 | 損失の生じた年の青色申告書を期限内に提出し，その後も引き続き確定申告書を提出していること。 |
| 白色申告者 | ①雑損失の金額<br>②純損失の金額のうち，変動所得の損失と被災事業用資産の損失 | 損失の生じた年に損失の金額を記載した確定申告書を期限内に提出し，その後も引き続き確定申告書を提出していること。 |

### (4) 所 得 控 除

個人の1月1日から12月31日の1年間の所得について，課税標準である総所得金額，退職所得金額，山林所得金額等から所得控除を差し引き計算される。次に，それぞれの条件にあてはまる場合に，これらの所得金額から一定の金額を控除する。このような控除を**所得控除**という。

課税標準－所得控除＝課税所得

現行所得税法では，「所得控除」として①雑損控除，②医療費控除，③社会保険料控除，④小規模企業共済等掛金控除，⑤生命保険料控除，⑥地震保険料控除，⑦寄附金控除，⑧障害者控除，⑨寡婦控除・寡夫控除，⑩勤労学生控

除，⑪配偶者控除，⑫配偶者特別控除，⑬扶養控除および⑭基礎控除が認められている。

「所得控除」は，納税者の家族数や個人的な事情の相違，政策的な理由などによる。第1には，憲法25条の生存権の保障から担税力をもたないという理由による。これは**人的控除**とよばれるもので，この考えに基づく所得控除には，基礎控除（所法89），配偶者控除（所法83），配偶者特別控除（所法83の2），扶養控除（所法84）がある。第2には，個人的な事情のために，一般納税者以上の支出を余儀なくされる場合には，一般の人以上に担税力が弱いという理由から認められる。これには，障害者控除（所法79），寡婦（寡夫）控除（所法81），勤労学生控除（所法82）がある。第3には，社会政策的な理由や公共政策的な理由から認められる。雑損控除（所法72），医療費控除（所法73），社会保険料控除（所法74），小規模企業共済等掛金控除（所法75），生命保険料控除（所法76），地震保険料控除（所法77），寄附金控除（所法78）がある。

① 雑損控除

個人およびこれと生計を一にする親族の有する資産について災害，盗難または横領により損失が生じた場合には，その損失の金額のうち，一定の金額を超える部分の金額を個人のその年度の所得金額から**雑損控除**として控除することができる。

損失の金額は，損失を生じたときの直前の時価を基礎として計算する。この場合，災害関連支出の金額を含め，保険金，損害賠償金等で補填される金額を除いた金額である。ただし，生活に通常必要でない資産の災害による損失および被災事業用資産の損失については，雑損控除の適用はない。

下記の(a)と(b)のうち，多い方の金額が雑損控除額となる。

 (a) （災害関連損害額＋支出額－保険金など補填される金額）－（総所得金額等×10％）
 (b) （災害関連支出額－保険金など補填される金額）－5万円
　　注：(a)，(b)のいずれか額の多い方を選ぶことができる。

＜設例＞
　平成24年の事業所得は2,500万円，不動産所得は800万円であったが，5月に現金200万円と300万円相当の骨董品が盗まれ，11月に火災により次の資産

が全焼した。損害保険金として1,000万円を受け取り，災害関連支出として160万円を支払った。この場合における「雑損控除」を計算しなさい。
(イ) 居住用建物　　取得価額2,000万円　　時価 800万円
(ロ) 家　　　財　　取得価額　800万円　　時価 350万円
(ハ) 商　　　品　　取得価額2,300万円　　時価2,000万円

〔解答〕
雑損の金額：(200万円＋800万円＋350万円)＋160万円
　　　　　　－1,000万円＝510万円
雑損控除の金額：
　　① 510万円－(2,500万円＋800万円)×10％＝180万円
　　② 160万円－5万円＝155万円　　①＞②　∴ 180万円

② 医療費控除

納税者が，自己または自己と生計を一にする配偶者その他の親族に係る医療費を支払った場合に，その年中に支払った医療費の金額（保険金，損害賠償金などによって補填される部分の金額を除く）がその年分の特別控除額控除前の総所得金額等，退職所得金額および山林所得金額の合計額の5％（5％相当額が10万円を超えるときは10万円）を超えるときは，その超過額（その金額が200万円を超えるときは200万円）は，その者の特別控除額控除後の総所得金額等，退職所得金額または山林所得金額から**医療費控除**として控除される。

（医療費の金額－保険金等の金額）－総所得金額×5％（10万円を超えるときは10万円）＝医療費控除額（200万円を超えるときは200万円）

医療費控除は，給与所得者の年末調整の際には控除されないので，医療費控除の適用を受けるためには，「確定申告」を行い，医療費の領収書を添付するか提示する必要がある。

――＜設例＞――
平成24年中の医療費の額は350万円であり，保険により補填された金額は245万円であった。なお，特別控除額控除前の総所得金額等は1,700万円である。この場合における医療費控除の金額を計算しなさい。

〔解答〕
1,700万円×5％＝85万円
10万円＜85万円→10万円
(350万円－245万円)－10万円＝95万円

95 万円＜200 万円
　　したがって，平成 24 年の医療費控除の金額は 95 万円である。

### ③　社会保険料控除

納税者が自己または自己と生計を一にする配偶者その他の親族の負担すべき健康保険，厚生年金保険，国家公務員共済組合，雇用保険，船員保険，国民年金等の保険料，掛金等の社会保険料を支払った場合または，給料から控除される場合には，社会保障費の負担額としての社会政策的考慮から，それらの金額はその者のその年度分の特別控除額控除後の総所得金額等，退職所得金額，または山林所得金額から**社会保険料控除**として控除される。

　　支払った社会保険料の全額＝社会保険料控除額
　　　　　　　　　　　（給与から控除された社会保険料の全額）

### ④　小規模企業共済等掛金控除

納税者が，小規模企業共済等掛金を支払った場合には，その支払った金額は，その全額を**小規模企業共済等掛金控除**として所得から控除できる。この適用を受けようとする人は，確定申告書に所定の事項を記載するほか，掛金等の金額を証明する書類を添付するか提示しなければならない。

　　小規模企業共済等掛金の全額＝小規模企業共済等掛金控除額

### ⑤　生命保険料控除

納税者が，生命保険契約等に係る保険料または掛金について，㈠一般の保険料と㈡個人年金保険料の別に，一定の方法により計算した金額が合計で最高 10 万円を限度に**生命保険料控除**として控除できる。

　(a)　支払った保険料が 25,000 円以下の場合：支払保険料の全額
　(b)　支払った保険料が 25,000 円を超え 50,000 円以下の場合：

　　　　支払保険料×0.5＋15,000 円

　(c)　支払った保険料が 50,000 円を超え 100,000 円以下の場合：

　　　　支払保険料×0.25＋25,000 円（最高 5 万円）

(d) 支払った保険料が100,000円を超える場合：50,000円

⑥ **地震保険料控除**

納税者が，自己もしくは自己と生計を一にする配偶者その他の親族の所有に係る常時居住の用に供する家屋または家具，じゅう器，衣服等の生活用動産を保険または共済の目的とする損害保険契約等で地震等を原因とする損害を填補する保険金もしくは共済金が支払われる損害保険契約等に係る保険料または掛金を支払った場合，一定の方法により計算した金額を**地震保険料控除**として控除できる。控除金額は，支払保険料が5万円以下の場合には支払金額，支払保険料が5万円超の場合には5万円である。

⑦ **寄附金控除**

納税者が国，地方公共団体，公益法人または日本赤十字社等に対して支出した特定寄附金の合計額が2,000円を超える場合には，その超える金額の部分の金額は**寄附金控除**として控除できる。

$$\left.\begin{array}{l}\text{特定寄附金の額}\\ \text{所得金額の合計の40\%相当額}\end{array}\right\}\begin{array}{l}\text{いずれか}\\ \text{低い金額}\end{array}-2{,}000\text{円}=\text{寄附金控除額}$$

―――＜設例＞――――――――――――――――――――

寄附金の合計額は100万円，総所得金額等は12,986,624円であった場合の「寄附金控除」を計算しなさい。

〔解答〕
　12,986,624円×40％＝3,246,656円
　3,246,656円＞1,000,000円
　寄附金控除額：1,000,000円－2,000円＝998,000円

―――――――――――――――――――――――――――

⑧ **障害者控除**

納税者またはその控除対象配偶者や扶養親族のうちに障害者があるときは，1人につき27万円，特別障害者があるときは，1人につき40万円控除が**障害者控除**としてできる。なお，控除対象配偶者または扶養親族が特別障害者で，かつ，その納税者等との同居を常況としている場合には特別障害者一人につき75万円控除できる。

⑨ **寡婦（寡夫）控除**

納税者が寡婦または寡夫であるときは，27万円（特別の寡婦は35万円）を

寡婦（寡夫）控除として控除できる。

⑩ 勤労学生控除

納税者が勤労学生であって，年間の合計所得金額が65万円以下で，しかも給与所得以外の所得が10万円以下であるときは，27万円の**勤労学生控除**ができる。

⑪ 配偶者者控除

納税者と生計を一にする妻または夫でその年中の合計所得金額が38万円以下の場合には，**配偶者控除**として38万円控除できる。

⑫ 配偶者特別控除

合計所得金額が1,000万円以下の納税者が，生計を一にする控除対象配偶者に該当しない配偶者を有する場合には，その配偶者の合計所得金額に応じて，**配偶者特別控除**が控除できる。

**図表3-13 配偶者特別控除**

(単位：円)

| 配偶者の合計所得金額 | 控除額 | 配偶者の合計所得金額 | 控除額 |
| --- | --- | --- | --- |
| 38,001～399,999 | 380,000 | 600,000～649,999 | 160,000 |
| 400,000～449,999 | 360,000 | 650,000～699,999 | 110,000 |
| 450,000～499,999 | 310,000 | 700,000～749,999 | 60,000 |
| 500,000～549,999 | 260,000 | 750,000～759,999 | 30,000 |
| 550,000～599,999 | 210,000 | 760,000～ | 0 |

⑬ 扶養控除

**扶養親族**とは，12月31日現在で生計を一にしている配偶者以外の6親等内の血族，3親等内の姻族，児童福祉法でいう里子，老人福祉法養護老人で年間合計所得が38万円以下の者である。年齢16歳以上の扶養親族がいる場合，原則として扶養親族一人につき38万円の**扶養控除**ができる。

ただし，年齢19歳以上23歳未満の**特定扶養親族**には63万円，年齢70歳以上の**老人扶養親族**には48万円（同居老親族等の場合には58万円）が「扶養控除」として控除できる。

図表3-14　扶養控除額

| 扶養親族の区分 | | 控除額（各1人分） |
|---|---|---|
| 一般の扶養親族（下記以外の扶養親族） | | 38万円 |
| 年少扶養親族 | | 0円 |
| 特定扶養親族 | | 63万円 |
| 老人扶養親族 | 同居老親等以外の人 | 48万円 |
| | 同居老親等 | 58万円 |

⑭　基礎控除

納税者は，一律，**基礎控除**として38万円控除できる。

以上のほかに，青色申告者に限って認められる**青色申告特別控除**（65万円）がある（措法25の2）。

### (5)　所得控除の順序

各年度の総所得金額，分離課税の土地建物等の譲渡所得の金額，分離課税の株式等に係る譲渡所得の金額，山林所得の金額および退職所得の金額から所得控除の金額を差し引くについて，その順序がある。

所得控除はまず，雑損控除から行う。その理由は，雑損控除だけは，他の所得控除と違って，控除不足額については繰越控除の問題が生じる。まず，総所得金額から控除して不足額があるときは，上記の所得額から順次控除する。

さらに，雑損控除の金額を所得金額から控除しきれない場合は，その金額を3年間に繰越し（損失の金額の繰越または繰戻し）が認められている。

## 5　税額の計算

### (1)　総合課税所得と分離課税所得に対する税額

納税者に対して課する所得税額の計算過程は，次のとおりである。

① 総所得金額に対する税額

　課税所得金額を税率表に従って段階的に区分し，それぞれの金額に，その区分された段階に応じ「超過累進税率」を乗じ計算した金額を合計して**税額**が算出される。**超過累進税率**とは，課税標準が一定の金額を超える場合にその超える分にだけ順次高い税率を適用する税率である。

図表3−15　所得税の速算表

| 課税される所得金額　(A) | 税率　(B) | 控除額　(C) | 税額＝(A)×(B)−(C) |
|---|---|---|---|
| 195万円以下 | 5% | 0円 | (A)×5% |
| 195万円を超え　330万円以下 | 10% | 97,500円 | (A)×10%−97,500円 |
| 330万円を超え　695万円以下 | 20% | 427,500円 | (A)×20%−427,500円 |
| 695万円を超え　900万円以下 | 23% | 636,000円 | (A)×23%−636,000円 |
| 900万円を超え　1,800万円以下 | 33% | 1,536,000円 | (A)×33%−1,536,000円 |
| 1,800万円超 | 40% | 2,796,000円 | (A)×40%−2,796,000円 |

＜設例＞
　課税総所得金額が7,080,976円であった場合の算出税額を計算しなさい。
〔解答〕
　課税総所得金額：7,080,976円→7,080,000円（1,000円未満端数切捨て）
　算出税額：195万円×5％＝97,500円
　　　　　（330万円−195万円）×10％＝135,000円
　　　　　（695万円−330万円）×20％＝730,000円
　　　　　（708万円−695万円）×23％＝　29,900円
　　　　　　　　　　　　　　　　　　　992,400円

　速算表による算出税額：7,080,000×23％−636,000円＝992,400円

② 分離課税所得の金額に対する税額
(a) 長期譲渡所得に対する税額
　(イ) 通常の場合
　　　課税長期譲渡所得金額×15％
　(ロ) 優良住宅地の造成等のための特例を受ける場合

課税長期譲渡所得金額×10％（2,000万円を超える部分には15％）
(ハ) 居住用財産の譲渡の特例の適用を受ける場合
課税長期譲渡所得金額×10％（6,000万円を超える部分には15％）

―＜設例＞――
居住用財産に係る課税分離長期譲渡所得金額が9,000万円である場合の算出税額を計算しなさい。
〔解答〕
算出税額：60,000,000円×10％＋(90,000,000円－60,000,000円)×15％
　　　　　　　　　　　　　　　　　　　　　　＝10,500,000円

(b) 短期譲渡所得に対する税額
課税短期譲渡所得金額×30％

(c) 株式等の譲渡所得等の金額に対する税額
株式等の譲渡所得の税額算定に対して適用される税率は，譲渡の形態により，以下のように区分されている。
(イ) 金融商品取引事業者を通じた上場株式の譲渡：7％（平成26年以降15％）
(ロ) 上記以外の譲渡：15％

(d) 山林所得の金額に対する税額
課税山林所得金額の5分の1の金額について，総所得金額に対する超過累進税率を適用して計算した金額を5倍して算定する。これを**5分5乗方式**という。しかも，分離課税される。

―＜設例＞――
課税山林所得金額が1,500万円である場合における算出税額を計算しなさい。
〔解答〕
① 5分：1,500万円÷5＝300万円
② 5乗：195万円×5％＝　　　　　97,500円
　　　　(300万円－195万円)×10％＝105,000円
　　　　　　　　　　　　　　　　　202,500円
　　　　202,500円×5＝1,012,500円

(e) 退職所得金額に対する税額
退職所得金額に対して，総所得金額に対する超過累進税率を適用して税額が算定され，分離課税される。

<設例>
4,000万円の退職金の支給を受け，退職所得控除額は1,430万円である場合の算出税額を計算しなさい。

〔解答〕

課税退職所得金額：$(4,000\text{万円} - 1,430\text{万円}) \times \frac{1}{2} = 1,285\text{万円}$

算出税額：$12,850,000\text{円} \times 33\% - 1,536,000\text{円} = 2,704,500\text{円}$

## (2) 税額控除

所得税法では，所得税と法人税およびわが国の所得税と外国の所得税との2重負担を調整するため，①配当控除（所法92）と②外国税額控除（所法95）の2種類のみ認められる。さらに，政策的に住宅ローン控除，政党等寄付金控除が認められている。

### ① 配当控除

納税者が内国法人から受け取る利益の配当，剰余金の分配に係る配当所得を有する場合には，その者の算出税額から，次の金額が**配当控除**として控除される。

(イ) 課税総所得金額が1,000万円以下の場合

　　配当所得の金額×10％＝配当控除額

(ロ) 課税所得金額が1,000万円を超える場合

$$\begin{bmatrix}\text{配当所得金額のうち，課税総所得} \\ \text{金額から1,000万円を控除した金} \\ \text{額に達するまでの金額(A)}\end{bmatrix} \times 5\% + \begin{bmatrix}\text{配当所得金額} \\ \text{のうち，(A)以} \\ \text{外の金額}\end{bmatrix} \times 10\%$$

　　＝配当控除額

### ② 外国税額控除

納税者が外国に源泉のある所得を得て，外国の法令により所得税に相当する税額を課税されたときは，国際間の2重課税を防止する目的として一定の方法により算出した金額を限度に，外国で課税された税額が**外国税額控除**として控除できる。

### ③ 住宅借入金等を有する場合の所得税額の特別控除

納税者が一定の家屋を新築または購入し，もしくは居住の用に供している一定の家屋の増改築をして居住した場合，居住した年から10年間住宅借入金等

の年末残高を基として特別控除（**住宅ローン控除**と通称されている）ができる。

④ **政党等に対する寄附金の税額控除**

寄附金控除（所得控除）の適用を受けない場合に限り，所得税から**政党等寄附金控除**として控除される。

## 6　申告，納付および還付

　所得税は，暦年課税とともに，原則として，納税者自身が所得金額ならびに所得税の額を計算して申告，納付することになっている。これを「自己申告納税制度」という。**確定申告**は毎年1月1日から12月31日までの1年間に，納税者に帰属したすべての所得を総合して「超過累進税率」により課税するのが原則となっている。

　納税者は，毎年2月16日から3月15日までの間に，前年度分の所得金額を計算し，税額を計算してこれを納税地の所轄税務署長に申告書を提出しなければならない。

① **予定納税**

　**予定納税**とは，国の財政確保や財政収入の平準化，徴税技術などの財政上の理由および納税者側の納税の便宜を考慮して認められた制度である。その年の6月30日の現況において，予定納税基準額が15万円以上である納税者は，予定納税基準額の3分の1に相当する金額の所得税を第1期（その年の7月1日から31日までの期間），第2期（その年の11月1日から30日までの期間）にそれぞれ納付しなければならない。

② **確定申告**

　納税者で次の条件に該当する者は，その年分の所得の合計額を納税地の所轄税務署長に申告しなければならない。

(a)　確定申告しなければならない者

　　i ）一般の人の場合

　　利子所得，配当所得，不動産所得，事業所得，給与所得，譲渡所得，一時所得，雑所得，山林所得，退職所得のある人でこれらの所得金額が所得控除の合計額を超える人は，確定申告しなければならない。

ⅱ) 給与所得のある人の場合
　　(イ) 主たる給与等の収入金額が2,000万円を超える人
　　(ロ) 1ヵ所から給与を受けている人で，それ以外の所得の合計が20万円を超える人
　　(ハ) 2ヵ所以上から給与所得を受け，かつ，主たる給与支払者以外からの給与の収入額と給与以外の所得の合計が20万円を超える人
ⅲ) 退職所得のある人の場合
　　退職所得に対しては，原則として，20％の税率を乗じた源泉徴収税額によって納税が完了する。しかし，その源泉徴収税額が正規の方法で計算した税額より少額のときには，確定申告しなければならない（所法121②）。
(b) 還付等を受けるための確定申告
　源泉徴収された税金や予定納税した税金などの合計額が，計算された所得税額を超える場合，確定申告することにより，過納分の税金が還付される。ただし，その年の翌年1月1日以後5年を経過した後においては，還付のための申告書は提出することはできない。
(c) 確定申告の種類
　納税者はその所得の形態によって，次のいずれかの申告書で申告することになる。
　　① 一般用の確定申告書
　　② 給与所得者の還付申告用の確定申告書
　　③ 公的年金等のみの人用の確定申告書
　　④ 損失申告用の確定申告書
(d) 修正申告
　納税申告書を提出した者は，その申告に対して更正があるまでは，国税通則法第19条の規定により，その申告に係る課税標準等または税額等の**修正申告書**を提出することができる。
　　① 申告書に記載した納税額に不足額があるとき
　　② 申告書に記載した純損失等の金額が過大であるとき
　　③ 還付の申告書に記載した還付金相当額の税額が過大であるとき
　　④ 申告書に納税額を記載しなかった場合に納付すべき税額があるとき

## 7　更正の請求

　申告納税制度の下で，納税申告書を提出した者は，課税標準等の計算が所得税に関する法律の規定に従っていなかったことまたはその計算に誤りがあった場合には，その訂正のため，国税通則法第23条の規定により確定申告期限から1年以内また，申告等の訂正を必要とする新しい事由が生じてから一定期間内に限って**更正の請求**をすることができる。つまり，納税者の自主申告が過少であったときは修正申告をすることができ，過大であったときは更正の請求ができることになる。

## 8　青色申告

　昭和22年に申告納税制度が導入されたが，第二次世界大戦後の経済混乱，国民生活の不安定のために帳簿書類を完備し，帳簿・証票書類に基づいて申告できる納税者は少なかった。昭和24年シャウプ使節団によるいわゆる『シャウプ勧告』に基づいて，昭和25年に**青色申告制度**が採用された。この制度では，一定の正確な帳簿書類等を備え付け，正規の簿記の採用および簡易簿記や現金式簡易簿記の取引の記帳方法が定められている。それに基づき正確に課税所得を計算し，申告する制度である。この制度では，課税標準や税額算定などにおいて有利な取扱いを認めている。

　青色申告者には，税法上（所得税法・法人税法・租税特別措置法）の次のような多くの特典が与えられている。

① 青色申告者に対する更正は，その帳簿書類を調査し，更正通知には理由を付させるとか，他の納税者に比して有利な取扱いが認められる（手続きに関する特例）。

② 引当金，純損失の繰越控除，純損失の繰戻による還付などがある。

③ 青色事業専従者の給与の必要経費算入などがある。

# 第4章　消費税法

## 1　消費税法の概要

### (1)　消費税の意義と種類

　理論的な意味における**消費税**とは，物品・サービスの消費に担税力を認めて課される租税をいう。

　消費税は，どの段階で課税するかの違いにより，**直接消費税**と**間接消費税**に分けられる。直接消費税とは，最終消費行為そのものを対象として課される消費税であり，わが国では，ゴルフ場利用税（地法75～103），入湯税（地法701～701の29）が挙げられる。間接消費税とは，最終的な消費行為よりも前の段階で物品・サービスの取引行為に課される消費税である。間接消費税は製造・流通の段階で課税されることから，その税負担は物品・サービスの価格に含められて最終的に消費者に転嫁することが予定されている。わが国では，消費税法（昭和63年12月30日法律第108号）に基づく消費税・地方消費税，酒税法（昭和28年2月28日法律第6号）に基づく酒税が挙げられる。

　間接消費税は，課税の対象となる物品・サービスの消費の範囲の違いにより，**一般消費税**と**個別消費税**に分けられる。一般消費税とは，原則としてすべての物品・サービスの消費に対して課される消費税をいう。一般消費税においては，法令の規定により課税対象から除外されない限り，すべての物品・サービスの消費が課税の対象となる。個別消費税とは，法令の規定により特定の物品・サービスだけを課税の対象とする消費税をいう。

　一般消費税は，一つの取引段階だけで課税するか複数の取引段階で課税するかの違いにより，**単段階一般消費税**と**多段階一般消費税**に分けられる。単段階

一般消費税とは，製造から小売に至る一つの取引段階でのみ課税される一般消費税をいう。どの取引段階で課税するかにより，**製造者売上税**，**卸売売上税**および**小売売上税**に分けられる。製造者売上税とは，製造者の製造する物品の売上に対して売上金額を課税標準として課される消費税である。卸売売上税とは，卸売業者が行う卸売物品の売上に対して売上金額を課税標準として課される消費税である。小売売上税とは，小売業者が行う小売物品の売上に対して売上金額を課税標準として課される消費税である。製造者売上税の場合には，卸売売上税および小売売上税の場合と比較すると，納税義務者の数がかなり少ないため，執行は容易であるが税収を確保するためには税率を高くしなければならない。製造者売上税および小売売上税の課税対象は物品に限られるので，サービスが課税対象からはずれてしまう。小売売上税の場合にも，小売物品について消費者の消費の対象となったものと事業者の事業に供されたものを識別することは難しいため，後者については税負担の累積が生じるおそれがある。

多段階一般消費税とは，複数の取引段階で課税される一般消費税をいう。取引の各段階で課税標準を売上金額とするか付加価値とするかにより，**取引高税**と**付加価値税**に分けられる。取引高税とは，各取引段階の売上に対して売上金額を課税標準とする一般消費税をいう。取引高税は低い税率により多額の税収をあげることができる反面，税負担が累積する。そのため税負担の累積を排除するために企業の垂直的統合が促されることとなり，企業の垂直統合の度合い

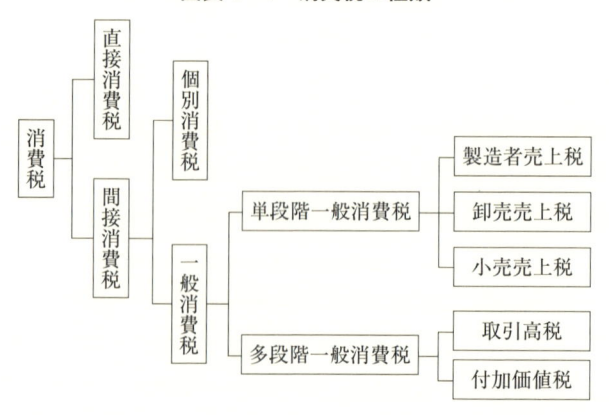

**図表 4 - 1　消費税の種類**

```
                      ┌─ 直接消費税
                      │
消費税 ─┤                       ┌─ 個別消費税
                      │                       │
                      └─ 間接消費税 ─┤                              ┌─ 製造者売上税
                                                │                              │
                                                │              ┌─ 単段階一般消費税 ─┼─ 卸売売上税
                                                │              │                              │
                                                └─ 一般消費税 ─┤                              └─ 小売売上税
                                                               │
                                                               └─ 多段階一般消費税 ─┬─ 取引高税
                                                                                    │
                                                                                    └─ 付加価値税
```

に応じて税負担の転嫁の状況が異なってしまうおそれがある。付加価値税とは，各取引段階の付加価値を課税標準とする一般消費税をいう。付加価値とは，物品の製造から小売りに至る各段階およびサービスが提供された段階で当該事業により新たに産み出された価値のことである。わが国の現行消費税法における消費税は，付加価値税である。

以上の消費税の種類を図示したものが，図表4-1である。

### (2) 現行消費税の基本的仕組み

#### ① 課税対象

現行消費税では，消費に広く薄く負担を求めるという観点から，原則として，事業者が国内で行うすべての物品の取引およびサービスの提供が課税の対象となる。具体的には，「国内において事業者が行った資産の譲渡等」（消法4①）および「保税地域から引き取られる外国貨物」（消法4②）である。

#### ② 非課税取引

国内取引の中には，消費に対して負担を求めるという消費税の性質を踏まえると課税になじまないものや，社会政策的な配慮から課税することが不適当なものがある。そこで，消費税法においては，一定の取引については**非課税取引**として課税対象から除外されている（消法6，別表第一，別表第二）。

#### ③ 輸出免税取引

物品の取引やサービスの提供が国内取引に該当する場合でも，その物品が輸出される場合またはサービスの提供が国外で行われる場合には，**輸出免税取引**として消費税が免除される（消法7）。

#### ④ 納税義務者

国内において資産の譲渡等を行う**事業者**が**納税義務者**となる（消法5①）。事業者とは，**個人事業者**（事業を行う個人）および**法人**をいう。

#### ⑤ 小規模事業者に係る納税義務の免除

事業者に該当する個人または法人であっても，その課税期間の基準期間における課税売上高が1,000万円以下である事業者については，その課税期間中に国内で行われた課税資産の譲渡等につき，消費税の納税義務が免除される（消

法9)。

⑥ 課税標準

国内取引に係る消費税の課税標準は，**課税資産の譲渡等の対価の額**である。課税資産の譲渡等の対価の額とは，課税資産の譲渡等の対価として収受し，または収受すべき一切の金銭または金銭以外の物もしくは権利その他経済的な利益の額であり，課税資産の譲渡等につき課されるべき消費税および地方消費税に相当する額は除かれる（消法28①）。

保税地域から引き取られる課税貨物に係る消費税の課税標準は，課税対象となる外国貨物の関税課税価格，消費税以外の個別消費税額および関税額の合計額である（消法28③）。

⑦ 税　率

消費税の税率は，4％の単一税率である（消法29）。なお，地方消費税は消費税額を課税標準とし，税率は25％である（地法72の82，83）。

⑧ 税額控除

課税事業者が，国内において課税仕入れを行った場合，または保税地域から課税貨物を引き取った場合には，その課税仕入れを行った日または課税貨物を引き取った日の属する課税期間の課税標準額に対する消費税額（売上げに係る消費税額）から，(a)当該課税期間中に国内において行った課税仕入れに係る消費税額および(b)当該課税期間中に保税地域から引き取った課税貨物について課されたまたは課されるべき消費税額の合計額を控除する（消法30①）。これを**仕入税額控除**という。

## 2　課　税　対　象

消費税の**課税対象**は，(1)**国内取引**（国内で事業者が行う資産の譲渡等）（消法4①）および(2)**輸入取引**（保税地域から引き取られる外国貨物）（消法4②）である。国外で行われる取引は，消費税の課税対象にならない。

## (1) 国内取引

### ① 資産の譲渡等であること

**資産の譲渡等**とは，事業として対価を得て行われる資産の譲渡，貸付けおよび役務の提供をいう（消法2①八）。

#### (イ) 資産の譲渡

**資産の譲渡**とは，資産の同一性を保持しつつ他人に移転させることをいい，資産の交換もこれに含まれる（消基通5-2-1）。資産の譲渡には，(a)通常の売買のほかに，(b)**代物弁済**による資産の譲渡，(c)**負担付き贈与**による資産の譲渡，(d)金銭以外の資産の出資，(f)貸付金その他の金銭債権の譲受けその他の承継（包括承継を除く）等が含まれる（消法2①八括弧書，消令2①）。

#### (ロ) 資産の貸付け

**資産の貸付け**とは，資産に係る権利の設定その他，他の者に資産を使用させる一切の行為をいう（消法2②）。資産の貸付けには，賃貸借，消費貸借，消費寄託などのほか，工業所有権に係る使用権の設定や著作物に係る出版権の設定も含まれる（消基通5-4-1）。

#### (ハ) 役務の提供

**役務の提供**とは，いわゆるサービスを提供することであり，提供される役務の内容には，土木工事，修繕，運送，保管，印刷，広告，仲介，興行，宿泊，飲食，技術援助，情報の提供，便益，出演，著述等がある。その他に弁護士，公認会計士，税理士，作家，スポーツ選手，映画監督，棋士等によるその専門的知識，技能に基づく役務の提供もこれに含まれる（消基通5-5-1）。

資産の譲渡等には，その性質上，事業に付随して対価を得て行われる資産の譲渡，貸付けおよび役務の提供も含まれる（消令2③）。

### ② 事業者が事業として行うこと

**事業者**が事業として行う取引が課税対象となる。事業者とは，**個人事業者**および**法人**をいい（消法2①四），個人事業者とは事業を行う個人をいう（消法2①三）。

**事業**とは，同種の行為を反復・継続・独立して遂行することである。したが

って，個人事業者が行う生活用資産の譲渡は，事業取引には該当しない。それに対して，法人が行う資産の譲渡，貸付けおよび役務の提供はすべてが事業取引に該当する（消基通5-1-1）。

### ③ 対価を得て行うものであるもの

**対価**を得て行うとは，資産の譲渡，貸付けおよび役務の提供に対して反対給付を受けることをいう（消基通5-1-2）。土地収用法等に基づき，所有権その他の権利を収用され，かつ，当該権利を取得する者から当該権利の消滅に係る補償金（以下，**対価補償金**という）を取得した場合には，対価を得て資産の譲渡を行ったものとされる（消令2②）。

したがって，無償による資産の譲渡，貸付けおよび役務の提供は，対価を得て行われたとはいえない。たとえば，保険金または共済金，心身または資産につき加えられた損害の発生に伴い受ける損害賠償金，建物賃貸借契約の解除等に伴う立退料，剰余金の配当，減収補償金・移転補償金等，対価補償金に該当しない補償金，寄附金・祝金・見舞金，補助金・奨励金・助成金等は，いずれも資産の譲渡・貸付けおよび役務の提供の反対給付に該当しないので，対価を得たとはいえない（消基通5-2-4～14）。

ただし，個人事業者が棚卸資産または棚卸資産以外の資産で事業の用に供していたものを家事のために消費し，または使用した場合および法人が資産をその役員（法2十五）に対して贈与した場合には，同様の行為に対して対価が支払われる場合と比較して課税の公平を図るため，対価の支払いがなくても対価を得て行われたとみなされる（消法4④）。この場合に対価とみなされる金額は，消費または使用した資産および贈与された資産のその時の価額に相当する金額，すなわち消費，使用，贈与時の資産の時価である（消法28②）。

### ④ 国内において行われる取引であること

**国内**とは，消費税法の施行地をいう（消法2①一）が，具体的には日本国内を指す。資産の譲渡等が国内で行われたかどうかの判定は，資産の譲渡または貸付けと役務の提供に分けて行う。

<u>(イ) 資産の譲渡または貸付けの場合</u>

資産の譲渡または貸付けの場合には，原則として，取引時における資産の所在場所である（消法4③一）。したがって，取引の対象となった資産の取引時における所在場所が日本国内であれば，当該取引は国内において行われたことになる。

ただし，譲渡または貸付けの対象資産が船舶，航空機，特許権等である場合には，船舶等の登録をした機関の所在地等により判定し，その所在地等が国内であれば国内取引と判定される（消令6①）。

(ロ) 役務の提供の場合

役務の提供の場合には，原則として，役務の提供場所である（消法4③二）。したがって，役務の提供場所が日本国内であれば，当該取引は国内において行われたことになる。

ただし，国際運輸，国際通信その他国内と国内以外の地域にわたって行われる役務の提供の場合には，出発地・発送地または到着地，発信地または受信地等の場所により判定し，その場所が国内であれば国内取引となる（消令6②）。

## (2) 輸入取引

**保税地域**から引き取られる**外国貨物**には，消費税が課される（消法4②）。

保税地域とは，税関の輸入許可が下りる前の外国からの輸入貨物について関税を留保した状態で保管，加工，製造，展示等を行うことができる特定の場所や施設をいう（消法2①二，関税法29）。外国貨物とは，(a)輸出の許可を受けた貨物および(b)外国から本邦に到着した貨物で輸入が許可される前のものをいう（消法2①十，関税法2①三）。

## 3 非課税取引

事業者の行う国内取引の中には，消費に対して負担を求めるという消費税の性質を踏まえると，本来課税対象とすることになじまないものや，社会政策的な配慮から課税することが不適当なものがある。そこで，消費税法においては，このような一定の取引については**非課税取引**として課税対象から除外されている（消法6，別表第一，別表第二）。

## (1) 国内取引

### ① 取引の性質上課税になじまないもの

(イ) 土地（土地の上に存する権利を含む）の譲渡および貸付け（別表第一・一）

　土地の貸付けであっても，一時的に使用させる場合等は除かれる。「一時的に使用させる場合」とは，貸付けの期間が一月に満たない場合および駐車場その他の施設の利用に伴って土地が使用される場合をいう（消令8）。

　「土地の上に存する権利」とは，土地の使用収益に関する権利をいい，地上権，土地の賃借権，地役権，永小作権等がある。したがって，土地の使用収益に関連しない権利である鉱業権，土石採取権，温泉利用権および土地そのものを目的とする抵当権は土地の上に存する権利には該当しない（消基通6-1-1）。

(ロ) 有価証券等の譲渡ならびに支払手段等の譲渡（別表第一・二，消令9）

(ハ) 貸付金の利子を対価とする資産の貸付け等の金融取引および保険料を対価とする役務の提供等（別表第一・三，消令10）

(ニ) 国が行う郵便切手類または印紙の譲渡および一定の販売所におけるこれらの譲渡ならびに地方公共団体等の行う証紙の譲渡（ただし，郵便切手類が収集品販売業者等によって販売される場合には非課税とはならない。）（別表第一・四イ，ロ）

(ホ) 物品切手等（物品の給付請求権または役務の提供もしくは物品の貸付けに係る請求権を表彰する証書）の譲渡（別表第一・四ハ）

(ヘ) 国，地方公共団体，公共法人，公益法人等が法令に基づき徴収する手数料等に係る役務の提供（別表第一・五イ～ハ，消令12）

(ト) 国際郵便為替，国際郵便振替の役務の提供（別表第一・五ニ）

(チ) 外国為替取引その他外国為替業務（譲渡性預金証書の非住居者からの取得に係る媒介，取次ぎまたは代理に係る業務その他一定の業務を除く）としての役務の提供（別表第一・五ホ，消令13）

② 特別の政策的配慮に基づくもの

消費税の課税対象となりえても，社会政策的配慮から，消費税を課することが適当でないものは，非課税取引として課税しない。

(イ) 医　　療

健康保険法等の医療保険各法，老人保健法，生活保護法，公害健康被害の補償等に関する法律または労働者災害補償保険法に基づいて行われる医療の給付（医療費の支給を含む）（別表第一・六，消令14）

(ロ) 社会福祉事業

介護保険法，社会福祉法および更生保護法に規定する更生保護を行う事業として行われる資産の譲渡等（障害者支援施設等を経営する事業において生産活動としての作業に基づき行われる資産の譲渡等を除く）（別表第一・七，消令14の2）

(ハ) 助　　産

医師，助産師その他医療に関する施設の開設者による助産に係る資産の譲渡等（別表第一・八）

(ニ) 埋葬・火葬

墓地・埋葬等に関する法律に規定する埋葬に係る埋葬料または火葬に係る火葬料を対価とする役務の提供（別表第一・九）

(ホ) 身体障害者用物品

身体障害者の使用に供するための特殊な性状，構造または機能を有する一定の身体障害者用物品の譲渡，貸付け等（別表第一・十，消令14の3）

(ヘ) 学校教育

学校教育法第1条に規定する学校，同法第82条の2に規定する専修学校および同法第83条第1項に規定する各種学校（修業年限1年以上であることその他一定の要件に該当するものに限る）ならびに同法第82条の2および第83条第1項に規定する他の法律に特別の規定があるものでこれらと同等の教育施設（文教研究施設，職業能力開発総合大学校等）の授業料，入学金，施設設備費，入学検定料，学籍証明等手数料を対価とする役務の提供（別表第一・十一，消令14④，15，16）

### （ト）　教科用図書

学校教育法の規定により，小学校，中学校，高等学校，盲学校および養護学校等において使用しなければならないとされている文部科学大臣の検定を経た教科用図書または文部科学省が著作の名義を有する教科用図書の譲渡（別表第一・十二）

### （チ）　住　　　宅

住宅の貸付け（居住用に供することが明らかなものに限る。一時的に使用させる場合等を除く）（別表第一・十三，消令16②）

### (2)　非課税貨物

保税地域から引き取られる外国貨物については，有価証券等，郵便切手類，印紙，証紙，物品切手等，身体障害者用物品，教科用図書には，消費税を課さない（消法6②，別表第二）。

## 4　輸出免税等

### (1)　輸 出 免 税

課税事業者が国内において行う課税資産の譲渡等のうち，①本邦から輸出として行われる資産の譲渡または貸付け，②外国貨物の譲渡または貸付け，③国内および国内以外の地域にわたって行われる旅客，貨物の輸送，通信，④上記③に規定する輸送の用に供される船舶または航空機の譲渡もしくは貸付けまたは修理，⑤その他非居住者に対する役務の提供（国内における飲食・宿泊を除く）に対しては，消費税が免除される（消法7②二～七）。

### (2)　輸出物品販売所

輸出物品販売所を経営する事業者は，外国為替および外国貿易管理法に規定する非居住者に対し，通常生活の用に供する物品（食品類，飲料類その他の消耗品を除く）で輸出するために購入されるものの譲渡を行った場合には，その譲渡については一定の要件の下に，消費税を免除する（消令8，消令18）。

## 5　納税義務者

消費税を納める義務のある者，すなわち納税義務者は，国内取引と輸入取引とに区分される。

### (1)　国内取引

課税対象となる取引を行う**個人事業者**および**法人**が納税義務者となる。国，地方公共団体，公共法人，公益法人，人格のない社団等のほか，非居住者および外国法人であっても，国内において課税対象となる取引を行う限り納税義務者となる（消法5①）。

### (2)　輸入取引

課税対象となる**外国貨物**を**保税地域**から引き取る者が納税義務者となる。事業者に限らず，消費者である個人が輸入する場合にも納税義務者となる（消法5②）。

## 6　小規模事業者に係る納税義務の免除

### (1)　事業者免税点制度

課税期間の**基準期間**における課税売上高（輸出売上高を含む）が1,000万円以下の事業者については，その課税期間中に国内において行った課税資産の譲渡等につき納税義務が免除される（消法9）。

#### ①　基準期間

基準期間とは，個人事業者についてはその年の前々年をいい，法人についてはその事業年度の前々事業年度（前々事業年度が1年未満である法人については，その事業年度開始の日の2年前の日の前日から同日以後1年を経過する日までの間に開始した各事業年度を合わせた期間）をいう（消法2①十四）。

② 基準期間における課税売上高
　**(イ)** 個人事業者および基準期間が1年である法人
　個人事業者および基準期間が1年である法人における基準期間の課税売上高とは，基準期間中に国内において行った課税資産の譲渡等の対価の額（税抜き）の合計額からその基準期間中の売上げに係る税抜対価の返還等の金額の合計額を控除した残額をいう（消法9②一）。
　**(ロ)** 基準期間が1年でない法人
　基準期間が1年でない法人における基準期間の課税売上高とは，基準期間中に国内において行った課税資産の譲渡等の対価の額（税抜き）の合計額からその基準期間中の売上げに係る税抜対価の返還等の金額の合計額を控除した残額を，その基準期間に含まれる事業年度の月数の合計数で除し，これに12を乗じて計算した金額をいう。なお，月数は暦に従って計算し，1月に満たない端数が生じたときは，これを1月とする。また，個人事業者の新規開業年とその翌年，資本金または出資の金額が1,000万円未満の法人の設立事業年度とその翌事業年度は，基準期間の課税売上高がないので，免税事業者となる（消法9②二，③）。

③ 前年または前事業年度の課税売上高による特例
　個人事業者の前年1月1日から6月30日までの半年間および法人の前事業年度開始の日以後半年間の課税売上高が1,000万円を超えるときは，基準期間の課税売上高が1,000万円以下であっても，納税義務は免除されない（消法9の2）。平成25年1月1日以後に開始する年または事業年度から適用される。

### (2) 課税事業者の選択
　事業者が，その基準期間における課税売上高が1,000万円以下である課税期間につき納税義務の免除措置を受けない旨の届出書を所轄税務署長に提出した場合には，その提出をした日の属する課税期間の翌課税期間以後の課税期間において納税義務者となる（消法9④，⑥）。

### (3) 基準期間がない法人の納税義務の免除の特例
　その事業年度の基準期間がない法人のうち，その事業年度の開始の日におけ

る資本金または出資の金額が1,000万円以上である法人（以下，**新設法人**という）については，その新設法人の基準期間がない事業年度においては納税義務は免除されず，設立事業年度とその翌事業年度は課税事業者となる（消法12の2）。

## 7　納税義務の成立時期

### (1)　資産の譲渡等の帰属

　国内取引について，消費税の納税義務が成立するのは，課税資産の譲渡や貸付け，および役務の提供を行ったときである。その時期をいつとするかは，基本的には，所得税や法人税の課税所得の計算において，総収入金額または益金の額に算入すべき時期とほぼ同じである。輸入取引については，課税貨物を保税地域から引き取るときに納税義務が成立する。

　棚卸資産の譲渡を行った日は，その引渡しのあった日とされる（消基通9-1-1）。請負による資産の譲渡等の時期は，原則として，物の引き渡しを要する請負契約にあっては，その目的物の全部を完成して相手方に引き渡した日，物の引渡しを要しない請負契約にあっては，その約した役務の全部の提供を完了した日とされる（消基通9-1-5）。固定資産の譲渡の時期は，原則として，その引渡しがあった日とされる。ただし，その固定資産が土地，建物その他これらに類する資産である場合において，事業者がその固定資産の譲渡に関する契約の効力発生の日を資産の譲渡の時期としているときは，その日によることができる（消基通9-1-13）。

### (2)　長期割賦販売等に係る資産の譲渡等の時期の特例

　事業者が，資産の**延払条件付販売等**もしくは**長期割賦販売等**に該当する資産の譲渡等を行った場合において，これらの長期割賦販売等に係る対価の額につき**延払基準**の方法により経理することとしているときは，その長期割賦販売等のうち長期割賦販売等に係る賦払金の額で長期割賦販売等をした日の属する課税期間において，その支払の期日が到来しないもの（ただし，その課税期間に

おいて支払を受けたものを除く。）に係る部分については，その課税期間において資産の譲渡等を行わなかったものとみなして，長期割賦販売等に係る対価の額から控除することができる（消法16①）。

延払条件付販売等または長期割賦販売等とは，次の要件に適合する条件を定めた契約に基づいて行われる資産の販売もしくは譲渡，工事等をいう（法63①，⑥）。
① 月賦，年賦その他の賦払の方法により3回以上に分割して対価の支払を受けること
② その資産の販売等に係る目的物の引渡しまたは役務提供の期日の翌日から最後の賦払金の支払の期日までの期間が2年以上であること
③ その資産の販売等の目的物の引渡しの期日までに支払の期日が到来する賦払金の合計額が，その資産の販売等目的物の対価の額の3分の2以下となっていること

長期割賦販売等をした課税期間の翌課税期間以後の各課税期間においては，その課税期間中にその支払の期日が到来する賦払金に係る部分の資産の譲渡等が行われたものとみなされる（消法16②）。

### (3) 工事の請負に係る資産の譲渡等の時期の特例

**長期大規模工事**の請負に係る契約に基づき資産の譲渡等を行う場合において，その長期大規模工事の目的物のうち**工事進行基準**の方法により計算した収入金額または収益の額に係る部分については，その課税期間において資産の譲渡等を行ったものとすることができる（消法17①）。

長期大規模工事とは，次のいずれの要件にも該当するものをいう（法64①，令129①，②）。
① 工事のうち，その着手の日からその工事に係る契約において定められている目的物の引渡しの日までの期間が1年以上であること
② その請負の対価の額が10億円以上であること
③ その工事に係る契約において，その請負の対価の額の2分の1以上が目的物の引渡しの期日から1年を経過する日後に支払われることが定められていないものであること

長期大規模工事の目的物の引渡しを行った場合には，その対価の額から，その引渡しの日の属する課税期間前の各課税期間において資産の譲渡等を行ったものとみなされた部分に係る対価の額を控除する（消法17③）。

長期大規模工事以外の工事の請負に係る契約に基づき資産の譲渡等を行う場合において，その工事に係る対価の額につき工事進行基準の方法により経理したときは，その経理した対価の額に係る部分は，その課税期間において資産の譲渡等を行ったものとすることができる。ただし，工事進行基準の方法により経理しなかった課税期間については，この特例は適用されない（消法17②）。

### (4) 小規模事業者に係る資産の譲渡等の時期の特例

個人事業者で，いわゆる**現金主義**（所法67）により所得税の計算を行うこととしている事業者については，資産の譲渡等および課税仕入れの時期はその対価の額を収入した日および課税仕入れに係る費用の額を支出した日とすることができる（消法18①）。

## 8 課税標準

### (1) 国内取引

#### ① 原　則

国内取引に係る消費税の**課税標準**は，**課税資産の譲渡等の対価**の額である。課税資産の譲渡等の対価の額とは，課税資産の譲渡等の対価として収受し，または収受すべき一切の金銭または金銭以外の物もしくは権利その他経済的な利益の額であり，課税資産の譲渡等につき課されるべき消費税および地方消費税に相当する額は除かれる（消法28①）。ここに「収受すべき」とは，原則として，その譲渡等に係る当事者間で授受することとした対価の額をいい，譲渡等の対象となった課税資産等の時価を指すのではない（消基通10-1-1）。

「金銭以外の物もしくは権利その他経済的な利益」は，それを受け取ることにより実質的に資産の譲渡等の対価と同様の経済的効果をもたらすものをいう

ので，金銭の無償または低利による借受けもこれに該当する（消基通10-1-3）。「金銭以外の物もしくは権利その他経済的な利益の額」は，その物もしくは権利その他経済的な利益を享受する時における価額すなわち時価をいう（消令45①）。

② **課税標準の特例**

(イ) 法人の役員に対する低額譲渡

法人が資産をその役員に譲渡した場合において，その対価の額が譲渡時における資産の価額に比し著しく低いときは，その価額に相当する金額が対価の額とみなされる（消法28①但書）。「資産の価額に比し著しく低いとき」とは，資産の譲渡対価の額がその譲渡時における資産の時価のおおむね50％相当額に満たない場合をいう。なお，譲渡資産が**棚卸資産**である場合，譲渡対価が，(a)その資産の課税仕入れの金額以上であり，かつ，(b)通常他に販売する価額のおおむね50％相当額以上であれば，「資産の価額に比し著しく低いとき」には該当しない（消基通10-1-2）。なお，法人が資産をその役員に資産の価額に比し著しく低い価額で譲渡した場合であっても，その譲渡が役員および使用人の全部につき，一律または勤続年数等に応じた合理的な基準により普遍的に定められた値引率に基づいて行われた場合には，時価が譲渡対価とみなされることはない（消基通10-1-2但書）。

(ロ) 棚卸資産等の家事消費等

個人事業者が棚卸資産または棚卸資産以外の資産で事業の用に供していたものを**家事消費**し，または使用した場合には，消費または使用した時におけるその棚卸資産等の時価が棚卸資産等の対価の額とみなされる（消法28②一）。

(ハ) 法人の役員に対する資産の贈与

法人が資産をその役員に対して贈与した場合のその資産に係る対価の額は，贈与をした時におけるその資産の時価とみなされる（消法28②二）。

③ **課税資産と非課税資産の一括譲渡の場合**

事業者が課税資産と非課税資産を同一の者に対して同時に譲渡した場合において，両資産の対価の額がそれぞれの資産の譲渡の対価について合理的に区分

されていないときは，課税資産の譲渡等の対価の額は，譲渡対価の総額のうち課税資産の価額の占める割合に相当する金額とされる（消令45③）。

---

**＜設例＞**（課税標準の計算）

次の資料から，A社の課税標準額を計算しなさい（税込経理方式）。

〔資料〕
(1) 商品売上高は，31,500,000円である。
(2) 上記のほかに，以下の取引を行った。
　(i) A社の役員甲に対し，時価 1,050,000 円の A 社所有の乗用車を 420,000 円で売却した。
　(ii) A社の役員乙に対し，時価 735,000 円（通常の販売価額 660,000 円，仕入価額 315,000 円）の A 社の商品を 346,500 円で販売した。
　(iii) A社の役員丙に対し，時価 735,000 円（通常の販売価額 660,000 円，仕入金額 315,000 円）の A 社の商品を贈与した。

〔解答〕
31,500,000 円 + 1,050,000 円 + 735,000 円 = 33,285,000 円

課税標準額 = 33,285,000 円 × $\dfrac{100}{105}$ = 31,700,000 円

---

### (2) 輸入取引

保税地域から引き取られる課税貨物に係る消費税の課税標準は，課税対象となる外国貨物の**関税課税価格**，消費税以外の**個別消費税額**および関税額の合計額である（消法28③）。関税課税価格とは，関税を課すための課税価格をいい，通常は，対象となる貨物に対する支払価格に運賃，保険料その他の費用を加算した **CIF 価格**である（関税定率法4~4の8）。課税標準に含まれる個別消費税とは，酒税，たばこ税，揮発油税，地方揮発油税，石油ガス税および石油石炭税をいう（通法2三）。

## 9 税　率

消費税の税率は，4％の単一税率である（消法29）。なお，地方消費税は消費税額を課税標準とし，税率は25％である（地法72の82，83）。地方消費税の税率を消費税の課税標準に対する税率に換算すると1％に相当する。そこで，消費税と地方消費税をあわせた税率は5％となる。

## 10 税額控除

### (1) 仕入税額控除の内容

#### ① 概　要

　課税事業者が，国内において**課税仕入れ**を行った場合，または保税地域から課税貨物を引き取った場合には，その課税仕入れを行った日または課税貨物を引き取った日の属する課税期間の課税標準額に対する消費税額（売上げに係る消費税額）から，(a)当該課税期間中に国内において行った課税仕入れに係る消費税額および(b)当該課税期間中に保税地域から引き取った課税貨物について課されたまたは課されるべき消費税額の合計額を控除する（消法30①）。これを**仕入税額控除**という。現行消費税では，仕入税額控除により税負担の累積が排除されるので，付加価値税の性質を有する。

　ここに，「課税仕入れ」とは，事業者が，事業として他の者から資産を譲り受け，もしくは借り受け，または役務の提供を受けることをいう（消法2①十二）。したがって，個人事業者が家事消費または家事使用するために資産を譲り受け，もしくは借り受け，または役務の提供を受けたとしても，それは事業として行われるものではないので，課税仕入れには該当しない（消基通11-1-1）。また，給与等（所法28①）を対価とする役務の提供を受けることは，課税仕入れから除かれる（消法2①十二第1括弧内）。人の労働力は付加価値を生み出す源泉であるので，労働力の提供の対価である給与は消費税の課税対象にならない。したがって，給与の支払いは課税仕入れから除外されるのである。ただし，使用人等の国内の出張，赴任等のための旅行に際して支給される出張旅費，宿泊費，日当のうち，その旅行について通常必要であると認められる部分の金額および使用人等に支給される通勤手当のうち，その通勤に必要な交通機関の利用または交通用具の使用のために支出する費用に充てる場合に，その通勤に通常必要と認められる部分の金額については，課税仕入れに該当する（消基通11-2-1，11-2-2）。そのほか，支払地代や国際電話料のように仕入れの相手方からみて

事業として行う場合にも非課税取引および免税取引に該当するものも課税仕入れには該当しない（消法2①十二第2括弧内）。なお，支払配当や支払保険金のように相手方からみて資産の譲渡等に該当しないものは，もとより課税仕入れに該当しない。

「課税仕入れに係る消費税額」とは，当該課税期間中の課税仕入れに係る支払対価の額に105分の4を乗じて算出した金額である。「課税仕入れに係る支払対価の額」とは，当該課税仕入れの税込みの支払対価の額，すなわち，対価として支払い，または支払うべき一切の金銭または金銭以外の物もしくは権利その他経済的な利益の額にそれに対する消費税・地方消費税を加えた金額をいう（消法30⑥前段）。

$$課税仕入れに係る消費税額 = 課税仕入れに係る支払対価の額（税込み） \times \frac{4}{105}$$

控除の時期は，課税仕入れを行った日または課税貨物を引き取った日の属する課税期間において即時控除する（消法30，消令46～50）。

### ② 仕入控除税額の計算方法

課税標準額に対する消費税額から控除する課税仕入れ等に係る消費税額（以下，**仕入控除税額**という）の計算方法は，その課税期間の課税売上高が5億円超であるか5億円以下であるか，またはその課税期間の**課税売上割合**が95％以上であるか95％未満であるかによって異なり，課税売上高が5億円以下で課税売上割合が95％以上の場合と課税売上高が5億円超の場合または課税売上割合が95％未満の場合に分けられる。

### （イ） 課税売上割合の計算方法

課税売上割合とは，その課税期間中の国内における資産の譲渡等の対価の合計額のうちにその課税期間中の国内における課税資産の譲渡等の対価の額の合計額の占める割合をいう（消法30⑥後段）。

上記計算式の「資産の譲渡等の対価の額の合計額」および「課税資産の譲渡等の対価の額の合計額」は，いずれも消費税・地方消費税の額を含まず，また，売上対価の返還等の金額（売上につき返品を受け，値引き，割戻しや割引をした金額）を控除した後の金額によることとされている（消令48①）。輸出

取引（免税取引）による対価の額は上記計算式に含めるが，国外取引等不課税取引に係る対価の額は含めない。

$$課税売上割合 = \frac{課税資産の譲渡等の対価の額の合計額 - 対価の返還等の金額}{資産の譲渡等の対価の額の合計額 - 対価の返還等の金額}$$

課税売上割合を計算する場合においては，資産の譲渡等の対価の額について，以下のとおり修正が行われる。

(i) 事業者が行う次に掲げる資産の譲渡は，課税売上割合を計算する場合の資産の譲渡等には含めない（消令48②）。
　(a) 通貨，小切手等の支払手段または特別引出権の譲渡
　(b) 資産の譲渡等の対価として取得した金銭債権の譲渡
　(c) 現先取引債券等（国債等，譲渡性預金証書，等）を予め約定した期日に予め約定した価格または予め約定した計算方法により算出される価格で買い戻すことを約して譲渡し，かつ，その約定に基づき買い戻す場合の現先取引債券等の譲渡

(ii) 現先取引債券等を予め約定した期日に予め約定した価格または予め約定した計算方法により算出される価格で売り戻すことを約して購入し，かつ，その約定に基づき売り戻した場合には，その売戻しに係る対価の額から購入に係る対価の額を控除した金額を売戻しに係る資産の譲渡等の対価の額とする（消令48③）。

(iii) 有価証券等（ゴルフ場利用株式等を除く）（消法別表第二，二）を譲渡した場合には，課税売上割合の計算上，当該有価証券等の譲渡等の対価の額の $\frac{5}{100}$ に相当する金額を資産の譲渡等の対価の額とする（消令48⑤）。

(iv) 国債等の償還金額が当該取得価額に満たない場合には，当該取得価額から当該償還価額を控除した金額を，その課税期間における資産の譲渡等の対価の額の合計額から控除する（消令48⑥）。

上記の計算式を課税取引，非課税取引等の区分により示すと，次のようになる。

$$課税売上割合 = \frac{課税売上の金額 + 免税売上の金額}{課税売上の金額 + 免税売上の金額 + 非課税売上の金額}$$

なお，課税売上割合は，事業者単位で計算することとされており，事業所ま

たは事業部を単位として計算することはできない（消基通11-5-1）。

―＜設例＞（課税売上割合）――――――――――――――――――――

　次の資料から，課税売上割合を計算しなさい（小数点以下第7位未満切捨て）。

〔資料〕
(1) 商品売上高　18,750,000円（左のうち輸出免税に該当するものが3,000,000円含まれている。）
(2) 受取利息　1,500,000円
(3) 受取配当金　800,000円
(4) 税込方式を採用している。

〔解答〕
課税資産の譲渡等の金額 $= (18,750,000 円 - 3,000,000 円) \times \dfrac{100}{105} + 3,000,000 円$
　　　　　　　　　　　 $= 18,000,000 円$
資産の譲渡等の金額 $= 18,000,000 円 + 1,500,000 円 = 19,500,000 円$
課税売上割合 $= \dfrac{18,000,000 円}{19,500,000 円} = 0.92307692307\cdots$
　　　　　　　$\rightarrow 0.9230769$

――――――――――――――――――――――――――――――――

**(ロ) 課税売上高が5億円以下で，かつ，課税売上割合が95％以上の場合**

　その課税期間における課税売上高が5億円以下で，かつ，課税売上割合が95％以上の事業者の場合には，課税仕入れ等に係る消費税額の全額を控除することができる。したがって，その課税期間の課税標準額に対する消費税額から，その課税期間中の課税仕入れ等に係る消費税額の全額が控除されることになる（消法30①）。

**(ハ) 課税売上高が5億円超または課税売上割合が95％未満の場合**

　その課税期間における課税売上高が5億円超の事業者または課税売上割合が95％未満の事業者の場合には，課税仕入れ等に係る消費税額の全額を控除することはできず，課税売上げに対応する部分のみが控除される。税負担の累積を排除し，適正に消費税が転嫁されるために前段階の取引における課税仕入れ等に係る消費税額を控除するという仕入税額控除の趣旨からすれば，仕入税額控除の対象になるのは，課税仕入れ等に係る消費税額のうち課税売上げに対応する部分のみということになる。課税仕入れ等に係る消費税額の計算方式には，(i)**個別対応方式**と(ii)**一括比例配分方式**の2つの方式がある。このうちいずれかの方式により計算された消費税額が，その課税期間の課税標準額に対する消

税額から控除される(消法30②)。なお，いずれの方式を選択するかは，事業者の任意であるが，一括比例配分方式を選択した場合には，2年間継続適用する必要がある(消法30⑤)。

(i) 個別対応方式

**個別対応方式**では，課税期間中の課税仕入れおよび保税地域から引き取った課税貨物について，(a)課税資産の譲渡等（課税売上げ）にのみ要するもの，(b)課税資産の譲渡等以外の資産の譲渡等（非課税売上）にのみ要するものおよび(c)課税資産の譲渡等（課税売上げ）とその他の資産の譲渡等（非課税売上）に共通して要するものの区分が明らかにされている場合に，下記の算式により控除する消費税額を算出し，この税額を課税売上に係る消費税額から控除して納付する消費税額を算出する(消法30②一)。

個別対応方式による控除仕入税額の計算式は，以下のとおりである。

$$\left[\begin{array}{c}\text{(a)課税売上げにのみ要する}\\ \text{課税仕入れに係る消費税額}\end{array}\right] + \left[\begin{array}{c}\text{(c)課税売上げと非課税売上に}\\ \text{共通して要する課税仕入れ}\\ \text{に係る消費税額}\end{array}\right] \times \text{課税売上割合}$$
$$= \text{控除仕入税額}$$

課税売上げにのみ要するものとは，課税資産の譲渡等を行うためにのみ必要な課税仕入れ等をいい，たとえば，①そのまま他に譲渡される課税資産，②課税資産の製造用にのみ消費し，または使用される原材料，容器，包紙，機械および装置，工具，器具，備品等，③課税資産に係る倉庫料，運送費，広告宣伝費，支払手数料または支払加工賃等がある(消基通11-2-12)。

非課税売上げにのみ要するものとは，非課税となる資産の譲渡等を行うためにのみ必要な課税仕入れ等をいい，たとえば，販売用の土地の造成に係る課税仕入れ，賃貸用住宅の建築に係る課税仕入れがこれに該当する(消基通11-2-15)。

課税売上げと非課税売上げに共通して要するものとは，原則として課税資産の譲渡等と非課税資産の譲渡等に共通して要する課税仕入れ等をいうが，資産の譲渡等に該当しない取引（不課税取引），たとえば，株券の発行にあたって印刷業者へ支払う印刷費，証券会社へ支払う引受手数料等は，課税売上げと非

課税売上げに共通して要するものとして取り扱われる（消基通11-2-16）。

個別対応方式により控除仕入税額を計算する場合には，その課税期間中の個々の課税仕入れについて，必ず，課税売上げにのみ要するもの，非課税売上げにのみ要するものおよび課税売上げと非課税売上げに共通して要するものに区分しなければならない。したがって，たとえば，課税仕入れの中から課税売上げにのみ要するものを抽出し，それ以外のものをすべて課税売上げと非課税売上げに共通して要するものに該当するとして区分することは認められない（消基通11-2-18）。

―――<設例>　（個別対応方式）―――――――――――――――――――――
次の資料から，個別対応方式による仕入控除税額を計算しなさい。

〔資料〕
(1) 課税売上割合　0.9
(2) 課税売上げのみに要する課税仕入れの金額　2,625,000円
(3) 非課税売上げのみに要する課税仕入れの金額　1,575,000円
(4) 課税売上げ・非課税売上げに共通して要する課税仕入れの金額　6,300,000円
(5) 税込方式を採用している。

〔解答〕
課税売上げのみに要する課税仕入れに係る消費税額 $= 2,625,000 \text{円} \times \dfrac{4}{105}$
$= 100,000 \text{円}$
課税売上げ・非課税売上げに共通して要する課税仕入れの金額に係る消費税額
$= 6,300,000 \text{円} \times \dfrac{4}{105} \times 0.9 = 216,000 \text{円}$
仕入控除税額 $= 100,000 \text{円} + 216,000 \text{円} = 316,000 \text{円}$
――――――――――――――――――――――――――――――――――

個別対応方式を選択して控除仕入税額の計算を行う場合には，課税売上割合に代えて，課税売上割合に準ずる割合を用いて計算を行うことができる（消法30③）。課税売上割合に準ずる割合とは，①事業者の営む事業の種類またはその事業に係る販売費，一般管理費その他の費用の種類に応じて合理的に算定され，その割合で計算することにつき，所轄税務署長の承認を受けた割合をいう。具体的には，使用人の数または従事日数の割合，消費または使用する資産の価額，使用数量，使用面積の割合その他課税売上げと非課税売上げに要するものの性質に応ずる合理的な基準により算出した割合である（消基通11-5-7）。

課税売上割合に準ずる割合は，事業者が営む事業の種類の異なるごと，事業所ごとまたは当該事業に係る販売費，一般管理費その他の費用の種類の異なるごとに区分することにより算出して用いることができる（消基通11-5-8）。

### (ii) 一括比例配分方式

**一括比例配分方式**は，その課税期間中の課税仕入れおよび課税貨物に係る消費税額の合計額に課税売上割合を乗じて仕入控除税額を計算する方式である（消法30②二）。この方式は，課税仕入れが課税売上げにのみ要するもの，非課税売上げにのみ要するものおよび課税売上げと非課税売上げに共通して要するものに区分されていない場合または特にこの方式を選択する場合に適用される。

一括比例配分方式による控除仕入税額の計算式は，次のとおりである。

控除仕入税額＝課税仕入れに係る消費税額×課税売上割合

＜設例＞（一括比例配分方式）

前述の設例の資料から，一括比例配分方式による仕入控除税額を計算しなさい。

〔解答〕

$$仕入控除税額 = (2,625,000円 + 1,575,000円 + 6,300,000円) \times \frac{4}{105} \times 0.9$$
$$= 360,000円$$

### (2) 仕入税額控除の適用要件

課税事業者が，仕入税額控除の適用を受けるためには，課税期間中の課税仕入れ等の税額の控除に係る**帳簿**および**請求書等**を保存しなければならない。ただし，災害その他やむを得ない事情により，これらを保存することができなかったことを事業者が証明した場合には，仕入税額控除の適用を受けることができる（消法30⑦）。なお，課税仕入れの支払対価の金額が少額（3万円未満）の場合等には，請求書等の保存が免除される（消法30⑦本文括弧書き，消令49①）。

課税仕入れ等の税額の控除に係る帳簿および請求書等を保存することを仕入税額控除の適用を受けるための要件としているのは，**申告納税方式**が採用され

ている消費税において上記帳簿および請求書等が税務職員による検査の対象となり得ることを前提として，税務職員がその帳簿と請求書等のいずれかを検査することにより課税仕入れの事実を調査することが可能であるときに限り，仕入税額控除の適用を受けることができることを明らかにしたものである。したがって，事業者が税務職員の検査に当たって適時にその帳簿および請求書等を提示することが可能なように態勢を整えて保存していなかった場合には，事業者が災害その他やむを得ない事情により保存することができなかったことを証明しない限り，仕入税額控除の適用を受けることはできない（最判平成16年12月16日民集58巻9号2458頁）。

課税仕入れ等の税額の控除に係る帳簿とは，次の事項が記載されている帳簿をいう（消法30⑧）。
① 課税仕入れ等の税額が課税仕入れに係るものである場合
  (イ) 課税仕入れの相手方
  (ロ) 課税仕入れを行った年月日
  (ハ) 課税仕入れに係る資産または役務の提供の内容
  (ニ) 課税仕入れに係る支払対価の額
② 課税仕入れ等の税額が保税地域からの引取りに係る課税貨物に係るものである場合
  (イ) 課税貨物を保税地域から引き取った年月日
  (ロ) 課税貨物の内容
  (ハ) 課税貨物の引取りに係る消費税額および地方消費税額またはその合計額

課税仕入れ等の税額の控除に係る請求書等とは，次の事項が記載されている書類をいう（消法30⑨）。
① 取引の相手方事業者から交付を受けた請求書，納品書その他の書類の場合
  (イ) 書類の作成者の氏名または名称
  (ロ) 課税資産の譲渡等を行った年月日
  (ハ) 課税資産の譲渡等に係る資産または役務の内容
  (ニ) 課税資産の譲渡等の対価の額
  (ホ) 書類の交付を受けた相手方事業者の氏名または名称

② 事業者がその行った課税仕入れにつき作成する仕入明細書，仕入計算書その他の書類の場合
　(イ)　書類の作成者の氏名または名称
　(ロ)　課税仕入れの相手方の氏名または名称
　(ハ)　課税仕入れを行った年月日
　(ニ)　課税仕入れに係る資産または役務の内容
　(ホ)　課税仕入れに係る対価の額
③ 課税貨物を保税地域から引き取る事業者が保税地域の所轄税関長から交付を受けた課税貨物の輸入許可書その他の書類の場合
　(イ)　保税地域の所在地を所轄する税関長
　(ロ)　課税貨物を保税地域から引き取ることができることとなった年月日
　(ハ)　課税貨物の内容
　(ニ)　課税貨物に係る消費税の課税標準額ならびに引取りに係る消費税額および地方消費税額

　帳簿および請求書等は，これを整理し，課税期間の末日の翌日から2ヵ月を経過した日から7年間（すなわち確定申告期限後7年間），納税地または取引に係る事務所，事業所その他これらに準ずるものの所在地に保存しなければならない。ただし，最後の2年間は帳簿または請求書等のいずれかを保存すればよい（消令50）。

### (3)　仕入に係る消費税額の調整

① **仕入れに係る対価の返還等を受けた場合の仕入税額控除の特例**

　事業者が，国内において行った課税仕入れについて，返品をし，または値引き，割戻しを受けたことにより，課税仕入れに係る支払対価の額に係る全部もしくは一部の返還，課税仕入れに係る支払対価の額に係る買掛金その他の債務額の全部または一部の減額（以下，**仕入に係る対価の返還等**という）を受けた場合には，その仕入に係る対価の返還等を受けた日の属する課税期間において，その課税期間中の課税仕入れ等の税額の合計額から，仕入れに係る対価の返還等の金額に係る消費税額の合計額を一定の方法により控除した残額をその課税

期間中の課税仕入れ等の税額の合計額とみなす（消法32）。

この場合に仕入に係る対価の返還等を受けた金額に係る消費税額は，次の算式により計算する。

$$仕入に係る対価の返還等を受けた金額（税込み）\times \frac{4}{105}$$

＝仕入に係る対価の返還等を受けた金額に係る消費税額

<u>（イ）</u>　課税仕入れ等の税額の全額が控除対象となる場合

仕入れに係る対価の返還等を受けた課税期間の課税売上げに係る消費税から控除される消費税額は，次の算式により計算される。

　　課税仕入等に係る消費税額－仕入に係る対価の返還等に係る消費税額
　　＝控除仕入税額

<u>（ロ）</u>　個別対応方式または一括比例配分方式が適用される場合

仕入れに係る対価の返還等を受けた課税期間の課税売上げに係る消費税から控除される消費税額は，それぞれ次の算式により計算される。

(i)　**個別対応方式の場合**

　　課税売上げにのみ要する課税仕入れ等に係る消費税額－課税売上げにのみ要する課税仕入れの対価の返還等に係る消費税額＝A

　　（課税売上げと非課税売上げに共通して要する課税仕入れ等に係る消費税額×課税売上げ割合）－（課税売上げと非課税売上げに共通して要する仕入れの対価の返還等に係る消費税額×課税売上割合）＝B

　　控除仕入税額＝A＋B

(ii)　**一括比例配分方式の場合**

　　控除仕入税額＝（課税仕入れ等に係る消費税額×課税売上割合）－（仕入れの
　　　　　　　　対価の返還等に係る消費税額×課税売上割合）

<設例> (仕入対価の返還を受けた場合)

(1) 課税売上割合が95％以上の場合に，課税仕入れの金額が3,150,000円，仕入れに係る対価の返還等を受けた金額が525,000円のときの控除仕入税額を計算しなさい（税込方式）。

〔解答〕

控除仕入税額 $= \left(3{,}150{,}000 \text{円} \times \dfrac{4}{105}\right) - \left(525{,}000 \text{円} \times \dfrac{4}{105}\right) = 100{,}000 \text{円}$

(2) 次の資料から，個別対応方式を適用している場合に仕入れに係る対価の返還等を受けたときの控除仕入税額を計算しなさい。

〔資料〕
① 課税売上げのみに要する課税仕入れに係る消費税の合計額　4,000,000円
② 課税売上げのみに要する課税仕入れに係る対価の返還等を受けた金額に係る消費税の合計額　200,000円
③ 課税売上げ・非課税売上げに共通する課税仕入れに係る消費税の合計額　3,000,000円
④ 課税売上げ・非課税売上げに共通する仕入れに係る対価の返還等に係る消費税額　100,000円
⑤ 課税売上割合　0.9

〔解答〕

控除仕入税額 = (4,000,000円 − 200,000円) + (3,000,000円 × 0.9 − 100,000円 × 0.9)
　　　　　　 = 3,800,000円 + 2,610,000円 = 6,410,000円

② 課税売上割合が著しく変動した場合の調整対象固定資産に関する仕入れに係る消費税額の調整

　課税事業者が**調整対象固定資産**の課税仕入れ等に係る消費税額について，**比例配分法**（控除する仕入税額について，個別対応方式のうち課税売上割合を乗じて計算する方法または一括比例配分方式により計算する方法をいう）により計算した場合で，その計算に用いた課税売上割合が，その後3年間の**通算課税売上割合**と比較して著しく増加したときや著しく減少したときには，以下の調整方法により控除する仕入税額を増額または減額する（消法33）。

　調整対象固定資産とは，建物，構築物，機械および装置，船舶，航空機，車両および運搬具，工具，器具および備品，鉱業権その他の資産で購入価額（税抜き）が100万円以上のものをいう（消法2①十六，消令5）。

### (イ) 通算課税売上割合が著しく増加した場合

通算課税売上割合が仕入年度の課税売上割合に対して著しく増加した場合には，次の金額を第3年度（調整対象固定資産の仕入年度の開始の日から3年を経過した日の属する課税期間）の課税期間の控除仕入税額に加算する。

加算額＝（調整対象基準税額×通算課税売上割合）
　　　－（調整対象基準税額×その仕入年度の課税売上割合）

**調整対象基準税額**とは，第3年度の課税期間の末日に保有しているその調整対象固定資産の課税仕入れ等に係る消費税額をいう（消法33①一）。通算課税売上割合とは，3年間の資産の譲渡等の対価の合計額（税抜き）に占める3年間の課税資産の譲渡等の対価の合計額（税抜き）の割合をいう（消法33②）。

著しく増加した場合とは，次のいずれにも該当する場合をいう（消令53①）。

(i) $\dfrac{\text{通算課税売上割合}-\text{仕入年度の課税売上割合}}{\text{仕入年度の課税売上割合}} \geqq \dfrac{50}{100}$

(ii) 通算課税売上割合－仕入年度の課税売上割合 $\geqq \dfrac{5}{100}$

### (ロ) 通算課税売上割合が著しく減少した場合

通算課税売上割合が仕入年度の課税売上割合に対して著しく減少した場合には，次の金額を第3年度（調整対象固定資産の仕入年度の開始の日から3年を経過した日の属する課税期間）の課税期間の控除仕入税額から控除する。

控除額＝（調整対象基準税額×その仕入年度の課税売上割合）
　　　－（調整対象基準税額×通算課税売上割合）

著しく減少した場合とは，次のいずれにも該当する場合をいう（消令53②）。

(i) $\dfrac{\text{仕入年度の課税売上割合}-\text{通算課税売上割合}}{\text{仕入年度の課税売上割合}} \geqq \dfrac{50}{100}$

(ii) 仕入年度の課税売上割合－通算課税売上割合 $\geqq \dfrac{5}{100}$

**＜設例＞**（課税売上割合が著しく変動した場合）

次の資料から，課税売上割合が著しく変動した場合の消費税額の計算をしなさい。

〔資料〕
(1) 第1年度に調整対象固定資産に該当する機械（購入価格 3,150,000 円（税込））を購入し，第3年度末時点で保有している。
(2) 第1年度の課税売上割合　0.4
(3) 第1年度から第3年度の課税売上割合を通算した割合　0.7

〔解答〕
0.7 − 0.4／0.4 = 0.75 ＞ 50%
0.7 − 0.4 = 0.3＞5%　∴調整が必要

調整対象固定資産に係る消費税 = 3,150,000 円 × $\frac{4}{105}$ = 120,000 円

調整税額 =（120,000 円 × 0.7）−（120,000 円 × 0.4）= 36,000 円
仕入れに係る消費税額に 36,000 円を加算する。

③ **課税業務用調整対象固定資産を非課税業務用に転用した場合の仕入れに係る消費税額の調整**

課税事業者が調整対象固定資産を課税業務用にのみ使用するものとして，控除仕入税額を個別対応方式により計算した場合で，これを3年以内に非課税業務用にのみ使用するものとして用途を変更したときは，その**用途変更**の時期に応じて，次の消費税額を用途変更した課税期間の控除仕入税額から控除する（消法34）。

(イ) 仕入れ等の日から1年を経過する日までの期間（1年以内）の場合は，調整対象税額の全額
(ロ) 上記(イ)の期間の翌日から1年を経過する日までの期間（1年超2年以内）の場合は，調整対象税額の3分の2相当額
(ハ) 上記(ロ)の期間の翌日から1年を経過する日までの期間（2年超3年以内）の場合は，調整対象税額の3分の1相当額

**調整対象税額**とは，調整対象固定資産の課税仕入れ等に係る課税仕入れ等の税額をいう。

＜設例＞ （課税業務用から非課税業務用への転用）

課税事業者が調整対象固定資産（購入価格 4,200,000 円（税込））を購入後1年半経過した時点で，課税業務用から非課税業務用に転用した。この場合の消費税の調整計算をしなさい。

〔解答〕

調整対象固定資産に係る消費税額 = 4,200,000 円 × $\frac{4}{105}$ = 160,000 円

調整額 = 160,000 円 × $\frac{2}{3}$ = 106,666 円

転用した課税期間の仕入れに係る消費税額から 106,666 円を控除する。

④ **非課税業務用調整対象固定資産を課税業務用に転用した場合の仕入れに係る消費税額の調整**

課税事業者が調整対象固定資産を非課税業務用にのみ使用するものとして，個別対応方式により控除仕入税額はないものとした場合で，これを3年以内に課税業務用にのみ使用するものとして用途を変更したときは，その用途変更の時期に応じて，次の消費税額を用途変更した課税期間の控除仕入税額に加算する（消法35）。

(イ) 仕入れ等の日から1年を経過する日までの期間（1年以内）の場合は，調整対象税額の全額

(ロ) 上記(イ)の期間の翌日から1年を経過する日までの期間（1年超2年以内）の場合は，調整対象税額の3分の2相当額

(ハ) 上記(ロ)の期間の翌日から1年を経過する日までの期間（2年超3年以内）の場合は，調整対象税額の3分の1相当額

<設例> （非課税業務用から課税業務用への転用）

課税事業者が調整対象固定資産（購入価格 4,200,000 円（税込））を購入後2年半経過した時点で，非課税業務用から課税業務用に転用した。この場合の消費税の調整計算をしなさい。

〔解答〕

調整対象固定資産に係る消費税額 = 4,200,000 円 × $\frac{4}{105}$ = 160,000 円

調整額 = 160,000 円 × $\frac{1}{3}$ = 53,333 円

転用した課税期間の仕入れに係る消費税額に 53,333 円を加算する。

### ⑤ 棚卸資産に係る税額の調整

**(イ) 免税事業者が課税事業者となった場合**

免税事業者が課税事業者となる日の前日において有する棚卸資産のうち，納税義務が免除されていた期間中の課税仕入れ等に係るものがあるときは，その棚卸資産に係る課税仕入れ等の税額は，課税事業者となった課税期間の課税仕入れ等の税額とみなして仕入税額控除の対象とされる（消法36①）。

なお，課税事業者である相続人，合併法人または分割承継法人が，免税事業者である被相続人，被合併法人または分割法人の棚卸資産を承継した場合にも同様の調整を行うことができる（消法36③）。

**(ロ) 課税事業者が免税事業者となった場合**

課税事業者が免税事業者となる課税期間の直前の課税期間において行った課税仕入れまたは保税地域からの引取りに係る棚卸資産をその直前の課税期間の末日において有しているときは，その有する棚卸資産に係る課税仕入れ等の税額は，その直前の課税期間の控除税額の計算の基礎となる課税仕入れ等の税額から控除する（消法36⑤）。

> **＜設例＞**（棚卸資産の調整）
>
> 直前の課税期間の末日の棚卸資産の金額が840,000円であった課税事業者が免税事業者となった場合の消費税の調整計算をしなさい。
>
> 〔解答〕
>
> 調整対象税額 $= 840,000 \text{円} \times \dfrac{4}{105} = 32,000 \text{円}$
>
> 直前の課税期間の控除税額の計算の基礎となる課税仕入れ等の税額から32,000円を控除する。

### (4) 中小事業者の仕入税額控除の特例（簡易課税制度）

課税事業者が，所轄税務署長にその基準期間における課税売上高が5千万円以下である課税期間について，**簡易課税制度**の適用を受ける旨の届出書を提出した場合には，その届出書を提出した日の属する課税期間の翌課税期間以後の課税期間（その基準期間における課税売上高が5千万円を超える課税期間等を除く）については，当該課税期間の売上げに係る課税標準額に対する消費税額（売上げに係る消費税額）から当該課税期間の対価の返還等に係る消費税額の

合計額を控除した残額に、**みなし仕入率**を乗じた金額を仕入れに係る消費税額とみなして控除することができる（消法37）。

みなし仕入率は、下記のとおりである（消令57）。

① みなし仕入率の原則

　　第一種事業 90％
　　第二種事業 80％
　　第三種事業 70％
　　第四種事業 60％
　　第五種事業 50％

**第一種事業**とは、**卸売業**をいう。卸売業とは、他の者から購入した商品をその性質および形状を変更しないで他の事業者に対して販売する事業である。**第二種事業**とは、**小売業**をいう。小売業とは、他の者から購入した商品をその性質および形状を変更しないで販売する事業であり、第一種事業以外のものである。具体的には、消費者に対する販売事業である。**第三種事業**とは、農業・林業・漁業・鉱業・建設業・製造業（製造した棚卸資産を小売する事業を含む）・電気業（ガス業・熱供給業・水道業）をいう。加工賃その他これに類する料金を対価とする役務の提供を行う事業は除かれる。**第四種事業**とは、第一種事業、第二種事業、第三種事業、第五種事業以外の事業をいう。具体的には、飲食店業・金融保険業が該当する。**第五種事業**とは、不動産業、運輸通信業、サービス業をいい、第一種事業から第三種事業までの事業に該当する事業を除く。飲食店業に該当する事業が除かれる（消令57①、⑤）。

---

＜設例＞（簡易課税）

簡易課税を適用している事業者が次の業種の事業を営んでいる場合に、課税売上金額が42,000,000円（税込）のときの消費税額を計算しなさい。

〔解答〕

$$\text{課税売上に係る消費税額} = 42{,}000{,}000\text{円} \times \frac{4}{105} = 1{,}600{,}000\text{円}$$

(1) 卸売業
　消費税額 = 1,600,000円 − 1,600,000円 × 90％ = 160,000円
(2) サービス業
　消費税額 = 1,600,000円 − 1,600,000円 × 50％ = 800,000円

② 二以上の事業を行っている場合のみなし仕入率

事業者が，二以上の事業を行っている場合のみなし仕入率は，原則として，それぞれの事業区分ごとの売上げに係る消費税額にそれぞれのみなし仕入率を乗じたものの加重平均値となる（消令57②）。

$$加重平均値 = (A \times 90\% + B \times 80\% + C \times 70\% + D \times 60\% + E \times 50\%) \div (F)$$

　　A＝第一種事業に係る消費税額　　B＝第二種事業に係る消費税額
　　C＝第三種事業に係る消費税額　　D＝第四種事業に係る消費税額
　　E＝第五種事業に係る消費税額　　F＝A＋B＋C＋D＋E

<設例>（二以上の事業を行っている場合）

簡易課税を適用している事業者が，小売業に係る課税売上金額 10,500,000 円，サービス業に係る課税売上金額 15,750,000 円の場合の消費税額を計算しなさい。

〔解答〕

小売業の課税売上に係る消費税額 ＝ $10{,}500{,}000 円 \times \dfrac{4}{105} = 400{,}000 円$

サービス業の課税売上に係る消費税額 ＝ $15{,}750{,}000 円 \times \dfrac{4}{105} = 600{,}000 円$

加重平均値 ＝ $\dfrac{400{,}000 円 \times 80\% + 600{,}000 円 \times 50\%}{400{,}000 円 + 600{,}000 円}$

　　　　　＝ $\dfrac{620{,}000 円}{1{,}000{,}000 円} = 62\%$

消費税額 ＝ $1{,}000{,}000 円 - 1{,}000{,}000 円 \times 62\% = 380{,}000 円$

③ 二以上の事業を行っている場合のみなし仕入率の特例

（イ）一事業に係る課税売上高が 75％以上の場合のみなし仕入率の特例

その課税期間における課税売上高のうち，一事業に係る課税売上高の占める割合が 75％以上である場合には，その一事業におけるみなし仕入率をその一事業以外の事業に対しても適用することができる（消令57③一）。

<設例>（一事業が 75％以上の場合）

簡易課税を適用している事業者が，卸売業に係る課税売上金額 21,000,000 円，小売業に係る課税売上金額 4,200,000 円の場合の消費税額を計算しなさい。

〔解答〕

$$卸売業に係る課税売上金額の割合 = \frac{21{,}000{,}000\ 円}{21{,}000{,}000\ 円 + 4{,}200{,}000\ 円}$$
$$= 0.83333\cdots\ >75\%$$

$$課税売上合計に係る消費税額 = (21{,}000{,}000\ 円 + 4{,}200{,}000\ 円) \times \frac{4}{105} = 960{,}000\ 円$$

$$消費税額 = 960{,}000\ 円 - 960{,}000\ 円 \times 90\% = 96{,}000\ 円$$

**(ロ) 二事業に係る課税売上高が75％以上の場合のみなし仕入率の特例**

　三以上の事業を営む事業で，その課税期間における課税売上高のうちに特定の二事業に係る課税売上高の占める割合が75％以上である場合には，当該二事業に係るみなし仕入率のうち低い方のみなし仕入率を当該二事業以外の事業に対しても適用することができる（消令57③二）。

＜設例＞　（二事業が75％以上の場合）

　簡易課税を適用している事業者が，卸売業に係る課税売上金額11,550,000円，小売業に係る課税売上金額29,400,000円，サービス業に係る課税売上金額3,150,000円の場合の消費税額を計算しなさい。

〔解答〕

課税売上金額の合計額 = 11,550,000 円 + 29,400,000 円 + 3,150,000 円 = 44,100,000 円

卸売業および小売業に係る課税売上金額の割合

$$= \frac{11{,}550{,}000 + 29{,}400{,}000\ 円}{44{,}100{,}000\ 円} = 0.9285\cdots\ >75\%$$

$$課税売上合計に係る消費税額 = 44{,}100{,}000\ 円 \times \frac{4}{105} = 1{,}680{,}000\ 円$$

$$消費税額 = 1{,}680{,}000\ 円 - (11{,}550{,}000\ 円 \times \frac{4}{105} \times 90\%)$$
$$- (29{,}400{,}000\ 円 + 3{,}150{,}000\ 円) \times \frac{4}{105} \times 80\% = 292{,}000\ 円$$

**(5)　売上げに係る対価の返還等をした場合の税額控除**

　課税事業者が，国内において行った課税資産の譲渡につき，返品を受け，または値引き，割戻しをしたことにより，課税資産の譲渡等の金額（税込価額）の全部もしくは一部の返還またはその税込価額に係る売掛金その他の債権額の全部または一部の減額（以下，**売上げに係る対価の返還等**という）をした場合に

は、売上げに係る対価の返還等をした日の属する課税期間の課税標準に対する消費税額から、売上げに係る対価の返還等の金額に係る消費税額の合計額を控除する（消法38）。

### (6) 貸倒れに係る消費税額の控除等

課税事業者が国内において課税資産の譲渡等を行った場合において、その課税資産の譲渡等の相手方に対する売掛金その他の債権につき会社更生法の更生計画認可の決定により切り捨てられたこと、その他一定の事実が生じたためその税込価額の全部または一部の領収をすることができなくなったときは、その領収をすることができないこととなった日の属する課税期間の課税標準額に対する消費税額（売上げに係る消費税額）から、その領収をすることができなくなった課税資産の譲渡等の税込対価の額に係る消費税額の合計額を控除する（消法39①）。

貸倒れに係る消費税額の控除の適用を受けた事業者がその適用を受けた課税資産の譲渡等の税込価額の全部または一部の領収をしたときは、その領収した税込価額に係る消費税額を課税標準額に対する消費税額に加算する（消法39③）。

## 11　納　税　地

### (1) 個人の国内取引

個人事業者の資産の譲渡等に係る消費税の**納税地**は、原則として下記の順位である（消法20）。

- 第一順位：国内に住所を有する場合には、その**住所地**
- 第二順位：国内に住所を有せず、居住を有する場合には、その**居住地**
- 第三順位：国内に住所および居所を有しない者で、国内に事務所、事業所その他これらに準ずるもの（以下、**事務所等**という）を有する場合には、事務所等の所在地

所得税法16条3項または4項に定める納税地の特例に関する書類を提出して、居所地または事務所等の所在地を納税地としているときは、消費税におい

ても，特例として，その居所地等が納税地となる（消法21）。

### (2) 法人の国内取引

国内に本店または主たる事務所を有する法人である内国法人の納税地は，その本店または主たる事務所の所在地である（消法22一）。

内国法人以外の法人で国内に事務所等を有する法人の納税地は，その事務所等の所在地である（消法22二）。

### (3) 輸入取引

保税地域から引き取られる外国貨物に係る消費税の納税地は，課税貨物を引き取る保税地域の所在地である（消法26）。

## 12 申告・納付

### (1) 国内取引

#### ① 課税期間

**課税期間**は，個人事業者については**暦年**（1月～12月），法人については**事業年度**とする。ただし，事業者の選択により，個人事業者については1月から3月まで，4月から6月まで，7月から9月までおよび10月から12月までの各期間，法人については事業年度をその開始の日以後3ヵ月ごとに区分した各期間とすることができる。また，個人事業者および法人は，その選択により，課税期間を1月ごとに区分した各期間とすることができる。**課税期間の短縮措置の適用を受けた場合には，その後2年間は当該措置の適用を受けることをやめることはできない**（消法19）。

#### ② 確定申告

課税事業者は，課税期間ごとに課税期間の終了後2ヵ月以内に，所轄税務署長に**確定申告書**を提出するとともに，納付すべき消費税額および地方消費税額を国に納付しなければならない（消法45，49）。その際，中間納付額がある場合

には，その納付すべき税額から控除する。

### ③ 中間申告

課税事業者は，**中間申告書**を提出し，中間納付額を納付する（消法42, 48）。ただし，直前の課税期間の確定消費税額が48万円以下の場合は，中間申告は不要である（消法42⑥）。

### ④ 還付を受けるための申告

中間申告による中間納付額がある場合には，申告の際にその中間納付額を控除することができ，その控除不足額がある場合には還付される（消法46）。課税期間中に行った国内における課税資産の譲渡等に対する消費税額から，仕入れに係る消費税額，売上げに係る対価の返還等をした金額に係る消費税額，貸倒れに係る消費税額を控除して控除不足額が生じたときには，申告により還付される（消法53）。

## (2) 輸入取引

### ① 申告納税方式

輸入取引において，関税は，原則として輸入者の申告によって確定する（**申告納税方式**，関税法6の2①一）。この場合には，所定の事項を記載した申告書を所轄税関長に提出し，当該貨物を引き取るときまでに消費税を納税しなければならない（消法47①）。

### ② 賦課課税方式

入国者の携帯品，別送品，20万円以下の郵便物等に対する関税については，例外的に税関長の処分により確定される（**賦課課税方式**，関税法6の2①二）。この場合には，課税貨物の品名，数量および課税標準額等を記載したいわゆる課税標準額等申告書を所轄税関長に提出しなければならず，所轄税関長が引取りの際に消費税および地方消費税を徴収する（消法47②, 50②）。

## 13 各種届出

下記の事項に該当した場合には，その旨を記載した届出書を速やかに当該事

業者の納税地を所轄する税務署長に提出する。
① 新たに課税期間の基準期間における課税売上高が，1,000万円を超えることとなった場合，事業者は「消費税課税事業者届出書」を提出する（消法57①一）。
② 新たに課税期間の基準期間における課税売上高が，1,000万円以下となった場合，事業者は「消費税の納税義務者でなくなった旨の届出書」を提出する（消法57①二）。
③ 課税事業者が事業を廃止した場合には，事業者が「事業廃止届出書」を提出する（消法57①三）。
④ 個人事業者（免税事業者を除く）が死亡した場合には，その死亡した個人事業者の相続人が「個人事業者の死亡届出書」を提出する（消法57①四）。
⑤ 課税事業者である法人が合併により消滅した場合には，その合併に係る合併法人が「合併による法人の消滅届出書」を提出する（消法57①五）。

## 14 記 帳 義 務

課税事業者は，帳簿を備え付けて資産の譲渡等または課税仕入れもしくは課税貨物の保税地域からの引取りに関する事項を記録する（消法58，消令71）。作成した帳簿は，帳簿閉鎖の日の属する課税期間の末日から2月を経過した日から7年間保存しなければならない（消令71②）。

## 15 国，地方公共団体等に対する特例

国または地方公共団体等については，事業単位や資産の譲渡等の時期，仕入税額控除などの取扱いに関して，特例措置が設けられている（消法60）。

### (1) 事業単位の特例

国または地方公共団体が，一般会計または特別会計を設けて行う事業に係る資産の譲渡等については，その会計ごとに一の法人が行う事業とみなされる。ただし，特別会計を設けて行う事業のうち，専ら一般会計に対して資産の譲渡

等を行う特別会計などは一般会計に属するものとみなされる（消法60①，消令72①）。

### (2) 資産の譲渡等の時期の特例

国または地方公共団体が行った資産の譲渡等または課税仕入れ等の時期については，その対価を収納すべき，または費用の支払いをすべき会計年度の末日に行われたものとすることができる（消法60②，消令73）。

### (3) 仕入税額控除についての特例

国や地方公共団体の特別会計，消費税法別表第三に掲げる法人または人格のない社団等の事業者に租税，補助金，寄附金等資産の譲渡等の対価以外の収入で一定の要件に該当するもの（以下，**特定収入**という）がある場合には，通常の計算による課税仕入れ等に係る消費税額の合計額から，特定収入により賄っている課税仕入れ等に係る消費税額に相当する金額を控除した残額が仕入税額控除の対象となる（消法60④）。国や地方公共団体の特別会計，消費税法別表第三に掲げる法人または人格のない社団等についても，事業者免税点（1,000万円）制度および簡易課税制度が適用される。

# 索　引

## (あ行)

青色事業専従者給与……………………… 195
青色申告事業年度………………………… 152
青色申告制度…………………………… 23, 216
青色申告特別控除………………………… 210
青色申告法人……………………………… 23
圧縮記帳………………………………… 109
　——損………………………………… 109
洗替え低価法……………………………… 70
洗替方式…………………………………… 77

異議申立………………………………… 171
遺産取得税………………………………… 4
遺産税……………………………………… 4
委託販売…………………………………… 34
一時所得…………………………… 178, 200
一部・全部貸倒損失……………………… 121
一括限度額方式…………………………… 165
一括償却資産の損金算入方式…………… 81
一括評価金銭債権………………………… 125
一括比例配分方式………………… 237, 240
一般売掛債権等…………………………… 122
一般株式等………………………………… 57
一般管理費…………………………… 30, 187
一般寄附金……………………………… 138
一般財産税………………………………… 3
一般社団法人…………………………… 158
一般消費税…………………………… 3, 217
移動平均法…………………………… 68, 76
医療費控除……………………………… 206
印紙税……………………………………… 5
隠蔽・仮装行為…………………… 31, 147

受取使用料…………………………… 49, 50
受取地代………………………………… 49
受取配当等……………………………… 52
　——の益金不算入……………………… 51
受取家賃………………………………… 49

受取リース料…………………………… 50
受取利息………………………………… 47
売上原価…………………………… 30, 63
売上手数料……………………………… 143
売上げに係る対価の返還等…………… 251
売上値引………………………………… 33
売上戻り………………………………… 33
売上割引………………………………… 33
売上割戻し………………………… 33, 142
売掛債権………………………………… 122
　——等………………………………… 121
運送収益………………………………… 44

営業所得………………………………… 183
益金算入額……………………………… 155
益金算入還付金………………………… 61
益金算入項目…………………………… 25
益金の額………………………………… 27
益金不算入額…………………………… 155
益金不算入還付金……………………… 61
益金不算入項目………………………… 25
役務完了基準………………… 42, 43, 44
役務収益………………………………… 42
役務の提供……………………………… 221
エネルギー需給構造改革推進設備等…… 163
延滞税…………………………………… 168
延滞税・加算税等……………………… 148
延納届出書……………………………… 167

応能負担の原則………………………… 173
概ね一定額の経済的利益……………… 136
卸売売上税……………………………… 218
卸売業…………………………………… 249

## (か行)

海外新鉱床探鉱費……………………… 155
海外投資等損失準備金………………… 130
海外渡航費……………………………… 144
会議費…………………………………… 141

| | |
|---|---|
| 外国貨物 | 223, 227 |
| 外国税額控除 | 165, 213 |
| 外国法人 | 21, 175 |
| 解釈通達 | 11 |
| 改定後定期同額給与 | 135 |
| 改定前定期同額給与 | 135 |
| 買取意思表示基準 | 35 |
| 各事業年度の所得 | 24 |
| 各事業年度の所得金額 | 31, 154, 158 |
| 各種所得 | 178 |
| 拡張解釈 | 16 |
| 確定決算主義 | 26 |
| 確定申告 | 166, 214 |
| ——期間 | 174 |
| ——書 | 166, 253 |
| 加算税 | 170 |
| 家事消費 | 232 |
| 貸倒実績率 | 125 |
| 貸倒損失 | 121, 195 |
| 貸倒引当金 | 122, 125, 126, 195 |
| ——繰入 | 123, 124 |
| 過少申告加算税 | 170 |
| 課税売上割合 | 235 |
| 課税期間 | 253 |
| ——の短縮措置 | 253 |
| 課税繰延措置 | 105 |
| 課税権 | 5 |
| ——者 | 4 |
| 課税仕入れ | 234 |
| 課税資産の譲渡等の対価 | 231 |
| 課税資産の譲渡等の対価の額 | 220 |
| 課税所得 | 26 |
| 課税処分 | 169 |
| 課税対象 | 220 |
| 課税標準 | 12, 20, 24, 231 |
| 課税物件 | 12 |
| 課税要件 | 12 |
| ——法定主義 | 12 |
| ——明確主義 | 13 |
| 課税留保金額 | 159 |
| 仮装経理 | 164 |
| 割賦購入資産 | 84 |
| 割賦販売 | 35 |
| 合併 | 67, 74, 86 |
| 合併減資差益金 | 62 |
| 合併差益金 | 61 |
| 稼働休止資産 | 81 |
| 株式移転 | 74 |
| 株式交換 | 74 |
| 簡易課税制度 | 248 |
| 関係法人株式等 | 52 |
| 関税 | 5 |
| ——課税価格 | 233 |
| 完成工事原価 | 30 |
| 間接消費税 | 3, 217 |
| 間接税 | 4 |
| 間接付随費用 | 64 |
| 完全子法人株式等 | 52 |
| 還付加算金 | 61, 108, 169 |
| 還付金 | 61, 168 |
| 還付所得事業年度 | 153 |
| 簡便調整計算法 | 66 |
| 技術役務の提供 | 43 |
| 基準期間 | 227 |
| 基準年度実績による簡便法 | 56 |
| 犠牲説 | 2 |
| 規則 | 11 |
| 基礎控除 | 210 |
| 期中取得資産 | 101 |
| 議定書 | 11 |
| 規定の解釈方法 | 15 |
| 規定の種類・性質 | 14 |
| 記念費用等 | 88 |
| 揮発油税 | 5 |
| 寄附金 | 27, 45, 88, 138, 141, 149 |
| 寄付金控除 | 208 |
| 基本通達 | 11 |
| 義務説 | 2 |
| 旧償却方法 | 97, 98 |
| ——適用資産 | 93 |
| 牛馬等 | 85 |
| 給付原因事実の発生の要件 | 30 |
| 給与 | 45, 131, 143, 144, 145 |
| 給与・賃金・賞与 | 190 |
| 給与所得 | 178, 196 |
| ——控除額 | 196 |
| 狭義の特別償却 | 103 |

索　引　259

強行規定……………………………14
行政事件訴訟法……………………8
行政不服審査法……………………8
協同組合等…………………………21
共同施設税…………………………6
居住者………………………………175
居住地………………………………252
切放し低価法………………………70
金額の合理的算定の要件…………30
金銭給付……………………………2
金銭債権……………………………121
勤労学生控除………………………209

区税…………………………………6
繰越償却……………………………106
繰延資産……………………………116
　6号――　　　　　　115, 117
訓示規定……………………………15

軽減税率……………………………158
経済的利益…………………………48
形式的効力の原則…………………17
軽自動車税…………………………6
景品費用……………………………146
契約日基準…………………………47
軽油取引税…………………………6
決算利益……………………………26
欠損金の繰越控除…………………153
欠損金の繰戻し還付………………153
欠損事業年度………………………153
決定…………………………168, 171
減額改定給与………………………135
原価差額……………………………66
　――の調整………………………66
減価償却資産………………………79
　――の取得価額…………………84
減価償却費………………94, 191, 193
原価法…………………………68, 77
原価率………………………………69
現金主義……………………………231
検収基準……………………………33
検針日基準…………………………33
建設仮勘定…………………………81
源泉所得税額………………………164

源泉徴収税額………………………47
源泉分離課脱方式…………………180
現物出資……………………………67
憲法…………………………………9
権利確定主義…………………26, 185
権利金等……………………………148
減量率資産…………………………96
減量率償却法……………………96, 192

公益性………………………………1
公益法人等…………………………20
航海完了基準………………………44
公害補償費等………………………88
高価買入資産………………………84
交換公文……………………………11
交換差益……………………………113
交換説………………………………2
工業所有権…………………………81
　――等……………………………45
公共法人……………………………20
航空機燃料税………………………5
鉱区税………………………………6
広告宣伝費……………………142, 190
広告宣伝用資産……………………48
交際費等…………………………34, 140
鉱産税………………………………6
工事完成基準………………………39
工事進行基準……………………41, 230
工事負担金…………………………111
更新料………………………………151
更正…………………………………169
公正処理基準………………………24
公正な価額…………………………27
更正の請求……………………168, 216
購入…………………………………64, 84
　――ソフトウェア………………87
　――代価…………………………73
後法優先の原則……………………17
小売売上税…………………………218
小売業………………………………249
効力規定……………………………15
国外源泉所得………………………20
国際租税法…………………………8
告示…………………………………10

| | |
|---|---|
| 国税 | 5, 7 |
| ——の間接税 | 5 |
| ——の直接税 | 5 |
| 国税徴収法 | 8 |
| 国税通則法 | 8 |
| 国税犯則取締法 | 8 |
| 国税不服審判所 | 172 |
| 国内 | 222 |
| 国内源泉所得 | 20 |
| 国内取引 | 220 |
| 国民健康保険税 | 6 |
| 個人事業者 | 219, 221, 227 |
| 国庫補助金等 | 110 |
| 固定資産 | 79 |
| ——税 | 6, 147 |
| ——の譲渡 | 44 |
| 5％除却法 | 108 |
| 5分5乗方式 | 212 |
| 個別財産税 | 3 |
| 個別指定告示 | 11 |
| 個別消費税 | 3, 217 |
| ——額 | 233 |
| 個別対応方式 | 237, 238 |
| 個別通達 | 11, 24 |
| 個別評価金銭債権 | 122, 123 |
| 個別法 | 68 |
| ゴルフクラブ入会金 | 145 |
| ゴルフ場利用税 | 6 |

**(さ行)**

| | |
|---|---|
| 裁決 | 172 |
| 再更正 | 170 |
| 財産権の侵害 | 1 |
| 財産税 | 3 |
| 最終仕入原価法 | 69 |
| 債務確定主義 | 30, 187 |
| 債務の成立の要件 | 30 |
| 債務免除益 | 48 |
| 差益率 | 69 |
| 先入先出法 | 68 |
| 雑所得 | 178, 200 |
| 雑損控除 | 205 |
| 雑損失 | 204 |
| 更地価額 | 148 |

| | |
|---|---|
| 算出税額 | 31, 156, 180 |
| 残存価額 | 93 |
| 山林所得 | 178, 198 |
| CIF価格 | 233 |
| 仕入控除税額 | 235 |
| 仕入税額控除 | 220, 234 |
| 仕入に係る対価の返還等 | 242 |
| 仕入割引 | 49 |
| 仕入割戻し | 49 |
| 自家建設等 | 85 |
| 時価評価金額 | 77 |
| 時価法 | 76 |
| 時間基準 | 47 |
| 事業 | 221 |
| 事業基盤強化設備 | 163 |
| 事業者 | 219, 221 |
| 事業所税 | 6 |
| 事業所得 | 178, 183 |
| 事業税 | 6, 147 |
| 事業専従者控除 | 195 |
| 事業年度 | 253 |
| ——課税 | 22 |
| ——独立の原則 | 152 |
| 仕切精算書到着日基準 | 35 |
| 資産の貸付け | 221 |
| 資源 | 130 |
| 試験研究費 | 162 |
| 自己製作ソフトウェア | 87 |
| 自己成熟果樹等 | 85 |
| 自己製造等 | 65 |
| 資産： | |
| ——の譲渡 | 221 |
| ——の譲渡等 | 221 |
| ——の賃貸借契約 | 49 |
| ——の販売 | 27 |
| 資産損失 | 194 |
| 資産評価益 | 60, 62 |
| 資産評価損 | 119 |
| 地震保険料控除 | 208 |
| 事前確定届出給与 | 136 |
| 市町村税 | 6 |
| 市町村たばこ税 | 6 |
| 市町村民税 | 6 |

索引 261

執行上の租税公平主義……………13
執行通達………………………11
実地棚卸………………………63
指定寄附金……………………138
自動車重量税……………………5
自動車取得税……………………6
自動車税………………………6, 147
使途秘匿金……………………161
使途不明金……………………161
支払利子の額……………………55
資本金等の額……………………62
資本的支出……………………89, 190
資本等取引………………………29
資本取引…………………………29
事務所等………………………252
社会保険控除…………………207
借地権…………………………148, 149
　　──の設定等………………148
借用概念…………………………15
収益事業…………………………21
収益税……………………………3
収益的支出………………………90
収益の分配金……………………52
重加算税………………………170
従価税……………………………4
集金基準…………………………44
自由償却………………………117
自由職業………………………184
住所地…………………………252
修正契約日基準…………………47
修正申告書……………………168, 215
修繕費…………………………90, 190
住宅ローン控除………………214
収得税……………………………3
収入金額………………………179
住民対策費………………………88
収用換地等……………………156
従量税……………………………4
縮小解釈…………………………15
取材費…………………………141
酒税………………………………5
受贈益…………………………48, 109, 149
出荷基準…………………………32
出庫基準…………………………33

出資……………………………86
取得価額………………………64
取得交換差金等………………114
狩猟税……………………………6
純資産増加説……………………19
純損失…………………………204
　　──の繰戻し………………204
純損失・雑損失の繰越控除……204
準備金…………………………129, 195
上位法令優先の原則……………17
障害者控除……………………208
少額・短期償却資産……………80
少額広告宣伝費………………141
少額社外飲食費………………141
少額物品…………………………34
償還有価証券……………………76
小規模企業共済等掛金控除……207
償却……………………………116
　　──原価法……………………77
　　──限度額……………………94, 99
　　──超過額……………………100
　　──不足額……………………100
　　──保証額……………………95
使用収益開始基準………………33
譲渡……………………………27
譲渡益…………………………199
譲渡経費………………………113
譲渡原価………………………30
譲渡収益…………………………27
譲渡所得………………………178, 198
　　──の特別控除額…………199, 200
譲渡損益………………………75
譲渡担保…………………………46
使用人給与……………………131
使用人兼務役員………………132, 137
試用販売…………………………35
消費税…………………………3, 5, 217
商品引換券等……………………38
情報提供料……………………143
省令……………………………10
条例……………………………11
書画・骨董………………………82
所管法令優先の原則……………17
除却価額………………………107

| | | | |
|---|---|---|---|
| 除却損 | 108 | 政党等寄附金控除 | 214 |
| 除却損益 | 107 | 税法 | 7 |
| 所得 | 19, 173 | 税務調整 | 25, 155 |
| 所得金額 | 155, 179 | 生命保険料控除 | 207 |
| 所得源泉説 | 19 | 税率 | 12 |
| 所得控除 | 155, 204 | 政令 | 10 |
| ——額 | 180 | 石油ガス税 | 5 |
| 所得税 | 3, 5 | 石油石炭税 | 5 |
| ——額控除 | 164 | 接待交通費 | 190 |
| ——法 | 173 | 全額洗替方式 | 126, 128 |
| 初年度特別償却 | 103 | 全額貸倒損失 | 122 |
| 白色申告事業年度 | 153 | 専担者売買有価証券 | 72 |
| 白色申告者 | 195 | 専門部品 | 81 |
| 侵害規範 | 15 | | |
| 人格継承説 | 62 | 増加償却 | 101 |
| 人格合一説 | 62 | 総資産按分法 | 54 |
| 人格のない社団等 | 21 | 総収入金額 | 185 |
| 新株予約権 | 138 | 総所得金額 | 179 |
| 新鉱床探鉱費 | 155 | 相続税 | 5 |
| 申告納税制度 | 22, 169, 174 | 相当の地代 | 149 |
| 申告納税方式 | 241, 254 | 総平均法 | 68, 76 |
| 審査請求 | 171, 172 | 贈与・交換・代物弁済 | 86 |
| 新償却方法 | 94, 98 | 贈与税 | 5 |
| ——適用資産 | 93 | 遡及立法 | 17 |
| 新設法人 | 229 | 訴訟 | 172 |
| 人的控除 | 205 | 租税 | 1 |
| 新法不遡及の原則 | 17 | ——の転嫁 | 4 |
| 信用取引 | 47 | 租税応益説 | 2 |
| | | 租税応能説 | 3 |
| 垂直的公平 | 13 | 租税救済法 | 8 |
| 水道光熱費 | 189 | 租税公課 | 65, 189 |
| 水平的公平 | 13 | ——等 | 88, 147 |
| 水利地益税 | 6 | 租税公平主義 | 9, 13 |
| 据付完了基準 | 43 | 執行上の—— | 13 |
| 据付工事収益 | 43 | 立法上の—— | 13 |
| | | 租税実体法 | 7 |
| 税額 | 211 | 租税条約 | 11 |
| 税額控除 | 31, 157, 162 | 租税処罰法 | 8 |
| 税源 | 3 | 租税手続法 | 8 |
| 制限解釈 | 15 | 租税特別措置法 | 24 |
| 制限納税義務者 | 21, 52 | 租税平等主義 | 13 |
| 生産高比例法 | 96, 192 | 租税負担公平性 | 3 |
| 製造原価 | 65, 66 | 租税法 | 7 |
| 製造者売上税 | 218 | ——の解釈 | 14 |

索 引

——の適用……………………………16
租税法律主義……………………9, 12
その他の事業所得………………183
その他の売買目的有価証券………72
その他有価証券……………………72
損益通算……………………………201
損害賠償金…………………………195
損害保険料…………………………190
損金……………………………………31
損金算入額…………………………155
損金算入項目…………………………25
損金の額………………………………30
損金不算入額………………………155
損金不算入項目………………………25

(た行)

第一種事業…………………………249
対価…………………………………222
対価補償金…………………………222
第五種事業…………………………249
第三種事業…………………………249
退職給与……………………………137
——引当金…………………………195
退職所得………………………178, 197
——控除額…………………………197
第二種事業…………………………249
代物弁済……………………………221
大法人………………………………123
耐用年数………………………………91
第四種事業…………………………249
宅地開発税……………………………6
多段階一般消費税…………………217
多段階消費税…………………………3
立退料…………………………………88
——等………………………………151
棚卸資産………………………63, 232
——の評価方法………………………70
たばこ税………………………………5
短期譲渡所得………………199, 200
短期保有株式等………………………53
単税一法主義…………………………7
担税者…………………………………4
担税力…………………………………3
単段階一般消費税…………………217

単段階消費税…………………………3
地役権………………………………148
地価税…………………………………5
地代…………………………………191
地方揮発油税…………………………5
地方消費税……………………………6
地方税………………………3, 5, 7, 11
——法…………………………………7
仲介・斡旋報酬………………………43
中間申告……………………………167
——書………………………………253
中間納付税額…………………………32
中古資産の耐用年数………………91
中小法人……………………144, 154, 158
——等………………………122, 126, 153
超過累進税率………………173, 210
長期割賦販売等………………35, 229
長期工事請負…………………………39
長期譲渡所得………………199, 200
長期大規模工事………………41, 230
長期棚上げ債権……………………123
調整対象基準税額…………………245
調整対象固定資産…………………244
調整対象税額………………………246
帳簿…………………………………240
直接消費税……………………3, 217
直接税…………………………………4
直接付随費用…………………………64
著作権…………………………………83

通算課税売上割合…………………244
通信費………………………………189
通達……………………………11, 24
月数按分法…………………………101
積切基準………………………………44
積立不足額…………………………107

定額法………………………………94, 191
——償却率……………………………94
低価法…………………………………70
定義規定………………………………14
定期給与……………………………135
定期同額給与………………………135

| | |
|---|---|
| 定時改定給与 | 135 |
| 定率法 | 94, 191 |
| ──償却率 | 94 |
| 適格現物出資 | 75 |
| 適格分社型分割 | 75 |
| 手続的保障原則 | 13 |
| 電源開発促進税 | 5 |
| | |
| 当期留保金額 | 160 |
| 同族会社 | 159 |
| ──の特定役員 | 131 |
| 同族関係者 | 159 |
| 道府県税 | 6 |
| 道府県民税 | 6 |
| 登録免許税 | 5 |
| 特定株式等 | 129 |
| 特定公益増進法人等 | 139 |
| 特定収入 | 256 |
| 特定利子の額 | 55 |
| 特別勘定 | 110 |
| 特別修繕準備金 | 195 |
| 特別償却 | 103, 194 |
| 狭義の── | 103 |
| 特別償却限度額 | 103 |
| 特別償却準備金 | 107 |
| 特別償却不足額 | 106 |
| 特別土地保有税 | 6 |
| 特別とん税 | 5 |
| 特別法優先の原則 | 18 |
| 特例基準割合 | 168 |
| 都市計画税 | 6 |
| 都税 | 6 |
| 土地付建物 | 82 |
| ──等 | 88 |
| 道府県たばこ税 | 6 |
| 取扱通達 | 11 |
| 取替資産 | 96 |
| 取替法 | 96 |
| 取消訴訟 | 172 |
| 取引高税 | 218 |
| とん税 | 5 |

**（な行）**

| | |
|---|---|
| 内国税 | 5 |
| 内国法人 | 20, 175 |
| 二重課税の調整 | 51 |
| 二段階取引説 | 27 |
| 荷造運賃 | 189 |
| 荷積み基準 | 33 |
| 250％定率法または200％定率法 | 95 |
| 2分の1課税 | 199 |
| 入湯税 | 6 |
| 任意規定 | 14 |
| 認定NPO | 139 |
| 認定課税 | 149 |
| | |
| 値引等 | 87 |
| | |
| 農業所得 | 183 |
| 納税義務者 | 4, 12, 20, 175, 219 |
| 納税地 | 22, 252 |
| 農地の譲渡 | 44 |
| ノーハウ | 45 |
| 延払基準 | 36, 229 |
| 延払条件付販売等 | 229 |

**（は行）**

| | |
|---|---|
| 売価還元法 | 69 |
| 配偶者控除 | 209 |
| 配偶者特別控除 | 209 |
| 配当控除 | 213 |
| 配当所得 | 176, 181 |
| 配当等の額 | 58 |
| 配当等の支払義務確定日 | 58 |
| 売買目的外有価証券 | 76 |
| 売買目的有価証券 | 72 |
| 配賦簿価除却法 | 108 |
| 端数利息 | 73 |
| 罰科金等 | 148 |
| 発行時収益計上法 | 38 |
| 発売日基準 | 44 |
| 反対解釈 | 15 |
| 搬入基準 | 33 |
| 販売基準 | 32, 34, 35 |
| 販売費 | 30, 187 |
| ──等 | 142 |
| 判例 | 12 |

| | |
|---|---|
| 非永住者 | 175 |
| 非課税取引 | 219, 223 |
| 引当金 | 195 |
| 非居住者 | 175 |
| 引渡し | 32 |
| ――基準 | 32 |
| 引渡時収益計上法 | 38 |
| 非減価償却資産 | 82 |
| 非常勤役員 | 132 |
| 非対価性 | 2 |
| 必要経費 | 179, 187 |
| 備忘価額 | 94 |
| 備忘価額貸倒損失 | 122 |
| 評価損 | 70 |
| 比例配分法 | 244 |
| 日割・月割発生基準 | 44 |
| 賦課課税制度 | 174 |
| 賦課課税方式 | 254 |
| 付加価値税 | 218 |
| 複税一法主義 | 7 |
| 福利厚生費 | 141, 142, 190 |
| 負債の利子 | 54 |
| 負債利子控除額 | 54 |
| 付随費用 | 64, 65, 73 |
| 負担金 | 88 |
| 負担付き贈与 | 221 |
| 普通償却限度額 | 103 |
| 普通税 | 4 |
| 普通法人 | 21 |
| ――等 | 138 |
| 復興特別法人税 | 159 |
| 不動産取得税 | 6 |
| 不動産所得 | 178 |
| 不納付加算税 | 170 |
| 不服審査 | 171 |
| 不服申立前置主義 | 172 |
| 部分完成基準 | 40 |
| 部分完了基準 | 43 |
| 部分計画棚卸 | 63 |
| 扶養控除 | 209 |
| 分割型分割 | 74 |
| 分譲販売 | 38 |
| 粉飾決算 | 164 |
| 文理解釈 | 15 |
| 別段の定め | 25, 26 |
| 別表四 | 26 |
| 変更解釈 | 16 |
| 返品調整引当金 | 127, 195 |
| 包括的指定告示 | 10 |
| 法源 | 9 |
| 法人 | 20, 219, 221, 227 |
| 法人擬制説 | 51 |
| 法人実在説 | 19 |
| 法人税 | 5, 19 |
| ――額 | 31, 156, 157 |
| 法人税基本通達 | 24 |
| 法人税法 | 23 |
| ――施行規則 | 23 |
| ――施行令 | 23 |
| 法定繰入率 | 126 |
| 法定算出法 | 78 |
| 法定耐用年数 | 91 |
| 法定評価法 | 70 |
| 法的安定性 | 15 |
| 法律 | 9 |
| 法令適用の一般原則 | 17 |
| 保険差益 | 111 |
| 保証金・敷金等 | 50 |
| 補正解釈 | 16 |
| 保税地域 | 223, 227 |

## (ま行)

| | |
|---|---|
| 満期保有目的等有価証券 | 72 |
| 未償却残額控除法 | 108 |
| みなし規定 | 14 |
| みなし仕入率 | 249 |
| みなし配当 | 59 |
| みなし役員 | 131 |
| 無償による資産の譲渡 | 27 |
| 無償による譲受け | 28 |
| 無償返還 | 150 |
| 無申告加算税 | 170 |

無制限納税義務者……………………… 20
無利息融資効果………………………… 106

命令……………………………………… 10

目的税…………………………………… 4
目的論解釈……………………………… 15

### (や行)

役員……………………………………… 131
　──給与……………………… 131, 133
約定日基準……………………………… 47
家賃……………………………………… 191

有価証券………………………………… 71
　──の期末評価………………………… 76
　──の譲渡……………………………… 47
　──の譲渡原価………………………… 75
　──の評価損益………………………… 77
有利な発行価額………………………… 73
有姿除却………………………………… 108
有償取引同視説………………………… 27
有償による資産の譲渡………………… 27
輸出免税………………………………… 219
輸入取引………………………………… 220

用地買収等……………………………… 156
用途変更………………………………… 246
予定納税………………………………… 214
予約販売………………………………… 35

### (ら行)

リース期間定額法……………………… 96
リース資産の取得価額………………… 86
リース取引……………………………… 86
リース物件の譲渡収益………………… 50
利益税………………………………… 2, 3
利益積立金………………………… 29, 62
利益の配当……………………………… 52
利益連動給与…………………………… 136
履行期日到来基準……………………… 35
利子所得………………………… 176, 180
利子税…………………………… 147, 168
利子割引料……………………………… 191
立法上の租税公平主義………………… 13
利払期基準……………………………… 47
流通税…………………………………… 4
留保控除額……………………………… 159
旅費交通費……………………………… 189

類推解釈………………………………… 16

暦年……………………………………… 253
　──課税……………………………… 22
劣化資産………………………………… 83

6号繰延資産………………………… 115, 117
論理解釈………………………………… 15

### (わ行)

賄賂……………………………… 31, 148
割増償却………………………… 103, 105

〈著者紹介〉（執筆順）

**菊谷　正人**（きくや・まさと）第1章・第2章担当
（現　職）法政大学会計大学院　教授
（専　攻）財務会計，国際会計，租税法
（主要著書）『英国会計基準の研究』（同文舘出版，昭和63年）
　　　　　　『企業実体維持会計論』（同文舘出版，平成3年）
　　　　　　『国際会計の研究』（創成社，平成9年）
　　　　　　『税制革命』（税務経理協会，平成20年）

**前川　邦生**（まえかわ・くにお）第3章担当
（現　職）大東文化大学経営学部・大学院経営学研究科　教授
（専　攻）財務会計，税務会計
（主要著書）『財務会計学通論』（共著，税務経理協会，平成21年）
　　　　　　『簿記問題集（全経2・3級＋日商3級）』（編著，創成社，平成22年）
　　　　　　『例解演習　基本簿記』（編著，創成社，平成22年）

**依田　俊伸**（よだ・としのぶ）第4章担当
（現　職）法政大学会計大学院　教授
（専　攻）租税法，財務会計
（主要著書）『所得税法要説』（同文舘出版，平成17年）
　　　　　　『法人税法要説（新版）』（同文舘出版，平成20年）

---

平成24年6月8日　初版発行
《検印省略》
略称：租税要説

## 租税法要説
―租税法の条文解釈と税務会計―

編著者 ⓒ　菊谷　正人
　　　　　前川　邦生
　　　　　依田　俊伸

発行者　中島　治久

発行所　同文舘出版株式会社
東京都千代田区神田神保町1-41　〒101-0051
電話　営業 03(3294)1801　振替 00100-8-42935
　　　編集 03(0294)1803　http://www.dobunkan.co.jp

Printed in Japan 2012
印刷：萩原印刷
製本：萩原印刷

ISBN 978-4-495-17561-0